YASMINE MOHAMMED

Schleier der Tränen

Unter dem Titel »Entschleiert« auch als Hörbuch erhältlich

**Über die Autorin:**

**Yasmine Mohammed** engagiert sich für Frauen aus islamischen Ländern und Opfer von religiösem Fundamentalismus. Sie gründete *Free Hearts Free Minds*, eine Organisation, die Exmuslime psychologisch unterstützt. Heute lebt sie in Kanada mit ihren beiden Töchtern, die ihr wunderschönes Haar offen tragen, und ihrem liebevollen, unterstützenden Mann, der nicht ahnte, was ihm bevorstand, als er sie vor über zehn Jahren heiratete. Sie ist Universitätsdozentin und Menschenrechtsaktivistin, auf Twitter folgen ihr über 100.000 Menschen. SCHLEIER DER TRÄNEN ist ihr erstes Buch, es erschien auf Deutsch zuerst unter dem Titel »Entschleiert«. Mehr über Yasmine unter www.YasmineMohammed.com

Yasmine Mohammed

# SCHLEIER DER TRÄNEN

## Mein Ausbruch aus meiner radikal-islamischen Familie, mein Weg in die Freiheit

Aus dem Englischen von
Magdalena Breitenbach

lübbe

Dieser Titel ist auch als Hörbuch (unter dem Titel »Entschleiert«)
und als E-Book erschienen

MIX
Papier | Fördert gute Waldnutzung
FSC® C014496

Die Bastei Lübbe AG verfolgt eine nachhaltige Buchproduktion. Wir verwenden Papiere aus nachhaltiger Forstwirtschaft und verzichten darauf, Bücher einzeln in Folie zu verpacken. Wir stellen unsere Bücher in Deutschland und Europa (EU) her und arbeiten mit den Druckereien kontinuierlich an einer positiven Ökobilanz.

Vollständige Taschenbuchausgabe
der bei Bastei Lübbe erschienenen Paperbackausgabe »Entschleiert«



Titel der kanadischen Originalausgabe: »Unveiled«


Titelmotiv: © shutterstock.com: conrado
Umschlaggestaltung: Tanja Østlyngen
Satz: hanseatenSatz-bremen, Bremen
Gesetzt aus der Adobe Garamond Pro
Druck und Verarbeitung: GGP Media GmbH, Pößneck
Printed in Germany
ISBN 978-3-404-61743-2

2 4 5 3

Sie finden uns im Internet unter:
luebbe-sachbuch.de
Bitte beachten Sie auch: lesejury.de

*Wer sich dafür interessiert, wie Menschen schwierige Zeiten überstehen, sollte dieses Buch lesen. Yasmine ist einer der tapfersten Menschen unserer Zeit – und uns allen ein leuchtendes Vorbild.*

**Ayaan Hirsi Ali, Autorin von *Mein Leben, meine Freiheit***

*Zu viele von uns erkennen nicht, dass die Hauptopfer der unfassbaren Grausamkeit, die durch ein fanatisches Befolgen des Islam verursacht wird (vom herrschsüchtigen, auch die winzigsten Alltagsdetails durchdringenden Kontrollwahn ganz zu schweigen), die Muslime selbst sind. Vor allem die Frauen. Yasmine Mohammeds herzzerreißendes, mutiges und wunderbar geschriebenes Buch führt uns das auf eine Weise vor Augen, die letztendlich auch die fehlgeleiteten unter den wohlmeinenden, liberalen Apologeten in unserer Mitte umstimmen sollte.*

**Richard Dawkins, Autor von *Der Gotteswahn***

*Frauen und Freidenker schleppen in traditionellen muslimischen Gemeinschaften eine doppelte Bürde mit sich. Wenn sie in der modernen Welt leben wollen, haben Sie nicht nur die Theokraten in ihren Familien und Schulen gegen sich, sondern auch viele laizistische Liberale – deren Desinteresse, Scheinheiligkeit und »Rassismus«-Unterstellungen einen weiteren Schleier über ihre Leiden breiten. In* Entschleiert *nimmt Yasmine Mohammed diese Herausforderung mit ungeheurer Courage an und straft so den gefährlichen Gedanken, dass jede*

*Kritik an der islamischen Lehre eine Form von Bigotterie sein müsse, Lügen. Lassen Sie sich von Yasmines Weisheit und ihrem Mut inspirieren.*

**Sam Harris, Autor von *Das Ende des Glaubens***

*Insiderberichte stellen eindrucksvolle Zeugnisse dar. Da bildet Yasmines zutiefst berührende, zuweilen bedrückende, jedoch auch Hoffnung schenkende Geschichte keine Ausnahme. Ehemalige Musliminnen sind wahrscheinlich die am meisten unterdrückte Minderheitengruppe der Welt. Nennen Sie mir eine andere persönliche Entscheidung, die in Ländern, die wir als unsere Verbündeten betrachten, zu ehrbezogener Gewalt bis hin zu Lynchmorden führt. Liberale sind zu nichts nutze, wenn sie solche Minderheiten innerhalb von Minderheiten vernachlässigen. Und Muslime in aller Welt müssen diese Willkür in unseren Reihen begreifen. Ich hoffe, dass Yasmines mutiger persönlicher Bericht dazu beitragen wird, das so dringend benötigte Bewusstsein dafür zu schärfen.*

**Maajid Nawaz, Autor von *Radical***

*Yasmine Mohammed ist eine sehr mutige Frau und ein leuchtendes Vorbild für alle Frauen, die unter dem Deckmantel von Religion oder Kultur Missbrauch ausgesetzt sind. Yasmines Geschichte ist gleichzeitig tragisch und fesselnd. Sie hat etwas überstanden, was kein Mensch erdulden sollte. Ihre Geschichte ist eine des Muts und der Beharrlichkeit, denn: »Für Missbrauch gibt es keine Entschuldigung.«*

**Raheel Raza, Autorin von *Their Jihad, Not My Jihad***

# INHALTSVERZEICHNIS

*Für Tiffers*

# WIDMUNG

Dieses Buch widme ich allen, die sich von dem enormen Druck und den entsetzlichen Drohungen des Islam erschlagen fühlen. Ich hoffe, meine Geschichte wird Ihnen helfen und Sie dazu inspirieren, sich zu befreien und Ihre herrlichen Flügel auszubreiten.

Doch ich widme es auch jenen, die meinen, alle Muslime dämonisieren zu müssen. Ich hoffe, Sie werden entdecken, dass wir alle nur Menschen sind und jeder von uns mit seinen eigenen Dämonen ringt.

Dieses Buch ist für alle, die es als ihre Pflicht betrachten, den Islam vor Kontrolle und Kritik in Schutz zu nehmen. Ich hoffe, Sie werden begreifen, dass Sie jedes Mal, wenn Sie von Kritik ablenken, auch das Licht daran hindern, auf Millionen von Menschen zu fallen, die im Dunkeln gefangen sind.

Und »last«, aber definitiv »not least« widme ich dieses Buch meinen MitstreiterInnen, allen anderen Ex-Muslimen und Freidenkern sowie all meinen Mit-Atheisten und Mit-Störenfrieden.

# VORWORT

*von Rick Fabbro*

Am 17. Juli 2018 um 11 Uhr 26 klingelte mein Telefon. Da ich nie so recht weiß, welcher Klingelton zu welcher App gehört, scrollte ich mich durch E-Mails, Facebook, Twitter und die Buchstabenspiele, die ich mit Freunden spiele. Schließlich öffnete ich eine SMS.

»Hi Mr Fabbro. 1988/89 war ich in Ihrer Theatergruppe für die achten Klassen … Ich weiß nicht, ob Sie sich noch an mich erinnern …«

Beim Lesen setzte mein Herzschlag für eine Sekunde aus. Tränen liefen mir über die Wangen.

»Ich erinnere mich nicht nur an dich, liebe Yasmine, ich habe in den letzten dreißig Jahren auch oft an dich gedacht!«

Ganz deutlich erinnerte ich mich an das mutige dreizehnjährige Mädchen, das mir im Büro gegenübersaß und mir Schrecken schilderte, die unsere Fassungskraft hinsichtlich dessen, was ein Mensch einem anderen an Grausamkeit antun kann – von einem so hilf- und harmlosen Wesen ganz zu schweigen –, übersteigt. Yasmine zeigte sich entschlossen, mit ihrer Geschichte zu den Behörden zu gehen, die sie aus ihren haarsträubenden häuslichen Verhältnissen retten würden.

Die Behörden wurden eingeschaltet, und ich sah sie nie wieder. Ich ging davon aus, dass man sie in einem sicheren Zuhause untergebracht hatte und alles gut war. Zum Jahresende wurde ich an eine andere Schule versetzt und fragte mich, wie es mit Yasmine wohl weitergegangen war.

»Ich wollte mich nur bei Ihnen bedanken. Es hat damals nicht geklappt, weil der Richter meinen Missbrauch durch die Familie als ›kulturelle Freiheit‹ betrachtete.«

Mir wurde mulmig. Ich dachte nicht nur daran, wie ihr Leben in den letzten dreißig Jahren wohl verlaufen war, sondern hatte brennende Fragen. Wir verabredeten ein Treffen. Wir umarmten uns. Wir redeten und weinten. Sie bat mich, einen Entwurf dieses Buches zu lesen.

*Entschleiert* erzählt die ganze fesselnde Geschichte. Und es beantwortet die Fragen. Egal ob Familie, staatliche Behörden, religiöse oder kulturelle Mächte, sie alle versuchten, ihre Macht über Yasmine auszuüben. Das Buch erzählt, wie Yasmines Mut und Entschlossenheit, trotz der Augenblicke, in denen sie sich geschlagen fühlt, letztendlich den Sieg davontragen.

Dies ist ein wichtiges Buch, nicht nur wegen der packenden persönlichen Story, sondern auch, weil Yasmines Geschichte kein Einzelfall ist. Ihre Stimme sollten alle Menschen auf der Welt hören, die unterdrückt und ihrer Chance auf ein freies Leben beraubt werden.

Rick Fabbro

Über meine Probleme zu sprechen war mir unmöglich. Es war mir einfach zu peinlich, und ohnehin fehlte mir der Mut. Was immer ich einmal an Mut besessen hatte, wurde schon als Kind aus mir herausgeprügelt. Doch auf einmal verspürte ich den geradezu verzweifelten Wunsch, jemandem alles zu erzählen.

Roald Dahl, *Matilda*

# PROLOG

Dass ich als Muslimin aufgewachsen bin, sollte im Grunde nicht mehr als eine ferne Erinnerung sein. Schon 2004 habe ich mit dieser Herkunft gebrochen. Aber die traumatische Welt, in die ich hineingeboren wurde, hat mich geprägt. Und sie steckt mir in den Knochen, liegt mir im Blut. Ich entkomme ihr nicht. Ich habe es einmal gedacht. Dachte, ich würde von vorn beginnen, mich neu erfinden, ein Leben nach meinen eigenen Vorstellungen führen. Aber dann merkte ich, dass ich mir selbst nicht entkommen kann. Allein die Assoziationen in meinem Kopf, die instinktiven Reaktionen meines Körpers – nichts davon habe ich unter Kontrolle. Und ich kann auch kein völlig neuer Mensch werden. Manchmal denke ich, dass ich es vielleicht überstanden habe, vielleicht ein »normales« Leben führen kann. Aber kaum lässt die Wachsamkeit nach, erhebt eine schlummernde Erinnerung ihr hässliches Haupt.

Der Boden, auf dem ich aufwuchs, das Wasser, das mich nährte, alles war von Verrat, Angst und Lügen, von Heimtücke, Zorn und Traurigkeit und viel, viel Missbrauch getränkt. Von außen betrachtet mag ich wie ein gesunder Baum wirken, doch die Wahrheit verbirgt sich in den Wurzeln. Es gelingt mir, alle um mich herum zu täuschen. Freunde, die mich seit Jahren kennen, ahnen nichts. Sie sagen Dinge wie: »Aber du wirkst so normal!«, »Und wieso bist du nicht völlig bekloppt?«, oder: »Das hätte ich niemals gedacht!«

Nicht einmal mein Mann kann die Geschichten dieses

Mädchens, dessen Leben so weit entfernt ist von seinem, mit der Frau zusammenbringen, in die er sich einst verliebt hat. Wir begegneten uns, nur wenige Jahre nachdem ich die Verbindung zu meiner Familie gekappt hatte. Zwar war ich damals keineswegs geheilt, doch ich hatte gelernt, meinen Schmerz hinunterzuschlucken. Es gab kein Ventil dafür, niemand hätte mich verstanden. Ich wusste, Gespräche über den Islam erfüllten die Leute mit Unbehagen, sodass ich das ganze Thema beiseiteschob.

Erst Jahre nach meiner Abwendung vom Islam stieß ich durch Zufall auf Bill Mahers Facebook-Seite, auf der sich Ex-Muslime zu Ben Afflecks Reaktion auf Sam Harris' Islamkritik äußerten. Ben Afflecks Ausraster, Harris' Kritik sei »übel und rassistisch«, ist mittlerweile legendär, ja fast zum Klischee geworden.

Den Ausdruck »Ex-Muslim« hatte ich vorher noch nie gehört, hatte keine Ahnung, dass es noch andere wie mich gab. Ich behielt meine schmutzigen Geheimnisse für mich, denn mein Leben ist nicht politisch korrekt, und ich passe nicht ins bevorzugte Narrativ. Meine Lebensgeschichte ist eine unbequeme Wahrheit, und die Menschen bevorzugen nun mal ihre bequemen Lügen. Doch diese Reaktionen auf Ben Afflecks Tirade erweckten in mir den Wunsch, mich einzumischen.

Sam Harris, Neurowissenschaftler und Autor des bahnbrechenden Werkes *Das Ende des Glaubens*, war im Oktober 2014 in Bill Mahers Sendung zu Gast und sprach auf die für ihn charakteristische souveräne und dennoch zurückhaltende Art über den Islam. Er näherte sich dem Thema mit derselben akademischen Strenge, mit der er auch seine Forschungen zu den Weltreligionen betreibt. Er sprach über den Islam nicht anders, als er über das Christen- und Judentum sowie viele andere Religionen und Ideologien gesprochen hatte – indem er Fakten präsentierte.

Zu Beginn des Gesprächs beklagte er gemeinsam mit Bill Maher, dass die Liberalen bedauerlicherweise nicht für ihre liberalen Werte einträten. Bill erzählte, dass sein Publikum Prinzipien wie Rede- und Religionsfreiheit oder die Gleichberechtigung von Frauen, Minderheiten und LGBT zwar stets mit lautem Beifall belohne, dieser Applaus jedoch abrupt verstumme, sobald irgendjemand erwähne, dass diese Prinzipien in der muslimischen Welt leider nicht gewährleistet seien. Gerne, fügte Sam hinzu, kritisierten Liberale weiße oder christliche Theokratien, versäumten es jedoch, die gleichen Übel in der muslimischen Welt zu benennen. Gleichzeitig stellte er klar, dass der *Islam* als Religion (beziehungsweise Ansammlung von Ideen) etwas völlig anderes sei als die *Muslime*, sprich die Menschen.

Quasi wie aufs Stichwort beschloss Ben Affleck, der im Film *Dogma* die Rolle eines gefallenen Engels gespielt hatte, sich als lebenden Beweis anzubieten und exakt jene Karikatur des von Sam beschriebenen verwirrten Liberalen zu verkörpern, indem er sowohl Bill als auch Sam Rassismus vorwarf. Er verglich sie mit Leuten, die Ausdrücke wie »Saujud« verwenden oder Dinge wie »Schwarze ballern sich halt gern gegenseitig ab« von sich geben. Er bestand darauf, dass Muslime »einfach nur in Ruhe gelassen werden wollten«, und demonstrierte damit genau jene Heuchelei, die Sam zuvor beschrieben hatte. War es für Ben Affleck – für den Mann, der einen Film gedreht hatte, in dem es vor allem um Kritik am und die Verhöhnung des Christentums ging – tatsächlich inakzeptabel, dass Sam Harris und Bill Maher ein sachliches Gespräch über den Islam führten?

Obgleich sowohl Bill als auch Sam Zahlen des Pew Research Center ins Feld führten – denen zufolge etwa neunzig Prozent der Ägypter glauben, dass Menschen, die sich von ihrer Religion abwenden, getötet werden sollten –, bestand Ben darauf, dass derart schlimme Vorstellungen nur von wenigen Muslimen geteilt würden.

Aus meiner Sicht war es unverzeihlich, dass Ben Affleck die Kritik an dieser Ideologie (die so viel Leid in die Welt gebracht hat) derart abschmetterte. Wenn muslimische Frauen in Iran oder Saudi-Arabien eingekerkert oder getötet werden, weil sie ihr Haar nicht bedecken, kümmert das in der Regel keinen im Westen. Niemanden scherte es, als Blogger in Bangladesch auf der Straße in Stücke gehackt wurden, weil sie es gewagt hatten, über Humanismus zu schreiben. Niemand störte sich daran, als Studenten in Pakistan zu Tode geprügelt wurden, weil sie den Islam infrage gestellt hatten. Doch nun unterhielten sich endlich Mainstream-Leute im Mainstream-TV über diese Themen, unter denen die muslimische Welt seit tausendvierhundert Jahren leidet – und dieser scheinbar wohlmeinende, mit »weißer« Schuld beladene Mann stellte sich dem in den Weg! Ich war stinksauer.

Ich weiß noch, dass ich das Gefühl hatte, reden zu müssen. Ich wollte brüllen, wollte aufschreien, wollte mich Sam Harris in dieser Ideenschlacht anschließen. Aber ich hatte auch Angst. Mir war, als stünde ich auf einer Steilklippe, die über ein weites Meer hinausragt. Ich war sicher, befand mich auf dem Trockenen. Ich hatte mich aus den gefährlichen, unter mir tosenden Wassern herausgekämpft. Doch nun verspürte ich diesen überwältigenden Drang, wieder hineinzutauchen. Ich wollte andere kennenlernen, die dasselbe durchgemacht hatten wie ich, wollte meine Geschichten mit ihnen und allen teilen. Ich wünschte mir eine Gemeinschaft von Menschen, die meine latenten Ängste, Unsicherheiten und Obsessionen verstanden.

Es war ein gewaltiges Risiko. Kein Mensch in meinem Leben kannte meine Vorgeschichte. Nicht einer. Die einzige Person, die davon wusste, war ein paar Jahre zuvor verstorben. Ich hatte keine lebenden Zeugen. Ich konnte mich parallel zu diesen Vorgängen einfach entschließen, weiterzuleben wie immer, konnte mich gegen den Sprung von der Klippe entscheiden und für immer unauffindbar bleiben.

Oder ich konnte Mut beweisen, mich für den Sprung entscheiden, in Salzwasser und Tang eintauchen, ja sogar riskieren, darin zu ertrinken. Ich konnte mich entscheiden, die Perspektive zu wechseln und Freunde zu korrigieren, wenn sie erklärten, der Islam sei eine Religion des Friedens. Ich konnte mich entschließen, den Leuten mit meiner Geschichte Unbehagen einzuflößen, mich mit dem »Backlash« auseinanderzusetzen, den Freunden, die sich von mir distanzieren würden, und den Todesdrohungen.

Wäre ich vernünftiger gewesen, hätte ich einfach kehrtgemacht und eine möglichst große Entfernung zwischen mich und diesen Ozean gelegt. Ich kannte ihn ja, war schon mal dort gewesen. Es wäre so leicht gewesen, einfach umzudrehen, mein Leben auf dem sicheren, festen Land fortzusetzen, auf das ich mich einst unter Lebensgefahr gerettet hatte.

Doch ich entschied mich für den Sprung.

# GEWALT I

»Nein, bitte! Bitte, es tut mir leid. Mama! Mama! Bitte!«

Ich liege auf meinem Bett, wie man es mir befohlen hat, und bettle verzweifelt, wie schon so oft. Ich fürchte den vertrauten Auftritt, obwohl er sich in diesem Augenblick direkt vor mir abspielt. Er packt mein Fußgelenk und zerrt mich ruckartig zum Fußende des Betts. Ich muss dem Drang, die Beine anzuziehen, widerstehen, denn dadurch wird es nur noch schlimmer. Ich weine so sehr, dass ich keine Luft mehr kriege, als er mein Springseil nimmt, um meine Füße ans Bett zu fesseln.

Er greift nach seinem orangefarbenen Lieblingsplastikstock, der den hölzernen, der immer wieder zerbrach, ersetzt hat. Erst war ich froh, weil ich mir von dem keinen Splitter einziehen konnte, doch mir war nicht klar gewesen, wie viel schmerzhafter dadurch die Schläge wurden. Die Farbe Orange werde ich für den Rest meines Lebens hassen.

Er peitscht mir damit die Fußsohlen. Die Fußsohlen sind die ideale Stelle, weil den Lehrern so die Narben verborgen bleiben. Ich bin sechs Jahre alt, und die Hiebe sind meine Strafe dafür, dass ich die Koransuren nicht richtig auswendig gelernt habe.

»Und, meinst du, dass du sie nächstes Mal richtig lernst?«

»Ja!«

Flehentlich sehe ich meine Mutter an. *Warum sagst du nichts? Warum tust du nichts, um mich zu beschützen? Warum stehst du nur da?*

Was hielt sie bloß zurück? Hatte sie Angst vor ihm? Sie hatte ihn doch gerufen! War es teilweise ihre Schuld?

In diesem Augenblick kann ich einfach nicht glauben, dass der einzige Elternteil, den ich kenne, mich einfach ausliefert, damit ich gefesselt und geschlagen werde. Er ist der Böse, nicht sie. So musste es sein.

Doch weshalb hat sie ihn dann angerufen und gebeten vorbeizukommen? Warum?

»Wenn ich das nächste Mal komme, will ich alle drei Suren hören, kapiert?«

»Ja …«

»Von welchen drei Suren spreche ich?«

Als ich nur für den Bruchteil einer Sekunde zögere, hebt er schon erneut die Hand. Ein Fünkchen Vorfreude glitzert in seinen Augen.

Wenn keine unverletzte Haut mehr vorhanden ist, auf der die Hiebe landen könnten, treffen sie auf meine schon wunden und zerrissenen Füße. Ich bin schweißgebadet. Mein Herz rast. Ich bekomme kaum Luft, doch ich weiß, es wird nicht aufhören, bis ich die Kraft finde, ihm zu antworten.

»*Al-Fatiha*, *al-Kauthar* und *al-Ichlas*.« Drei kurze Suren, die man für die fünf täglichen Gebete benötigt. Heiser, erstickt, kaum hörbar kommen mir die Worte über die Lippen.

»Wenn du einen Fehler machst – nur einen einzigen –, dann zeig ich dir, wie es wirklich wehtut.«

Schließlich löst er das Seil, wirft es zu Boden und geht hinaus.

Ich liege da und warte darauf, dass meine Mutter kommt und mich tröstet, doch sie kommt nicht. Nach jeder Züchtigung warte ich, aber sie kommt nie. Stets folgt sie ihm zur Tür, und ich höre ihre Stimmen, ihr Gelächter, während sie sich unterhalten. Atemlos warte ich darauf, dass die Wohnungstür ins Schloss fällt. Ich kann mich nicht entspannen, solange ich nicht weiß, dass er weg ist.

Nur langsam beruhigen sich meine Atemzüge, während ich dabei zusehe, wie die Scheinwerfer der unten vorbeifahrenden Autos über meine Zimmerdecke streichen. Wuuusch, wuuusch, wuuusch. Endlich rolle ich mich zusammen und stecke den Daumen in den Mund.

Trotz des Pochens in meinen Füßen und der unwillkürlichen Schluchzer, die mir schier die Brust zerreißen, falle ich in einen tiefen Schlaf. Es ist ein Schlaf, wie er nur auf Kämpfe folgt, die unsere Seele zu zerreißen drohen.

Völlig erschlagen wache ich mitten in der Nacht auf, mit dem schon gewohnten kalten, nassen Fleck unter mir. Aus Versehen berühre ich mit dem Fuß die Stelle, und das unerträgliche Stechen sorgt dafür, dass ich auf der Stelle hellwach bin. Ich weiß, ich muss ins Bad, aber bei dem Gedanken daran, wie weh es tun wird, wenn ich mit meinen kaputten Füßen auftrete, schießen mir gleich wieder die Tränen in die Augen.

Vorsichtig lasse ich meine Füße von der Bettseite baumeln. Sie sind geschwollen und mit Blutblasen bedeckt. Ich wappne mich, ehe ich sie auf den Boden setze. Ich weiß, dass die Blasen, wenn ich die Füße mit meinem gesamten Gewicht belaste, platzen können, doch ich muss mich auch beeilen, um das Pipi abzuwaschen, das in den offenen Wunden brennt.

Damit die wunden Stellen den Teppich nicht berühren, balanciere ich auf den Außenkanten meiner Füße. Langsam hoppele ich, suche bei jedem Schritt Halt – erst am Bett, dann an meiner Kommode, schließlich am Türknauf und an der Wand im Flur. Dieses Zerquetschen, wenn die Wunden dann unweigerlich aufreißen, ist etwas, woran ich mich auch nach fast vierzig Jahren noch lebhaft erinnere.

Doch all dieser Schmerz sei nichts – so versichert man mir –, verglichen mit dem Feuer der Hölle, das mich erwarte, sollte ich die Suren nicht memorieren. Aber bevor ich lerne, mir auf die Zunge zu beißen, melde ich erst mal Zweifel an.

»Wenn Allah mein Fleisch verbrennt und es danach wieder wachsen lässt, um es schließlich in alle Ewigkeit weiterschmoren zu lassen, werde ich mich dann nicht irgendwann dran gewöhnen?«

»Nein«, erwidert meine Mutter. »Allah sorgt dafür, dass es jedes einzelne Mal wieder genauso wehtut wie beim ersten Mal.«

Mir graute vor Allah, vor dem Tag des Gerichts, vor dem ewigen Höllenfeuer – nicht unbedingt Dinge, mit denen sich das Durchschnittskind gemeinhin herumschlägt. Na ja, das durchschnittliche nichtmuslimische Kind wenigstens nicht.

Das Internet ist voller YouTube-Videos von Kindern, die in Medresen brutal attackiert werden. Von Mädchen, die an den Haaren gezerrt und zu Boden gerissen werden, weil sie keinen Hidschab (Kopftuch) aufhaben, von Jungen, die ausgepeitscht werden und unter Fußtritten zu Boden stürzen. Verglichen mit einigen der Geschichten, die mir erzählt wurden, mutet mein eigener Missbrauch, so barbarisch er auch war, geradezu harmlos an. Ein Mädchen aus Somalia berichtete mir, wie ihre Mutter ihrem (ans Bett gefesselten) Bruder heißes Öl einflößte, während die Geschwister dabei zusehen mussten.

Jüngsten Berichten zufolge werden in Ländern des Nahen Ostens und Nordafrikas mit mehrheitlich muslimischer Bevölkerung mehr als siebzig Prozent der Kinder zwischen zwei und vierzehn Jahren auf grausame Weise gezüchtigt. In einigen der Länder wie dem Jemen, Tunesien, Palästina und Ägypten berichten über neunzig Prozent der Kinder von schweren Misshandlungen.

Warum ist das so? Weshalb verzeichnen diese Länder eine so hohe Zahl an Gewalttaten gegen Kinder?

Der gemeinsame Nenner ist, dass man sich in all diesen Ländern zum selben Glauben bekennt. Zu einer Religion, die die Menschen lehrt, ihre Kinder zu schlagen. Gemäß dem Hadith, den Überlieferungen der Aussprüche und Handlungen des Propheten Mohammed, sagte dieser:

»Lehrt eure Kinder beten, wenn sie sieben Jahre alt sind, und gebt ihnen einen Klaps, falls sie es im Alter von zehn Jahren immer noch nicht tun.«

(von Scheich al-Albani in *Sahih al-Dschami*, 5868, als *sahih, richtig*, klassifiziert).

Von ihm stammt auch:

»Häng deine Peitsche auf, wo die Mitglieder deines Haushalts (deine Kinder, Ehefrau und Sklaven) sie sehen können, denn dies wird sie disziplinieren.«

(gesagt von al-Albani in *Sahih al-Dschami*, 4022)

Sie sehen also, es liegt ganz in der Verantwortung der Eltern sicherzustellen, dass ihre Kinder den Koran memorieren, keines der täglichen Gebete versäumen und den schmalen, ihnen vorgeschriebenen Pfad beschreiten.

»Jeder von euch ist ein Hirte und verantwortlich für seine Herde. Der Herrscher ist Schäfer und für seine Herde verantwortlich. Jeder Mann ist Beschützer seiner Familie und verantwortlich für seine Herde. Eine Frau ist die Hirtin des Haushalts ihres Gatten und trägt Verantwortung für ihre Herde. Ein

Diener ist der Hüter des Reichtums seines Herrn und ebenfalls verantwortlich für seine Herde. Jeder von euch ist Hirte und trägt als solcher Verantwortung für seine Herde.«

(erzählt von Al-Buchari, 583; Muslim, 1829)

Wenn Eltern also ihre Kinder schlagen, so tun sie dies sowohl aus religiöser Verpflichtung als auch aus Furcht; sie müssen dafür sorgen, dass ihre Kinder fromme Muslime werden. Werden die Kinder das nicht, haben die Eltern versagt und werden sich am Tag des Gerichts vor Allah zu verantworten haben. Denn sind die Kinder keine frommen Muslime, droht auch den Seelen der Eltern das ewige Höllenfeuer.

Studien zeigen, dass durchschnittlich sieben von zehn Kindern seelischer Gewalt ausgesetzt sind, mit dem höchsten Anteil im Jemen (neunzig Prozent). Etwa sechs von zehn Kindern erleben körperliche Züchtigung. Die höchsten Raten verzeichnen die Zentralafrikanische Republik, Ägypten und der Jemen (jeweils mehr als achtzig Prozent).

Meist bedienen sich die Haushalte einer Kombination aus mehreren disziplinarischen Praktiken. Die meisten Kinder in der Mehrzahl der Länder und Regionen sind sowohl psychologischen als auch körperlichen Formen der Bestrafung ausgesetzt. Das bestätigt, dass sich die beiden Ausprägungen der Gewalt häufig überschneiden und im disziplinarischen Kontext oft gemeinsam auftreten. Eine derartige Erfahrung multipler Gewaltformen kann den Schaden für ein Kind sowohl auf kurze als auch auf lange Sicht noch verschlimmern.

Obwohl all die Misshandlungen und Androhungen von Misshandlungen mich buchstäblich erstarren ließen, kann ich mich an keinen Zeitpunkt in meinem Leben erinnern, an dem ich mich nicht zur Wehr gesetzt hätte.

So war es beispielsweise verboten, Musik zu hören. Musik war des Teufels. Dennoch drehte ich, wenn keiner zu Hause war, den Knopf unseres Radioweckers auf LG73 und hörte mir die Pop-Hits des Tages an. Der Prinz von Bel-Air hatte recht: Eltern checkten einfach nichts.

Doch ich fürchtete den Zorn Allahs. Wenn ich bei John Lennons »Imagine« mitsang, verstummte ich – zu verängstigt, um auch nur mitzusummen – stets vor der Zeile »Imagine no religion«, damit ich nicht aus Versehen vom Glauben abfiel. Denn ein Apostat, ein Abtrünniger, ein *Kafir* (Ungläubiger) zu sein ist im Islam die schlimmstmögliche Sünde. Sie kann mit dem Tod bestraft werden. Ich erinnere mich noch, dass ich mich fragte, wie es sein konnte, dass ich neunundneunzig Prozent dieses Songs so sehr liebte, doch diese eine Zeile so vollständig mied? So sehr, dass ich nicht einmal die entsprechenden Lippenbewegungen machte. Konnte es sein, dass Lennon, wenn er mit dem Rest dieses Songs richtiglag, auch mit dieser Zeile recht hatte?

Ich habe noch etliche ähnliche Erinnerungen an Zeiten, in denen das Licht momentweise durch die Ritzen des abbindenden »islamischen Zements« schimmerte, unter dem man mich meine ganze Kindheit über Schicht um Schicht begrub.

# GEBET

Muslime sind verpflichtet, sich an die fünf Säulen des Islam zu halten: das Glaubensbekenntnis, die fünf täglichen Gebete, das Geben von Almosen, das Fasten während des Monats Ramadan und die Pilgerfahrt nach Mekka. Sowohl das Wiederholen der rhythmischen Muster als auch die einschläfernden, klagenden Laute der fremden Worte während der fünf täglichen Gebete sorgen dafür, dass wir nie aus der Reihe tanzen. Wenn immerfort das nächste Gebet bevorsteht, bleibt gar keine Zeit, vom rechten Weg abzukommen. Auch der Zement hat keine Zeit zu bröckeln, bevor die nächste Schicht aufgespachtelt wird.

Die Gebete sind von hirnzersetzender Monotonie, nicht die geringste Abweichung ist gestattet. Jede zeremonielle Bewegung, jedes Wort ist besonders, fügt sich ein in ein System und beraubt die *Umma* (die Gemeinschaft der Muslime) jeglicher Individualität. *Reih dich ein. Folge der Herde. Keine Ablenkungen.* Während der Hadsch, der heiligen Pilgerfahrt nach Mekka, legt man sogar seine individuelle Kleidung ab, und alle Hadschis hüllen sich in das gleiche schlichte, weiße Tuch.

Die Vorbereitung aufs Gebet war ein ebenso repetitiver Vorgang wie die Gebete selbst. Der erste Schritt bestand in einem Waschritual namens *Wudu*. Jeder Teil des *Wudu* musste dreimal wiederholt werden: dreimal Hände waschen, dreimal den Mund ausspülen und dreimal die Nase putzen, dann dreimal das Gesicht reinigen, dreimal die Arme vom Handgelenk bis zu den Ellbogen abspülen, dreimal die Ohren säubern und dreimal die Füße waschen.

Meine Beine waren noch zu kurz, um mit den Füßen das Spülbecken zu erreichen, sodass ich für diesen letzten Schritt auf die Arbeitsplatte stieg. Nach dem *Wudu* war man bereit zum Gebet. Sollte man nach der Waschung allerdings noch einmal pinkeln, kacken oder pupsen, musste das Ritual erneut durchgeführt werden.

Das Nächste waren die Gebete, die ihre eigenen rituellen Feinheiten mit sich brachten. Man musste in eine festgelegte Richtung gucken: nämlich zur Kaaba nach Mekka in Saudi-Arabien. Als Junge brauchte man nichts Besonderes anzuziehen, die Mädchen aber mussten jeden Zentimeter ihres Körpers, ausgenommen Gesicht und Hände, bedecken. Ich hasste Socken, doch Allah akzeptierte Gebete von Mädchen mit nackten Zehen nicht, nur die von Jungen.

Mein Bruder begann dann mit dem *Adhan* oder Gebetsruf, der ein wenig unnötig erschien angesichts dessen, dass wir sowieso schon alle im Wohnzimmer versammelt waren. Er wandte den Kopf nach links und nach rechts, um sicherzustellen, dass seine Stimme möglichst weit trug.

Dann stellten wir uns in Reihen auf – vorne die Jungs, dahinter die Mädchen. Die Moschee wurde von den Männern durch den Haupteingang betreten, während die Frauen durch einen Hintereingang direkt neben der Küche und in der Nähe der Mülltonnen eintraten.

Das Problem der Geschlechtertrennung in Moscheen wurde von muslimischen ReformerInnen wie Asra Nomani angesprochen. In der *Washington Post* schrieb sie, wie sie einmal mit ihrem Vater eine Moschee durch den Haupteingang betreten hatte, worauf man sowohl ihr als auch ihrem Vater so lange zusetzte, bis sie den Eingangsbereich verließ und sich zu den Frauen im Untergeschoss gesellte, wo sie hingehörte.

Frauen in Europa setzen sich mittlerweile zur Wehr, indem sie nicht nur Moscheen ohne Geschlechtertrennung, sondern sogar solche haben, die von weiblichen Imamen geleitet werden! Natürlich sind das keine dauerhaften Moscheen. Gewöhnlich verrichten diese Frauen ihre Gebete in Kirchen, deren zuvorkommende Geistliche am Freitag die Türen für sie öffnen, damit sie ohne Furcht vor Vergeltungsmaßnahmen beten können. Es handelt sich dabei um eine kleine, rein weibliche Gruppe, doch sie widersetzt sich der Geschlechterapartheid, die im Islam weithin akzeptiert wird. Aus Angst vor Fundamentalisten, die ihnen wegen ihres Ungehorsams Drohungen schicken, wechseln die Frauen allwöchentlich den Veranstaltungsort.

Es gibt auch noch andere muslimische Gruppen, die den Fundamentalisten trotzen, indem sie sich etwa in Moscheen treffen, die auch LGBT-Gläubige und sogar LGBT-Imame zulassen! Ich unterstütze Muslime, die offen für Inklusion und gegen Diskriminierung sind, von ganzem Herzen.

In der Regel beten Männer für sich und Frauen ebenso. Müssen sie es im gleichen Raum tun, stehen die Männer vorne, die Frauen hinten, normalerweise mit einer Art Raumteiler dazwischen. In ihren jeweiligen Reihen rücken sie so eng wie möglich zusammen, sodass sich Schultern und Füße berühren, damit der Teufel sich nicht zwischen sie drängen kann.

Die Gebete folgen einer bestimmten Reihenfolge, einem festen Bewegungsablauf. Zunächst steht man mit vor der Brust gekreuzten Händen (rechte Hand auf der linken) da und rezitiert in dieser Haltung eine bestimmte Sure. Dann legt man die Hände auf die Knie und wiederholt dreimal eine andere Sure, richtet sich wieder auf, bringt das Gesicht zu Boden, murmelt dreimal die vorgeschriebenen Worte, um sich schließlich auf die Fersen zurückzusetzen und die für diese Position vorgesehenen Worte zu sprechen. Zum Schluss bring man erneut das Gesicht auf den Boden und erhebt sich wieder auf die Knie. Einen solchen Zyklus nennt man *Rak'a.*

Die Länge der Gebete variierte zwischen zwei und vier *Rak'as.* Nach jedem dieser Gebete gab es noch weitere, die angeblich freiwillig waren – wenn auch nicht für mich.

Dieses ganze Ritual hatte fünfmal täglich stattzufinden. Und bei jedem Gebet, jedem *Rak'a,* wurden die gleichen Worte wiederholt, heruntergeleiert, ins Gehirn gebrannt. Nie verstand ich den Sinn auch nur eines einzigen all der Worte, die ich mindestens zwanzigmal pro Tag wiederholte. Über die Bedeutung der Worte wurde nie gesprochen. Sie waren lediglich gedankenlos und bis zum Erbrechen zu wiederholen. Nachfragen hatten lediglich Ärger und Ermahnungen zur Folge.

Obwohl ich den Großteil des Tages mit Beten beschäftigt war, gelang es dem Zweifel doch, sich einzuschleichen. Ich wünschte, ich hätte mich einfach unterwerfen können – denn schließlich ist das die wahre Bedeutung des Wortes Islam. Gute Muslime kämpfen nicht mehr, sondern bleiben in dem trocknenden Mörtel, der sie an Ort und Stelle festzementiert.

Ich aber hörte nie auf zu kämpfen und war darum voller Selbsthass. Wie sollte ich denn je eine wahre Muslimin werden, wenn ich nicht loslassen, mich nicht unterwerfen konnte? Meine Schwester und mein Bruder schienen keinerlei Probleme damit zu haben, doch die sprachen ja sowieso nicht mit mir.

Von meiner Mutter kriegte ich dafür den Spitznamen »schwarzes Schaf« verpasst. Der Teufel, meinte sie, gebe mir solche Fragen ein.

Mit zunehmendem Alter wurde es immer schwerer, auf meine Fragen Antworten zu erhalten. Ich erinnere mich an ein aufschlussreiches Gespräch, das ich als Teenager mit meiner Mutter führte.

»Er war über fünfzig und hat ein sechsjähriges Mädchen geheiratet?«

»Und? Meinst du vielleicht, du weißt mehr als Allahs Prophet? Wer bist du denn, dass du seine Handlungen infrage stellst?«

»War er ein Pädophiler?«

»Nein! Natürlich nicht! Er hatte erst Sex mit ihr, als sie eine Frau geworden war. Als sie ihre Periode bekam. Vorher hat er nur andere Sachen mit ihr gemacht, um sie vorzubereiten. Damit sie sich wohl mit ihm fühlen würde, wenn es so weit war. *Subhanallah*, Allahs Gesandter war immer fürsorglich und rücksichtsvoll.«

»Oh, dann war sie also schon erwachsen …?«

»Ja, in den Augen Allahs war sie erwachsen. Wenn du deine Periode kriegst, wirst du eine Frau; ab da werden all deine Sünden gezählt. Vorher bist du noch ein Kind, und nichts, was du machst, wird aufgezeichnet.«

»Und wie alt war sie nun?«

»Sie war neun.«

»*Neun?* Aber mit neun ist man doch noch keine Frau!« Mittlerweile schrie ich fast.

Meine Mutter beantwortete meine beharrlichen Fragen mit einer Ohrfeige, gemeinen, gehässigen Worten und dem drohenden Hinweis, dass meine Fragerei des Teufels sei, der sich in meinem Kopf eingenistet habe und mir diese Dinge einflüstere.

Doch gegen *Scheitan*, den Teufel, kam ich eben nicht an.

Ich versuchte, mir meine Fragen zu verkneifen, doch manchmal schaffte ich es einfach nicht. Und während der Kampf in mir weitertobte, wurde ich so verzagt, dass ich mich nicht einmal mehr traute, in Gedanken zu zweifeln, da Allah diese Gedanken lesen konnte und mich für meine Zweifel bestrafen würde. Alles Positive existierte dank Allah, und alles Negative war nur meiner Schwäche zuzuschreiben, weil ich unter dem Einfluss des Teufels stand. Nie hatte ich das Gefühl, selbst über mein Leben zu bestimmen.

Mit dem Teufel hatte das natürlich nichts zu tun. Es waren nur ganz normale Zweifel und kritisches Denken.

Und gerade das gehörte mit zum Schwierigsten, als ich den Islam hinter mir ließ: Entscheidungen zu treffen, mich auf meine innersten Überzeugungen, meine innere Stimme zu verlassen, die man in der Vergangenheit stets erstickt hatte. Nun musste ich sie aufs Neue beschwören und schauen, wie ich sie wieder wahrnehmen und mir vertrauen konnte. Denken hatte man mir nicht beigebracht, sondern mich eher entmutigt, und tja, eigentlich dafür bestraft. Man hatte mich gelehrt, das zu tun, was ich gesagt bekam. Jeder winzige Aspekt meines Lebens wurde mir vorgeschrieben. Keine Entscheidung durfte ich selbst treffen: vom Toilettengang bis zum Wassertrinken, vom Schneiden der Fingernägel bis zum Anziehen der Schuhe war alles aufs Genaueste geregelt. Ich war nichts weiter als ein Gefäß, geschaffen, um Allahs Wort zu verbreiten und, so die Hoffnung, dabei mein Leben hinzugeben – sprich: das perfekte Leben eines guten Muslims zu führen, nicht mehr und nicht weniger.

# UNTERWERFUNG I

Ich war nie zufrieden mit dieser Rolle, die man mir da zugeteilt hatte. Ich erinnerte mich noch an eine Zeit, als ich nicht einzementiert gewesen war, bevor dieser grässliche Mann in unser Leben trat, und folglich kämpfte ich gegen jede neue Schicht, die man über mich kippte. Ich erinnerte mich an die Jahre, ehe meine Mutter ihn kennenlernte, sich zum fundamentalistischen Islam bekannte und begann, ihr Haar zu bedecken und alles als *haram* zu verteufeln. Ich erinnerte mich daran, dass ich Schwimmstunden gehabt und im Park gespielt hatte … und nicht schon vor dem Morgengrauen aufstehen und in den Teppich murmeln musste. Ich erinnerte mich noch daran, dass ich mit Barbies und den nichtmuslimischen Nachbarkindern hatte spielen dürfen. Ich erinnerte mich, dass ich meinen Geburtstag gefeiert hatte, geschwommen war, Oreos gegessen hatte. Das alles und noch viel mehr war inzwischen verboten.

Obwohl ich in Kanada lebte, war nicht mal meine Mutter in Ägypten so erzogen worden. Neidisch starrte ich auf die schwarz-weißen Hochzeitsfotos meiner Eltern. In ihrem knielangen Brautkleid sah meine Mutter wie ein Bondgirl aus. Sie hatte ihr Haar zu einem Beehive hochgesteckt, und die Augen mit den geschwungenen falschen Wimpern waren dramatisch geschminkt. Auf fast jedem Foto war eine wunderschöne und elegante Bauchtänzerin zu sehen. Immer wieder betrachtete ich diese Hochzeitsfotos und war baff angesichts dieser so völlig anderen Welt, aus der sie kam.

So vieles auf diesen Bildern im 10x15-Format war *haram*. Die Beine meiner Mutter waren nackt, ihr Kleid eng, die Ärmel reichten ihr nur bis zum Ellbogen, sie war geschminkt und ihr Haar unbedeckt. Sogar ihre Frisur war im Islam verboten. Es gab Alkohol, Musik und Tanz: All diese Dinge sind *haram*.

Das Wort »*haram*« war meiner Mom in ihrer Kindheit und Jugend wahrscheinlich nie zu Ohren gekommen. Sie war sehr behütet aufgewachsen. Der Onkel ihres Vaters war der erste Präsident Ägyptens gewesen, sodass sie stinkreich und mächtig waren. Mein Großvater war bereits verheiratet und hatte drei Kinder, als sein Onkel zum mächtigsten Mann des Landes aufstieg. Allerdings beschloss er, aus dieser neuen Berühmtheit Profit zu schlagen und sich eine hellhäutige Ehefrau zu gönnen. Er wünschte, dass die Trophäe von den Gesichtszügen und der Hautfarbe her europäisch wirkte, aber trotzdem die richtige Religion hatte, sodass er sich ein junges Mädchen aus der Türkei als Zweitfrau zulegte.

Als meine Großmutter nach Ägypten kam, konnte sie nicht einmal Arabisch, doch sie wurde für ihre Bemühungen reich belohnt. Sie zog in ein großes Herrenhaus mit vielen Bediensteten und machte sich daran, Kinder zu gebären – sieben, um genau zu sein.

Als Nasser das Ruder übernahm, wurde der Onkel meines Großvaters zur Persona non grata und stand unter Hausarrest. Das alles wurde ein wenig zu viel für meinen Großvater, und da er sich mit zehn Kindern und zwei Ehefrauen sowieso schon überfordert fühlte, zog er nach Saudi-Arabien. Zu diesem Umzug habe keinerlei Notwendigkeit bestanden, habe ich Verwandte mutmaßen hören, er sei wohl lediglich ein Vorwand gewesen, um sich allen familiären Verpflichtungen zu entziehen. Von dort schickte er Geld an seine beiden Familien.

Selbstverständlich hatte er nicht vor, alleine zu bleiben, sondern heiratete ein drittes Mal.

Sein Umzug fand allerdings erst statt, als meine Mutter bereits die Universität besuchte. Meine Mutter war – unbestritten – seine Lieblingstochter. Als die beiden ersten von sieben Kindern waren sie und ihre Zwillingsschwester die einzigen, die tatsächlich von ihrem Vater erzogen wurden. Keines der anderen Kinder hatte dieses Glück genossen; einige erinnern sich kaum an ihren Vater.

Meine Mom hatte ihr Leben lang Kindermädchen gehabt und nie einen Finger rühren müssen. Der Witz dabei ist, dass sie, als sie meinen Vater heiratete, noch nicht einmal wusste, wie man Wasser kocht. (Das ist wirklich wahr.)

Sie besuchte teure katholische Privatschulen. Damals waren die Ägypter sehr viel säkularer, als sie es heute sind. Es war die Zeit vor dem Aufstieg der Muslimbruderschaft.

Inzwischen kommt es leider vor, dass ägyptische Christen beim Beten in ihren Kirchen zu Hunderten umgebracht werden. Und auch Muslime, etwa Sufis, die sunnitische Extremisten für nicht muslimisch genug halten, sterben in Ägypten während des Gebets in der Moschee. Der gesamte Nahe Osten und Nordafrika sind extremer geworden, und die Extremisten verbreiten sich auch nach Europa und Nordamerika. Andere muslimische Sekten werden nicht einmal toleriert. Ein ahmadischer Ladenbesitzer wurde in Großbritannien von einem sunnitischen Extremisten getötet, weil er seinen Vermietern »Frohe Ostern« gewünscht hatte.

Sunniten machen die Mehrheit (etwa neunzig Prozent) der Muslime aus, Schiiten bilden (mit fast zehn Prozent) die nächstgrößte Sekte, alle übrigen ergeben zusammen kaum ein Prozent. Wenn ich in diesem Buch von »Muslimen« spreche, meine ich in der Regel die Mehrheit der sunnitischen Muslime – da ich nur bei ihnen aus Erfahrung spreche.

In der Jugendzeit meiner Mutter identifizierten sich die Menschen eher lose mit dem Islam und nahmen die Religion nicht so ernst. Die Frauen trugen keinen Hidschab, man trank Alkohol, und der Islam war so zwanglos, wie es das Christentum für die meisten heutigen Christen ist. Doch inzwischen hat sich das beträchtlich verändert.

Es ärgerte mich, dass meine Mutter ein so glamouröses Leben hatte führen dürfen, während ich gezwungen war, Suren aus dem Koran zu memorieren, nicht Fahrrad fahren durfte, um nicht meine Jungfräulichkeit zu riskieren, und nicht schwimmen, weil der Badeanzug zu viel Haut zeigte. Weshalb gönnte sie mir nicht die gleichen Freiheiten, die sie selbst genossen hatte? Sie hatte christliche Freundinnen, aber ich durfte nicht mal mit meinen Freundinnen auf demselben Flur, Chelsea und Lindsay, spielen, weil sie *Kuffar*, Ungläubige, waren.

Tagein, tagaus klopften sie an unsere Tür.

»Können wir reinkommen und mit Yasmine spielen?«

»Nein, das geht gerade nicht«, erwiderte meine Mutter dann immer, während ich in der Diele stand, die Hände rang und hoffte, sie werde einlenken.

»Kann sie zu uns kommen?«

»Nein, sie ist beschäftigt.«

»Ich bin nicht beschäftigt!«, piepste ich dazwischen.

»Geh in dein Zimmer!«

Oft frage ich mich, wie ich mich wohl entwickelt hätte, wäre unser Leben nicht durch diese »Bombe« zerstört worden, die in unseren eigenen vier Wänden hochging.

Diese Bombe war der Mann, der meine Mutter zu seiner Zweitfrau erkoren hatte – »Onkel« Mounir. Sein Einzug in unser Leben hatte in der Tat etwas von einer Explosion. Da war kein Zittern, keine Vorwarnung, kein aufkommender Wind – plötzlich war er da, ein gewalttätiger Soziopath, der in unser Leben hineinraste. Mit seinem zerzausten Bart und den schwieligen Händen trat er in die Wohnung, als gehöre sie ihm.

Mit mir beschäftigte er sich nur selten, es sei denn, er fesselte gerade meine Füße ans Fußende des Betts. Ich hatte keine Ahnung, dass meine Mutter seine Zweitfrau war. Wir nannten ihn *Onkel*, denn schließlich hatte er selbst eine Frau und Kinder. Erst als ich aufs College ging, eröffnete mir meine Mutter die Wahrheit. Polygamie ist in der liberalen Demokratie Kanadas gesetzeswidrig, sodass sie uns Kindern die belastende Information vorenthielt. Sie ahnte ja nicht, dass unsere Regierung bei muslimischen Männern mit mehreren Ehefrauen routinemäßig ein Auge zudrückt. Steuergelder in Millionenhöhe werden darauf verschwendet, Männer zu unterstützen, die das Gesetz brechen. Kann ein Mann es sich nicht leisten, alle seine Frauen zu unterhalten, so lässt er sie einfach als Alleinerziehende Sozialhilfe beantragen. *Voilà*, Problem gelöst.

Meine Mutter war eine dieser Frauen. Weil sie nur islamisch, aber nicht standesamtlich mit ihm verheiratet war, konnte sie als Alleinerziehende Sozialhilfe beziehen, und der Staat ignorierte die Tatsache, dass sie mit diesem Mann verheiratet war, denn dies zu hinterfragen wäre rassistisch gewesen … oder was auch immer.

Obwohl er quasi eine Art Stiefvater für mich war, habe ich ihn nie so genannt, und eine Vater-Tochter-Beziehung hatten wir auch nie. Er war einfach nur der Mann, der uns verprügelte und (wie ich später erfuhr) gelegentlich mit unserer Mutter schlief.

Manchmal, wenn ich von der Schule kam, traf ich ihn bei uns zu Hause an.

»Was hab ich denn getan?« Soweit ich wusste, bestand der einzige Zweck seiner Besuche darin, einen von uns zu verprügeln.

»Nichts. Geh einfach in dein Zimmer spielen.« Meine Mutter scheuchte mich davon.

Einmal ging ich auf die Toilette und hörte die beiden in der Dusche, was mich nicht beunruhigte. Mein Bruder und ich badeten damals auch noch zusammen. Später erwähnte ich es zufällig – ich weiß nicht mehr weshalb – in Gegenwart seiner Frau.

»Was? Das ist nicht wahr!« Er und meine Mom bestritten es vehement.

»Doch. Ich habe euch da drinnen gehört.«

Unerklärlicherweise bestanden sie darauf, dass ich mich täuschte, und ich kapierte einfach nicht, weshalb.

Es ist ein komisches Gefühl zu wissen, dass die eigene Mutter lügt. Ich hätte damals nicht gedacht, dass sie dazu fähig wäre, doch sie beharrte darauf, dass ich mich irrte. Schließlich stimmte ich ihr zu, obwohl es dem, was sich direkt vor meinen Augen abspielte, widersprach. Ich sah nicht mehr, was ich sah, hörte nicht mehr, was ich hörte, weil sie mir etwas anderes einredete. Und ich musste ihr glauben, schließlich war sie meine Mutter, und ich vertraute ihr mehr als mir selbst. So lenkte ich ein und akzeptierte, dass sie nicht miteinander geduscht hatten. Ich musste mich wohl getäuscht haben.

Dasselbe Gefühl hatte ich, als sie mir erzählte, dass sie mit ihm reden und ihn bitten werde, uns nicht mehr zu schlagen. Auch da glaubte ich ihr, obwohl er schon am nächsten Tag wiederkam. Woher wusste er, dass wir ein Gebet hatten ausfallen lassen? Er war ja nicht mal da gewesen! Irgendwie hatten ihre Worte die Macht, die Realität außer Kraft zu setzen.

Vor seinem Eindringen in unser Zuhause hatten wir viel ruhiger gelebt. In unserem Wohnkomplex gab es einen Außenpool. Ich hatte eben erst gelernt, unter Wasser zu schwimmen, war zwar noch nicht sicher im Brustkraulen, doch wild entschlossen, es zu lernen. Wir hatten auch einen Spielplatz in unserer Anlage, auf dem ich stundenlang spielte. Ich fuhr Fahrrad und spielte mit meinen Freundinnen mit unseren Barbies. Meine Geschwister und ich genossen viele Freiheiten. Und wir waren noch zu jung, um zu begreifen, dass diese Freiheit im Grunde eher Vernachlässigung war. Wir dachten, es bedeute, dass wir so lange draußen bleiben und spielen konnten, wie wir wollten. Wenn all meine Freunde zum Abendbrot heimgegangen waren und keiner mehr da war zum Spielen, ging auch ich nach oben, doch auf unserem Esstisch wartete nie eine Mahlzeit.

»Musst du nicht nach Hause gehen?«, fragte die Mutter meiner Freundin mich immer.

»Nein, ich kann so lange bleiben, wie ich will.«

»Wann ist denn bei euch Schlafenszeit?«

»Wir haben keine!«, versetzte ich stolz.

»Hast du ein Glück«, sagte meine Freundin.

Meine Mom verbrachte die meiste Zeit vor der Glotze, wo sie Seifenopern guckte und Sonnenblumenkerne knabberte. Ich ging morgens zur Schule und traf sie, wenn ich heimkam, an der exakt gleichen Stelle an, wobei der einzige Unterschied zu morgens die inzwischen höheren Schalenhaufen waren. Hin und wieder rief sie nach mir, damit ich kam und umschaltete.

Im Nachhinein vermute ich, dass sie depressiv war.

Meine Eltern hatten sich in Ägypten an der Universität kennengelernt und waren gemeinsam nach San Francisco gezogen. Doch die Zeit von Peace, Love und Hippies im San Francisco der 1960er-Jahre forderte auch von ihrer Ehe einen Tribut. Sie zogen ins kanadische Vancouver, was die Ehe allerdings nicht retten konnte.

Allein, ohne Unterstützung und mit drei Kindern fand sie sich in einem neuen Land wieder. Verzweifelt suchte sie Anschluss, eine Gemeinschaft, ein Netzwerk, und leider führte sie ihre Suche zur örtlichen Moschee. Dort fand sie dann dieses Monster, das sich anbot, sie zu heiraten, sie zu »vervollständigen« und für sie und ihre drei Kinder zu sorgen.

Wie allein und verlassen sie sich gefühlt haben muss! Ohne Glauben, als Frau etwas bewerkstelligen zu können, ohne Vertrauen darauf, auch allein erfolgreich sein zu können und vielleicht gar keinen Mann zu brauchen. Sie betrachtete sich als Parasitin auf der Suche nach einem Wirt. Sie klammerte sich an diesen Kerl, der – nach dem ägyptischen Klassensystem – weit unter ihr stand und ihre Kinder schlug, doch sie meinte, keine andere Wahl zu haben, als achselzuckend zu akzeptieren, was sie kriegen konnte.

Angesichts ihrer Niedergeschlagenheit und Verwirrung muss die Schlichtheit und Ordnung des Islam unwiderstehlich gewesen sein. Der Islam bietet eine Struktur, die so rigide ist, dass sie sogar vorschreibt, wie man seine Fingernägel zu kürzen hat. Es gibt eine exakte Reihenfolge dafür, gefolgt von konkreten Anweisungen, wie die abgeschnittenen Nägel zu entsorgen sind. Nichts – nicht die winzigste Entscheidung – bleibt dem Einzelnen überlassen. Jeder Aspekt des Lebens wird für einen geklärt. Für einen verwirrten und verängstigten Menschen kann ein solches, mit militärischer Präzision entworfenes System eine Erlösung sein.

Sie stürzte sich hinein, kopfüber, ähnlich wie wiedergeborene Christen, die »loslassen und Gott machen lassen« und laut ausrufen: »Jesus, übernimm das Steuer!« Sie wollte keine Entscheidungen verantworten. Sie wollte, dass Allah all die Entscheidungen traf, zu denen sie sich nicht imstande sah. Man kann so seinen Frieden finden. Sie musste nicht unzählige Optionen abwägen, um sich dann im jeweiligen Szenario für das beste Vorgehen zu entscheiden; diese Arbeit war schon getan. Sie musste nur noch folgen und gehorchen, indem sie den geraden und schmalen Pfad beschritt, den die Religion ihr bot. Es war – buchstäblich – ein Geschenk des Himmels. Die Aussicht berauschte sie, denn sie ermöglichte ihr nicht nur, in einem fremden Land und ohne Netzwerk zurechtzukommen, sondern sogar mit drei lärmenden, bedürftigen Bälgern am Hals.

Kinder, erzählte sie mir oft, könne sie nicht leiden. Dass andere Leute bei Babys immer »Uuh« und »Aah« schrien, habe sie stets merkwürdig gefunden – weil sie einfach nicht begreife, was die Leute derart begeistere. Ein sabbernder, schreiender Klops?

Doch keine Kinder zu haben war in der Kultur, in der sie aufgewachsen war, keine Option gewesen – es wurde einfach von einem erwartet. Allerdings hatte ich nie den Eindruck, dass sie eine/n von uns wirklich mochte oder gar mütterliche Gefühle für uns hegte.

Darüber hinaus machte es ihr ihre Kultur unmöglich, Macht über das eigene Leben auszuüben. Da die Kontrolle über die »weiblichen« Kinder der einzige Bereich ist, in dem sie Macht ausüben dürfen, verhalten sich Mütter in misogynen Gesellschaften unglücklicherweise oft sehr grausam gegenüber ihren Töchtern.

Ihr Desinteresse an Kindern, einschließlich der eigenen, erlaubte es ihr auch, meinen Bruder und meine Schwester in Saudi-Arabien zu »parken« und sie dort von ihren Schwiegereltern aufziehen zu lassen. Zwei Jahre lang wurden meine Geschwister von unseren Großeltern betreut, dann wurde meine Mutter schwanger mit mir.

Offenbar hatte meine Mom in einem letzten verzweifelten Versuch, meinen Dad zu halten, die Pille abgesetzt. Als er sie verlassen wollte, erklärte sie ihm, dass sie erneut (mit mir) schwanger sei, und hoffte, dies werde ihn, wie vorher schon, davon abbringen. Doch diesmal war es ihm egal. Er verließ sie trotzdem, und ich hatte den einzigen Zweck, zu dem ich gezeugt worden war, verfehlt. Ich war überflüssig, nutzlos, ein Kollateralschaden.

Vielleicht hatte ja mein Vater nach zehn Jahren Ehekrampf endlich erkannt, wie egoistisch und manipulativ sie war. Vielleicht beschloss er einfach, sich selbst zu retten, und so verließ er sie, heiratete erneut und zeugte drei weitere Kinder. Wir aber blieben zurück, um von einer Narzisstin aufgezogen zu werden, die, nur weil es ihr so in den Kram passte, einen Unhold in unser Leben ließ.

Ich träumte immer davon, dass mein Dad käme und mich retten würde; doch im Grunde lernte ich ihn nie richtig kennen. Ich war noch keine zwei Jahre alt, als meine Eltern geschieden wurden. Vor seiner Wiederverheiratung und den drei neuen Kindern besuchte er uns hin und wieder. Er ging mit uns zu McDonald's und ins Aquarium. Ich erinnere mich, mal in der Wohnung seiner Freundin gewesen zu sein, wo ich mit ihren russischen Puppen spielte. Doch ein Vater war er nie für mich. Meine Mutter konnte alle möglichen Schandtaten erfinden und sie ihm anhängen, denn er war ja nie da, um sich zu verteidigen oder sie zu widerlegen. In meinem ganzen Leben habe ich ihn durchschnittlich wohl einmal alle zehn Jahre gesehen.

In Ermanglung eines Vater, der mich retten konnte, malte ich mir aus, ich sei adoptiert und meine wirkliche Familie irgendwo da draußen. Eine Familie, zu der ich passte, in der ich nicht das schwarze Schaf war. Doch bis zu unserer Wiedervereinigung blieb mir nichts übrig, als diesen grässlichen Kerl zu ertragen, den meine Mutter geheiratet hatte und der immer mehr Teil meines Lebens wurde. Ich musste mich mit ihm abfinden, egal wie aggressiv und brutal er sich Tag für Tag aufführte, egal wie sehr er uns erniedrigte.

Eine seiner ersten Handlungen war, sämtliche Schallplatten meiner Mutter zu zertrümmern und unseren Plattenspieler kaputtzumachen. Während wir ihm verstört zusahen, zerbrach er mit barbarischer Wut ihre Hank-Williams-, Dolly-Parton-, Fat-Albert- und Kenny-Rogers-Platten. Warum hinderte sie ihn nicht daran? Warum erlaubte sie diesem Mann, ihre Sachen zu zerstören? Sie stand nur verlegen daneben. Wenn er bei uns war, war sie so anders, plötzlich so sanft und leise und unglaublich zuvorkommend. Sie war die Einzige, die mich hätte beschützen können, doch Wonder Woman im Fernsehen konnte sie nicht das Wasser reichen. In diesem Moment begriff ich, dass sie sich niemals vor mich stellen würde. Nie würde sie mich vor seinen Schlägen beschützen. Sie kämpfte ja noch nicht mal für ihre eigenen Schallplatten!

Er forderte uns zum Mitmachen auf, doch ich hatte keine Lust, die Alben zu zerstören. Damals kapierte ich es zwar noch nicht, aber das war die erste Zementschicht. Sie war noch nicht trocken, folglich zögerte ich auch nicht und fragte. Ich hob die scharfen, gesplitterten Fragmente von Bill Cosbys Stand-up-

Comedy-Album auf und fragte meine Mom, weshalb er das tue.

»Weil die alle *haram* sind!«

*Haram.* Wie wütend mich dieses Wort noch machen sollte! Bis heute fällt es mir schwer, auf Dinge zu verzichten, weil mir so viele Jahre lang praktisch alles verweigert wurde.

# ÄGYPTEN

Ehe man die Hitze Kairos spürt, kann man sie riechen – einen staubigen, leicht fauligen, verbrannten Steingeruch mit einem Hauch von Abwasserkanal. Ich war in der zweiten Klasse, als uns meine Mutter – ohne Vorwarnung und gänzlich unvorbereitet – von Kanada ins ägyptische Kairo verschleppte. Offenbar hielt sie es nicht für nötig, uns in ihre Pläne einzuweihen. Sie erwartete wohl einfach, dass wir ihr wie kleine Entchen hinterherwatscheln würden; letztendlich würden wir schon dahinterkommen, was los war.

Das Beste an der Sache war, dass wir ihn, den »Onkel« los waren. Und dass ich Mrs Nyholt, dem Schrecken der zweiten Klasse, entkommen war, die, wie man sich erzählte, einst einen Stuhl nach einem ungezogenen Jungen geworfen hatte. Auch wenn ich kein Problem mit ihr hatte, hatte ich doch stets den Atem angehalten, weil man ja nie wusste, was Erwachsene auf die Palme brachte.

Ägypten war wirklich toll, vor allem, weil ich eine Menge Cousins und Cousinen hatte, mit denen ich spielen konnte. Keiner verlangte von mir, dass ich betete, keiner wollte, dass ich Suren auswendig lernte. Nachts rückten wir in aus Laken improvisierten Schlafsäcken auf dem Boden zusammen. Nur einmal machte ich dabei mein Laken nass. Danach war es mir so peinlich, dass ich lernte, meine Blase zu kontrollieren. Doch noch immer lutschte ich am Daumen. Sobald die Lichter erloschen, verkroch ich mich unter der Decke, steckte den Daumen in den Mund und wiegte mich langsam in den Schlaf.

Ich erwachte zum durchdringenden, klagenden Singsang des *Adhan*, des Gebetsrufes, der ringsum aus den Lautsprechern der Moscheen schallte, zu den letzten Resten kühler Nachtluft und … diesem Geruch. Jedes Gebäude hatte seine eigene Müllhalde. Die Abfälle wurden einfach aus dem Fenster hinunter auf die Straße gekippt. Kakerlaken und streunende Katzen waren so allgegenwärtig wie Stubenfliegen. Wir lebten im Herzen Kairos, das übervölkert, überhitzt und – mit seinem endlosen Gestank nach warmem Abfall, Abwasser oder auch beidem – überwältigend war.

Doch das alles störte mich nicht. Das einzig Lästige waren meine ständigen Magenkrämpfe – für die meine Mom nicht das geringste Verständnis zeigte.

»Hörst du mal auf zu jammern? Tagtäglich dieses Gewimmer wegen deines Magens!«

Also behielt ich es für mich. Und zwar so lange, bis ich vergessen hatte, wie es war, schmerzfrei zu sein.

Inzwischen weiß ich, dass ich mir damals in Ägypten einen Magen-Darm-Infekt eingefangen habe und in der Folge Tag für Tag darunter litt. Dreißig Jahre lang blieb er undiagnostiziert. Die kanadischen Ärzte dachten einfach nicht daran, nach diesem speziellen Bakterium zu forschen, weil es nur bei Menschen auftritt, die in Entwicklungsländern aufgewachsen sind. Nun, das Ägypten der frühen 1980er-Jahre erfüllte dieses Kriterium.

Es war jedoch ein kleiner Preis, den ich da zu zahlen hatte. Die Magenkrämpfe ertrug ich gerne, wenn ich nur die hässliche Fratze des »Onkels« nicht mehr sehen musste. Ich war ganz aus dem Häuschen, als ich hörte, dass wir in Ägypten bleiben würden – zu weit weg, als dass meine Mutter ihn hätte rufen können. Ich war überglücklich, ihn nie mehr wiedersehen zu müssen.

Ich bekam eine Schuluniform, und wir kauften Bücher und Stifte. Ich machte mir Sorgen wegen der Sprachbarriere und darüber, dass ich womöglich in meinen Leistungen zurückfallen könnte, weil ich nicht so gut Arabisch sprach wie die anderen. Auch hatte ich Angst, weil das Schuljahr bereits Monate zuvor begonnen hatte und ich mich wohl ganz schön würde ranhalten müssen, um mitzukommen. Doch meine Cousinen versicherten mir, sie würden mir helfen und ich müsse mir keinen Kopf machen.

Während ich mich geistig darauf einstellte, demnächst eine ägyptische öffentliche Schule zu besuchen, passierte es erneut: Meine Mom beschloss, Ägypten zu verlassen, und plötzlich saßen wir in einem Flugzeug zurück nach Kanada, ohne irgendein Gespräch oder eine Erklärung. Enttäuschung war gar kein Ausdruck für das, was ich fühlte!

»Aber wir haben alle unsere Möbel und unseren Fernseher verkauft«, heulte ich.

»Wir kaufen uns neue.« Meine Mutter war genervt darüber, dass sie sich den Fragen eines vorlauten Kindes stellen sollte. Ich sollte den Mund halten und klein beigeben wie meine Geschwister.

»Aber wo werden wir denn wohnen?«

»Wir werden bei Onkel Mounir unterkommen, bis wir selbst etwas gefunden haben.«

Mein Herz setzte einen Schlag aus.

»Nein! Mom! Bitte! Nein!« Mittlerweile brüllte ich, während mir gleichzeitig die Tränen über die Wangen liefen. Zu meiner Verblüffung schlossen sich meine Geschwister dem Aufstand an. Normalerweise brachte meine Mutter mich mit einer Ohrfeige zum Schweigen, diesmal aber war sie in der Minderheit, sodass sie eine neue Taktik ausprobierte.

»Es ist nur für ganz kurz. Wir bleiben nicht lange.«

»Versprich es!«, flehten wir verzweifelt.

»Ja, macht euch keine Sorgen. Wir suchen uns so schnell wie möglich etwas Eigenes.«

Im Laufe der Jahre tischte mir meine Mutter sehr, sehr viele Lügen auf, doch diese schmerzt mich bis heute am meisten. Heute, wo ich selbst Mutter bin, begreife ich einfach nicht, wie diese Frau Entscheidungen treffen konnte, die jedes ihrer drei Kinder derart in Angst und Schrecken versetzte. Sie wusste, dass wir ihn hassten und weshalb. Und sie wusste auch, dass sie uns anlog. Es war ihr einfach egal.

In Ägypten hatte sie auf die Unterstützung ihrer Schwestern und der Großfamilie zählen können. Sie war nicht allein gewesen. Doch dort waren alle verheiratet, und sie hatte sich unterlegen gefühlt. Sie hätte uns vor Mounirs Zorn bewahren können, wir hätten in Ägypten bleiben können. Aber sie war geschieden und fühlte sich wie ein Nichts, solange sie nicht mit einem Mann liiert war – auch wenn der Typ gewalttätig war und ihre Kinder schlug. Lieber brachte sie uns alle ins Elend – Hauptsache, sie war mit einem Kerl zusammen.

Und so zogen wir in seine erst teilweise fertiggestellte Zwei-Zimmer-Souterrainwohnung in British Columbia, Kanada. Das Apartment hatte nicht mal entfernt was von einem Zuhause. Es handelte sich um eine merkwürdige Kreuzung aus Wohn-, Ess-, Schlaf- und Abstellkammer. Eigentlich hatte er gar keine Genehmigung für den Ausbau des Kellers, sodass wir im Grunde unbewohnbare Räume bewohnten.

Unsere Wohnverhältnisse sollten natürlich auch die gegebene Hierarchie unterstreichen. Oben wohnte Mounir mit seiner richtigen Frau und seinen leiblichen Kindern, während er meine Mutter – die tiefer stehende, illegitime Zweitfrau – mit ihren Kindern in den Keller verbannt hatte.

Während unseres Ägyptenaufenthalts waren seine drei Kinder aus Ontario eingetroffen. Der älteste Sohn konsumierte harte Drogen, und seine Exfrau machte sich Sorgen, er könne einen schlechten Einfluss auf die zwei anderen Kinder haben, sodass sie alle zum Vater geschickt hatte und selbst nach Ägypten gezogen war.

Manche Leute machen einfach nur ständig Kinder und laden sie dann irgendwo ab, als wären es Dinge und keine Menschen. Meine Mutter ließ meinen Bruder und meine Schwester in Saudi-Arabien zurück, mein Dad verließ uns drei, mein »Onkel« ließ seine Kids im Stich, und nun tat seine Ex das Gleiche mit ihren gemeinsamen Kindern. Ich begreife nicht, wie Leute so handeln können. Doch irgendwie scheint es eine Konstante in meinem Leben zu sein.

Sein ältester Sohn hielt es nicht lange bei ihm aus. Er lief weg, nahm einen Zug zurück nach Ontario. Dort geriet er wieder in seine alten Kreise und starb bald darauf an einer Überdosis. Ich hatte ihn nur wenige Male gesehen, doch es reichte, um mich von Drogen abzuschrecken. Die beiden anderen Kinder, eine Tochter und ein Sohn, wuchsen mit uns auf. Sie war etwa zwölf, er neun.

Seine damals aktuelle Ehefrau (oder Erstfrau), eine frankokanadische Islam-Konvertitin, war mit dieser Form des Zusammenlebens genauso unzufrieden wie ich. Ich weiß nicht, warum sie es sich gefallen ließ oder weshalb sie ihrem Mann erlaubt hatte, eine Zweitfrau samt drei Kindern in ihrem Keller wohnen zu lassen. Ihre Geschichte konnte es nur teilweise erklären.

Sie war als Tochter einer römisch-katholischen Familie auf einer winzigen Insel in Québec aufgewachsen. Da ich mittlerweile auch andere Leute von dieser Insel kennengelernt habe, weiß ich, dass man dort lebt, als wäre die Zeit stehen geblieben. Die Insulanerinnen werden noch immer wie Untergebene behandelt, und Feminismus gilt als Schimpfwort. Sie wuchs also in einer Umgebung auf, wo sie lernte, dass Männer die Herren sind und Frauen deren Eigentum; folglich war ihre Verwandlung in eine Muslimin nur ein kleiner Schritt.

Aussichten auf eine Liebesheirat hatte sie nicht, und die Eltern dachten wohl, sie würde Nonne werden. Während ihrer Vorbereitungszeit auf das Klosterleben arbeitete sie als Krankenschwester (nicht als richtige Krankenschwester, wie meine Mutter eilig hinzufügte, sie »hat nur die Bettpfannen geleert«). Im Krankenhaus, in dem sie arbeitete, traf sie einen Putzmann aus Ägypten, der bereits verheiratet war und drei Kinder hatte. Dennoch begannen sie eine Affäre. Wer weiß schon warum? Fand er es einfach nur aufregend, »weißes Fleisch« zu kriegen? Oder fand sie es schlichtweg toll, von einem Typen, irgendeinem, beachtet zu werden? Wie auch immer, am Ende verließ er seine erste Frau und seine drei Kinder in Ontario und zog mit seiner neuen, der Konvertitin, nach British Columbia. Dies war etwa zur gleichen Zeit, als auch mein Dad seine Frau und seine drei Kinder – sprich uns – in BC zurückließ und seinerseits nach Ontario ging. Meine Mom hatte schon ein ausgesprochenes Talent für Fehlgriffe!

Die Konvertitin hatte also »gewonnen«. Er hatte seine Frau und die drei Kinder in Ontario verlassen und war mit ihr nach British Columbia gezogen. Sie sicherte sich ihren Preis und zog mit ihm ans andere Ende des Landes.

Aber nicht alles lief nach Plan. Zwar hatte sie es geschafft, seine erste Frau loszuwerden, doch mittlerweile musste sie sich nicht nur mit seinen drei Kindern, sondern auch noch mit einer ganz neuen (Dritt-)Frau und deren drei Kindern herumschlagen.

Den Großteil ihres Frusts bekamen nun wir ab. Die Waschmaschine und der Trockner standen mitten im Keller, sodass sie, wenn sie Wäsche hatte, aus Prinzip unangemeldet bei uns hereinplatzte, die Tür aufriss und wieder zuknallte – was ich immer ziemlich seltsam fand. Inzwischen weiß ich, dass sie nur sicherstellen wollte, dass wir »Kellerasseln« auch wussten, wo wir hingehörten.

Noch lange erinnerte ich meine Mutter immer wieder an ihr Versprechen.

»Du hast gesagt, dass wir nicht lange bleiben. Du hast es versprochen.«

»Ja. Bald.«

Irgendwann hatte sie es satt.

»Kannst du nicht mal aufhören damit? Warum fragst du noch, nach all den Jahren?«

Weil ich dumm war. Weil ich meine Mutter bedingungslos liebte. Und weil ich ihr, obwohl ich keinen Grund dafür hatte, ohne jeden Vorbehalt glaubte. Noch immer hoffte ich, dass plötzlich ihr Mutterinstinkt erwachen und sie beschließen würde, ihre Kinder zu beschützen. Vielleicht, weil mir keine andere Wahl blieb. Schließlich war sie alles, was ich hatte.

# EHRE

In diesem Haus voller Kinder mussten die drei »Elternteile« sehen, wie sie dafür sorgten, dass wir nicht aus der Reihe tanzten. Jeder von uns hatte einen Terminplan, den er einhalten musste. Es gab wöchentliche »Familientreffen«, bei denen wir uns für dieses oder jenes zu verantworten hatten. Es gab Vorträge über bestimmte Verstöße, und den Rest der Zeit wurden wir wegen diverser Dinge ausgeschimpft.

Wie sehr ich diese Familientreffen hasste! Was für eine Farce das Ganze war! Wir waren keine Familie. Wenn wir gerufen wurden, schleppte ich mich die Treppe hinauf, und dann mussten wir fünf auf dem Boden hocken, da nur die Erwachsenen auf den Sofas und Stühlen sitzen durften. Als ob uns der Machtunterschied nicht sowieso tagtäglich eingebläut worden wäre, wurde er uns allwöchentlich ein weiteres Mal verdeutlicht. Mir schliefen die Pobacken ein, der Rücken tat mir weh, und mein Nacken war vom ständigen Aufblicken schon ganz steif.

Meist leitete Mounir die Treffen, doch hin und wieder steuerte auch meine Mom eine vernichtende Anmerkung bei. Wenn etwa eine/r von uns ein Gebet versäumt hatte, ließ sie es sich nicht nehmen, dies zu erwähnen. Seine Frau schwieg meistens, es sei denn, sie hatte etwas über seine beiden verbliebenen Kinder zu sagen, die oben lebten. Über uns drei im Keller verlor sie nur selten ein Wort.

Jedes Treffen endete damit, dass einer von uns ausgepeitscht wurde. Ich nehme an, es war ihre Version des saudischen Deera-Platzes. Ziel war es, den Übeltäter öffentlich zu demütigen.

Nach diesen Treffen wurden wir mitunter weggeschickt, um unsere Terminpläne zu checken, zu gucken, wo wir gerade sein und was wir tun sollten. Manchmal endeten die Treffen auch mit einer gemeinsamen Mahlzeit. Dabei kochte meist seine Frau, weil meine Mutter in der Küche nicht zu gebrauchen war. Danach räumten wir drei Mädchen auf. Eine von uns deckte ab und wischte den Tisch, eine andere spülte das Geschirr, und die Dritte trocknete ab. Ziel unserer Erziehung war es, gute Ehefrauen aus uns zu machen.

Irgendwann übernahmen wir auch das Kochen. Als ich später als Achtklässlerin einen Kochkurs besuchte, machte ich das mit links. Ich war Profi, denn schon seit Jahren kochte ich Abend für Abend für acht Personen.

Allerdings war das nur ein Teil unserer Dressur. Als Mädchen in einem muslimischen Haushalt zu leben ist die Hölle auf Erden, denn für alles, was man tut und was man ist, muss man sich schämen – zumindest ist es das, was sie einem eintrichtern.

»Lach nicht so. Du bist ein Mädchen!«

»Sitz nicht so. Du bist schließlich ein Mädchen!«

»Sprich leiser. Du bist ein Mädchen!«

»Starr nicht so. Du bist ein Mädchen!«

Mädchen dürfen einem Mann nicht in die Augen blicken. Um an unsere geringere Stellung erinnert zu werden, müssen wir die Köpfe gesenkt halten wie Hunde.

Es nahm kein Ende. Tausende Male wurde mir in meiner Kindheit das Wort für »Schande« gut hörbar zugezischt: *»Eib! Eib!«* Es war das einzige Wort, das ich vielleicht noch öfter zu hören bekam als *»haram«*.

Mit welcher Kultur man es auch zu tun hat, sobald der Islam die dominierende Religion ist, fliegen Mädchen Variationen des Wortes *»eib«* um die Ohren. Somalische Mädchen hören *»ceeb«* und *»xixhood«*; türkische Mädchen *»ayıp«*; in Malaysia zischelt es *»aib«*; in Pakistan *»hiya«* und so weiter. Alle Mädchen kriegen das ständig zu hören, weil die Familienehre bei ihnen liegt, genauer gesagt: zwischen ihren Beinen.

Mädchen sind das Maß, an dem die Ehre eines Mannes oder seiner Familie gemessen wird. Und es ist seine Verantwortung, die Familienehre zu schützen, indem er sicherstellt, dass die Frauen der Familie sich züchtig kleiden, sich mit dem Hidschab bedecken und ehrenhaft handeln, das heißt, leise sprechen, den Blick gesenkt halten und sich gesittet benehmen.

Der wichtigste Aspekt der Ehre aber ist die Jungfräulichkeit eines Mädchens, sie muss um jeden Preis bewahrt werden. Mädchen dürfen weder Fahrrad fahren noch reiten noch Sport treiben, damit das Jungfernhäutchen nicht reißt. Die Familien müssen ihre Mädchen genau im Auge behalten und dafür sorgen, dass sie nicht durch den Verlust ihrer Jungfräulichkeit die Familienehre zerstören – ob es freiwillig dazu kommt oder ob sie vergewaltigt werden, ist dabei unerheblich. Das Ziel ist (genau wie bei Vitamintropfen), dass das »Siegel« intakt bleibt, bis man sie ihren Ehemännern übergibt.

Falls eine Frau ihre Familie entehrt, indem sie sich zu westlich oder nicht islamisch genug kleidet, indem sie männliche Freunde hat oder eine Vielzahl anderer banaler Dinge tut, ist es möglich, dass sie dieses Aufbegehren mit dem Leben bezahlt. Ehrenmorde sind in den muslimischen Gemeinden der ganzen Welt erschreckend verbreitet. Jedes Jahr sind es Tausende von Fällen, und es gibt starke Hinweise darauf, dass die Dunkelziffer noch weit höher liegt. Häufig werden die Mädchen dann als Ausreißerinnen gemeldet, oder die Familien bestehen darauf, dass sie Selbstmord begangen haben.

Und diese Fälle beschränken sich nicht auf Länder mit mehrheitlich muslimischer Bevölkerung. Auch in Europa gab es bereits Fälle von Ehrenverbrechen und Ehrenmorden, in Texas erschoss ein Ägypter seine beiden Töchter, und in New York enthauptete ein Pakistani seine Ehefrau. Die Geschichten sind grausig, und es gibt unzählige davon. Mädchen leben in ständiger Furcht. Man haut uns sämtliche Versionen des Wortes *»eib«* um die Ohren, um uns daran zu erinnern, dass wir, falls wir nicht spuren und die Familienehre bewahren, zwangsverheiratet werden können oder noch Schlimmeres.

Den Jungs in unserer Familie aber blieb das erspart. Praktisch nie wurden sie mit diesem Wort angefahren. Und sie halfen auch nie im Haushalt. Ich erinnere mich noch an die Zeit, als ich mich weigerte, die Sachen meines Bruders weiterhin zu waschen. Ich war Teenager, und er war älter als ich. Er verpetzte mich, und es gab einen riesigen Aufstand. Ich musste kämpfen.

»Er kann keine Knöpfe bedienen? Hindert ihn sein Penis etwa daran zu kapieren, wie man einen Drehknopf betätigt?«

Wie vorherzusehen, war ich dann diejenige, die wegen ihrer Wortwahl in Schwierigkeiten geriet. Doch das war mir egal. Danach machte ich ihm nie wieder die Wäsche.

Meine Schwester wiederum war eine hirnlose Drohne. Sie tat, was man ihr sagte – machte sogar die Wäsche unseres Bruders. Nie stellte sie etwas infrage, nie setzte sie sich zur Wehr, ja, sie murmelte nicht mal leise und genervt vor sich hin. Mit schafsmäßigem Gehorsam akzeptierte sie ihre Rolle. Während ich den Dauerbeschuss mit Regeln und Vorschriften als einengend empfand, fand sie das alles tröstlich und beruhigend. Sie war froh, nicht denken zu müssen. Sie folgte gerne einem klar vorgezeichneten Pfad. Es machte ihr Leben einfach und unkompliziert. Gewiss, es war dadurch auch freud- und seelenlos, es fehlte ihm an Liebe, Leidenschaft und Neugier, was jedoch auch bedeutete, dass es frei von Traurigkeit und Enttäuschung, Verwirrung und Frust war. Sie war bereit, auf sämtliche Höhepunkte zu verzichten, wenn ihr dadurch auch all die Abgründe erspart blieben. Meine Schwester wollte einfach, dass ihr Leben bis zu seinem Ende ruhig dahinfloss.

Ihr Hauptziel war es, dem ewigen Höllenfeuer zu entgehen. Der Himmel konnte sie nicht verlocken; die Hölle machte ihr Angst. Das war ihre ganze Motivation. Gern folgte sie diesem eindeutigen Weg.

Natürlich fürchtete auch ich die Hölle, aber ich war nicht so erfolgreich beim Ausschalten meines Gehirns. Ich befand mich in permanenter Abwehrbereitschaft oder kochte vor Wut.

Weil wir so unterschiedlich waren, erkannte ich schon in sehr jungen Jahren, dass meine Schwester nicht meine Verbündete sein konnte. Wenn man irgendetwas offen vor ihr aussprach, wand sie sich – und man wusste schon, dass sie einen verpetzen würde. Obwohl meine Schwester und die Tochter unseres »Onkels« im gleichen Alter waren, standen Mounirs Tochter und ich uns emotional näher. Wir vertrauten uns zwar nicht völlig, doch hin und wieder konnten wir ein wenig Frust ablassen, indem wir einen Blick wechselten oder die Augen verdrehten.

Allerdings achteten unsere Eltern darauf, Allianzen nach Möglichkeit zu unterbinden. Stets wurden wir gegeneinander ausgespielt. Merkwürdigerweise war ihr Verhalten, so sprunghaft und missbräuchlich es sein mochte, unsere einzige Konstante, und gleichzeitig sorgte es dafür, dass sie uns unter Kontrolle behielten.

# WICHTELN

Schließlich wechselte ich, verspätet, in die dritte Jahrgangsstufe der örtlichen Grundschule, und weil ich das Ende der zweiten und den Anfang der dritten Klasse versäumt hatte, hatte ich in Mathe ziemlich zu kämpfen. In allen anderen Fächern konnte ich aufholen, doch weil Mathe zu den Fächern gehört, bei denen die Lehrpläne aufeinander aufbauen, hatte ich Lücken.

Ich beendete die dritte Klasse und startete in die vierte. Erst dort fühlte ich mich an der neuen Schule richtig angekommen. Eines der coolen Mädchen lud mich ein, beim Wichteln mitzumachen, und ich war hin und weg, endlich zu ihrem Freundinnenkreis zu gehören.

Ich kam nach Hause und erzählte meiner Mutter die tolle Neuigkeit.

»Für diese Ungläubige und ihr blödes *Kafir*-Fest kauf ich nichts«, meinte sie, den Blick nur kurz vom Bildschirm lösend.

»Kann ich nicht was von zu Hause mitnehmen? Wir können ja einfach nur Geschenkpapier kaufen?« Ich stand da, rang die Hände und hoffte.

»Warum bist du nur so verrückt nach diesen *Kuffar*?«, platzte es aus ihr heraus. »Weißt du, dass Freundschaft mit ihnen *haram* ist? Willst du, dass Allah dich verflucht? Allah liebt niemanden, der seine Feinde liebt.« Sie wandte sich wieder dem Fernseher zu.

Mir wurde bang. Ich wusste, dass sie ihre Meinung nicht ändern würde, aber ich wollte, dass sie dieses eine Mal Rücksicht nahm: auf mich und das, was mir wichtig war. Nur dieses eine Mal sollte sie über ihren Schatten springen. Doch ich wusste auch, dass es nicht passieren würde. Ihre Religion würde immer Vorrang haben, egal was ich deswegen zu ertragen hatte.

Ich wusste von den Koranversen, die den Muslimen verbieten, sich mit Juden und Christen oder anderen Ungläubigen anzufreunden. In 5:51 des Koran heißt es:

»Oh, die ihr glaubt, nehmt nicht Juden und Christen zu Freunden; sie sind untereinander befreundet. Wer sich daher mit ihnen befreundet, ist einer von ihnen. Gott führt das Volk der Übeltäter nicht.«

Was aber könnte schlimmer sein, als dass Allah dich als einen der Übeltäter betrachtet, weil du mit ihnen befreundet bist? Und dennoch wollte ich, dass sie meine Freundinnen sind.

Die Tage vor besagtem Tag, an dem wir die Geschenke austauschen wollten, redeten all meine Freunde von den Dingen, die sie gekauft hatten. Und während die Aufregung stieg, wurde ich selbst immer trauriger.

»Das ist, weil du schwach bist. Wärst du stark, würdest du hingehen und ihnen sagen, dass du nichts mit ihrem *Kafir*-Schwachsinn zu tun haben willst.« Trotz all meines Gebettels blieb meine Mutter ungerührt.

Am Tag des Geschenketauschs war ich in Tränen aufgelöst. Ich fühlte mich zutiefst gedemütigt, wie konnte meine Mutter mir das antun? Nie würde ich über die Peinlichkeit hinwegkommen, die Einzige zu sein, die kein Geschenk für ihre Freundin hatte.

Bis zu diesem Augenblick hatte ich mich erfolgreich durch

die Ferien gemogelt. Um Ostern herum hatte ich in der Schule brav Eier bemalt und lässig über imaginäre Ostereiersuchen schwadroniert. Nach Halloween hatte ich Geschichten über mein Kostüm und all die Süßigkeiten, die ich bekommen hatte, erfunden. Beim vorausgegangenen Weihnachten hatte ich es sogar fertiggebracht, die bei anderen aufgeschnappten Aufzählungen ihrer Geschenke einfach zu wiederholen, wenn man mich nach meinen gefragt hatte.

»Oh ja, ich auch! Socken, Schlafanzug, einen Pullover …«

Doch nun war es aus, mein Spiel. Ich war eine Schwindlerin. Tatsache war, dass Santa Claus und seine Wichtel unser Haus regelmäßig übergingen. Ich saß mit den anderen im Kreis, umklammerte das süße Plüschkätzchen, das mir meine Freundin geschenkt hatte, und hatte das Gefühl, als rumore heiße geschmolzene Lava in meinem Bauch.

»Es war so süß, ich hätte es fast selbst behalten!«, meinte meine Freundin kichernd.

»Hättest du mal besser, Cara! Behalt es. Das ist okay«, flehte ich sie an.

»Nein, hahaha, natürlich nicht! Ich will das, was *du* für mich hast!«

Alle Augen im Kreis waren auf mich gerichtet, als ich erklärte, dass ich ihr nichts habe kaufen dürfen. Meine Mom erlaube es nicht.

Alle waren durcheinander, wahrscheinlich hielten sie mich für eine Lügnerin. Für sie ergab das keinen Sinn. Sie gaben mir Ratschläge, die etwa so begannen: »Na ja, warum sagst du ihr nicht einfach …«, oder: »Warum kannst du nicht einfach …« Süße unschuldige kleine Mädchen, die nicht die blasseste Ahnung hatten, was es bedeutete, mit einer Todesfee vernünftig reden zu wollen.

Lächelnd und höflich nickend hörte ich mir ihre Vorschläge an.

»Ja, ich werd es versuchen«, erwiderte ich, dabei wusste ich genau, dass ich es nie wagen würde.

Ich wusste die Bemühungen meiner Freundinnen durchaus zu schätzen, und ich habe sie immer geliebt, obwohl sie *Kuffar* waren. Natürlich wusste ich, dass ich sie eigentlich nicht mögen durfte, aber ich mochte sie trotzdem. Wie auch nicht? Ich war von netten, liebevollen, lustigen Mädchen umgeben. Ich ging gerne zur Schule, war gerne mit ihnen zusammen. Wie sehr liebte ich das sorglose, freie Leben der Nichtmuslime, die ihre Tage nicht mit all dem Gequatsche über all das Schlimme verbrachten, das einem unterlaufen konnte, sodass man in der Hölle landete. Wir unterhielten uns über Jungs und Kohlkopfpuppen, spielten Spiele, lasen Bücher! So las ich etwa *Anne auf Green Gables* und wünschte mir, eine nette Familie irgendwo weit weg könne mich adoptieren.

Doch das Wort »frei« war ein Schimpfwort, das man nur voller Verachtung zwischen den Zähnen hervorpresste.

»Oh, du willst also *frei* sein wie deine *Kafir*-Freunde?«

Aber ja doch. Ja, das wollte ich. Freiheit war etwas Positives, das *sie* irgendwie ins Gegenteil verkehrten.

In der Schule fielen all meine Sorgen, all der Stress von mir ab. Ich war glücklich und erwähnte nie etwas von unseren Familienverhältnissen. Am liebsten wollte ich gar nicht darüber nachdenken. Ich schätze, ich führte eine Art Doppelleben. Mein wahres Ich lebte ich in der Schule, das falsche – das Mädchen, das all sein Elend und seine Wut hinunterschluckte, weil jede Äußerung nur körperliche Misshandlungen zur Folge gehabt hätte – wohnte zu Hause.

Meine Mom war so erpicht darauf, den Umgang mit unseren *Kafir*-Kameraden aufs Nötigste zu beschränken, dass wir jeden Mittag zum Essen nach Hause kommen mussten. Auch in der Pause durfte ich nicht mit den anderen spielen, tat es aber trotzdem. Auch wenn ich mich schuldig fühlte, ließ ich mich nicht davon abhalten.

# MISSBRAUCH

Die vierte Klasse war das Jahr, in dem ich meiner Mutter sagte, dass ihr »Mann« mich belästigte. Zwar fehlte mir das entsprechende Vokabular, doch ich erzählte ihr, was er mit mir anstellte. Man hatte mir beigebracht, »Erwachsenen stets zu gehorchen«, vor allem einem Erwachsenen, der mich schlagen würde, falls ich es nicht tat. Folglich kam es mir nie in den Sinn, seine Handlungen zu hinterfragen. Ich war es gewohnt, dass er mir körperlich wehtat – gewohnt, es erdulden zu müssen – und von meiner Mutter nicht beschützt zu werden. Es erschien mir wie eine Fortsetzung des Immergleichen. Doch irgendetwas an seiner Reaktion, wenn er jemanden in der Diele hörte, ließ mich den Verdacht schöpfen, dass er da etwas tat, von dem er wusste, dass es verkehrt war. Zwar war ich mir nicht sicher, doch ich dachte, ich erzähle es ihr, für alle Fälle.

Zunächst einmal war sie stinksauer und beschuldigte mich, ihn auf irgendeine Weise dazu angestachelt oder verleitet zu haben. Ihre Fragen befremdeten mich, ergaben überhaupt keinen Sinn. Ihre zweite Reaktion war, mich zu ignorieren.

Als ich das erste Mal darüber sprach, schien sie sich aufzuregen, sodass ich es ihr in der Hoffnung, sie erneut provozieren zu können, immer wieder erzählte. Immer wieder und in allen Einzelheiten berichtete ich, was er getan hatte und dass seine Frau seine Komplizin war. Doch meine Mutter ignorierte mich weiterhin, ließ mich einfach reden. Zwar hörte sie zu, doch weder antwortete noch reagierte sie.

Ich war zu jung, um zu begreifen, was er überhaupt tat oder weshalb, und zu verängstigt, um mich seinen Befehlen zu widersetzen.

Einmal ließ er mich in seinem Zimmer zurück, während er ins Bad ging. Er befahl mir, mich nicht zu bewegen. Ich legte mich auf den Bauch und beugte mich unter Tränen zum Heizungsrohr hinunter und rief flüsternd und voller Angst, er könne mich hören, nach meiner Mom, hoffte wider besseren Wissens, sie könne mich hören. Doch seit meinem fünften Lebensjahr hatte sie mich nicht mehr vor ihm gerettet. Warum also glaubte ich, dass es diesmal anders sein könnte?

Meine Tagträume von Flucht und Adoption verwandelten sich in Alpträume, in denen ich ihn erstach, ihm den Penis abschnitt und es genoss. In ihrer Bösartigkeit und Brutalität hatten diese Träume etwas Quälendes, aber sie besänftigten mich auch. Wenn ich sein Blut fließen sah, empfand ich Frieden. Keine Nacht verging, ohne dass ich von diesen Träumen heimgesucht wurde. Doch wie konnte man beim Anblick eines anderen Menschen, der vor einem verblutete, so glücklich und gelassen sein? Ich fühlte mich wie ein Ungeheuer. Ich hasste mich für meine Grausamkeit und ärgerte mich darüber, dass mich bei diesen bösen Gedanken eine derartige Erleichterung überkam.

Die Statistik der Verbreitung solchen Missbrauchs in muslimischen Ländern ist absolut widerwärtig. Aufsehenerregende Fälle wie der Zainab Ansaris, eines sechsjährigen Mädchens aus Pakistan, dessen Leiche nach ihrer Vergewaltigung und Ermordung auf einen Müllhaufen geworfen wurde, haben die internationale Gemeinschaft gezwungen, dies endlich zur Kenntnis zu nehmen. Laut der in Islamabad ansässigen Nichtregierungsorganisation Sahil werden in ganz Pakistan täglich durchschnittlich elf Fälle von sexuellem Kindesmissbrauch gemeldet – täglich! Zainab war nur eines von Dutzenden von Kindern, die 2018 im Distrikt Kasur in der Provinz Punjab ermordet wurden.

Noch erschütternder als diese Zahlen ist allerdings die Erkenntnis, dass die meisten Fälle von Kindesmissbrauch überhaupt nicht gemeldet werden. Meiner wurde es nicht. Da ist die Scham, das Stigma, das Gefühl, selbst schuld zu sein oder etwas getan zu haben, um es herauszufordern, der Gedanke, dass man es hätte verhindern müssen. In manchen Ländern können die Mädchen sogar gezwungen werden, ihre Vergewaltiger zu heiraten. Es gibt so viele Gründe, warum Mädchen verstummen.

Und es beschränkt sich auch nicht auf die Mädchen. In muslimischen Gesellschaften mit strikter Geschlechtertrennung haben Täter oft keinen Zugang zu Mädchen, es sei denn, sie haben selbst eine Tochter; doch sie haben Zugang zu Jungen. In Afghanistan heißt *bacha bazi* »Knabenspiel« und bezieht sich auf einen Jungen, der von Männern sexuell ausgebeutet wird. In dem 2003 erschienenen Roman *Drachenläufer* des afghanisch-amerikanischen Autors Khaled Hosseini wird die Praxis des *bacha bazi* geschildert. Im Roman wird der Halbneffe des Protagonisten gezwungen, Tanzknabe und Sexsklave eines hochrangigen Talibanfunktionärs zu werden. Jahre zuvor hat derselbe Funktionär schon den Vater des Jungen vergewaltigt, als der noch ein Kind und der Taliban ein Teenager war.

Die sexuelle Ausbeutung von Kindern wird – leider – vom Islam gebilligt. Mohammed, das größte menschliche Vorbild aller Zeiten, heiratete ein Mädchen, das erst sechs Jahre alt war. Aus diesem Grund ist die Praxis der Vergewaltigung von Kindern kein Tabu, sondern wird – solange die betreffende Person mit dem Kind verheiratet ist – sogar verehrt. Kinderheiraten sind folglich in Ländern mit muslimischer Bevölkerungsmehrheit weit verbreitet. In Pakistan und dem Iran werden Aufrufe zur Anhebung des Heiratsalters als unislamisch abgewehrt.

Fast alle zwei Sekunden wird ein Mädchen unter achtzehn Jahren verheiratet. Mitunter mag das geschehen, weil das Mädchen vergewaltigt wurde. Viele Länder mit mehrheitlich muslimischer Bevölkerung haben ein Gesetz, das Mädchen quasi zwingt, ihre Vergewaltiger zu heiraten, da kein anderer Mann sie als Vergewaltigte noch haben will. Sie sind gebrauchte Ware, ihr Siegel wurde erbrochen.[1]

Man sollte auch bedenken, dass diese Ideen Grenzen überwinden. Menschen, die so denken, legen, sobald sie in ein anderes Land ziehen, nicht von jetzt auf gleich diese Denkweisen ab. Mädchen werden überall auf der Welt der gleichen Entmenschlichung unterworfen, auch wenn dies den Gesetzen ihrer neuen Heimat widerspricht. Deswegen ist es unerlässlich, dass westliche Staaten ihren jungen Bürgerinnen Schutz bieten vor den barbarischen und archaischen Familien oder Gemeinschaften, die ihnen derlei Grausamkeiten antun.

---

[1] Dieses Gesetz hat nichts mit dem Islam zu tun, sondern ist den ehemaligen osmanischen Provinzen in Nordafrika und dem Nahen Osten als osmanisches Erbe geblieben. Es geht dabei darum, dass der Vergewaltiger, indem er das Mädchen heiratet, dessen Ehre bzw. die ihrer Familie wieder herstellt und so selbst straffrei bleibt. Das ist natürlich grausam und absurd (führt oft zu Selbstmorden bei den Mädchen) und wurde in Marokko, Tunesien, Ägypten und Jordanien inzwischen abgeschafft.
Im jüdischen (chassidischen) Gesetz gibt es diese Regelung (zur Wiederherstellung der Ehre der Familie des Mädchens) übrigens auch.

# JUDEN

Meine Tage begannen damit, dass man mich noch vor Sonnenaufgang zum ersten Gebet mit einem Schwall kalten Wassers weckte. Jedes Kind wurde so geweckt. Bis heute habe ich Angst vor dem Ertrinken.

Mit brennenden Augen und schwerem Kopf absolvierte ich die stumpfsinnigen Wiederholungen, die mich den Schlaf kosteten. Anschließend blieben uns immer noch Stunden, bis es Zeit wurde, zur Schule zu gehen. Diese Stunden waren dem Lesen des Korans gewidmet. Gedankenlos leierte ich die fremden Worte, die für mich keinen Sinn ergaben, herunter. Es waren rhythmische, einschläfernde, nasale Laute – mit finsterer Bedeutung, wie ich viele Jahre später erfuhr. Durch den Schleier meiner Tränen und Erschöpfung konnte ich die Worte auf der Seite kaum erkennen. Doch ein Lesefehler wurde mit einer Kopfnuss geahndet, sodass ich las und las und las. Mich vor- und zurückwiegend murmelte ich laut die Worte.

Das Entscheidende beim Lesen war nicht, dass man etwas verstand, sondern es ging darum, sich die Worte einzuprägen.

Das ist wichtig. Muslime werden nicht zum Lernen oder Verstehen ermutigt; sie werden fürs erfolgreiche Widerkäuen gelobt. Für einen *Hafiz* – also jemanden, der den Koran auswendig kennt – gibt es alle möglichen Vergünstigungen und Respektbezeugungen. Für Textverständnis aber gibt es keine Punkte. In den meisten Fällen haben jene, die die Worte so eifrig stöhnen und jammern, keine Ahnung, was sie damit sagen. Die überwiegende Mehrheit der Muslime versteht kein Arabisch.

Doch was man sagte, spielte ja sowieso keine Rolle. Als Muslim hatte man keine andere Wahl, als es zu akzeptieren.

Im Islam gibt keinen Raum für Fragen und Zweifel. Der Koran sagt es sehr deutlich: »Dies ist das Buch, das keinen Anlass zum Zweifeln gibt« (2:2). Welchen Sinn hätte es also, es mit offenem, kritischem Geist zu lesen, wenn man sowieso kein Wort davon anzweifeln darf? Es gibt ja nicht mal die Option. Wenn man Muslim ist, dann schluckt man das Buch mit Haut und Haaren, da »das Feuer, dessen Brennstoff Menschen und Steine sind, … für die Ungläubigen vorbereitet« ist (2:24).

Als ich schließlich erfuhr, was ich rezitierte, hinterließ das einen gewaltigen Riss im Zement. Ich musste nicht einmal alles verstehen. Was ich verstand, genügte, um den Zement, den man tagtäglich über mich kippte, ringsum einreißen zu lassen.

Ich erfuhr, dass ich während der vergangenen Jahre Nichtmuslime fast zwanzigmal täglich als Feinde Allahs bezeichnet hatte. Ich hatte heruntergeleiert, dass Muslime, die sich mit Nichtmuslimen befreunden, zum Höllenfeuer verdammt seien. Dass Nichtmuslime schlimmer als Vieh seien und nur dazu taugten, vom Feuer der Hölle verzehrt zu werden, dass Juden Untermenschen seien. Viele der Verse beschimpften Nichtmuslime als Lügner, denen man nicht vertrauen könne.

Ich fühlte mich betrogen und verraten. Ich wollte diese Sachen nicht sagen, glaubte sie nicht, hatte keine Ahnung gehabt, dass ich jeden Tag Hatespeech murmelte. Schließlich liebte ich meine Freunde, ja, sie waren das einzig Positive in meinem Leben.

Dem Islam zufolge haben nur Muslime einen Wert. Nichtmuslime zu vergewaltigen oder zu versklaven ist daher okay.

Allen anderen Menschen – mit Ausnahme der frommen Muslime – ist mit unterschiedlichen Graden des Hasses zu begegnen.

Am verhasstesten aber sind die Juden. Das kann gar nicht genug hervorgehoben werden. Judenhass ist im Islam sehr ausgeprägt, sehr tief verwurzelt und hartnäckig.

In Ägypten, erinnere ich mich, hatte eine meiner Tanten einmal lamentiert, schon wieder seien die Gurken kleiner geworden, weil die Juden ihnen Krebs angehext hätten. Schon als Siebenjährige wusste ich, was für ein lächerlicher Gedanke das war. Gurken kriegten keinen Krebs. Anzumerken wäre vielleicht noch, dass meine Tante nicht mal besonders religiös war.

Es ist einfach das »normale« Gewäsch einer »normalen« muslimischen Person. Das Einzige, womit es sich vergleichen lässt, ist wohl die Paranoia vor dem kommunistischen Schreckgespenst unter McCarthy. Muslime jedoch leben seit tausendvierhundert Jahren mit dieser Paranoia. Generation um Generation muslimischer Kinder wird einer Gehirnwäsche unterzogen, damit sie – ohne Sinn und Verstand – alle Juden hasst, wie Allah sie hasst. Nicht einmal Einstein konnte diesem Zorn entgehen. All seine Beiträge zur Wissenschaft werden mit einem schnellen »Einstein? Das ist doch nur ein blöder, dreckiger Jude! Was weiß der schon!?« vom Tisch gewischt.

Da mein Vater Palästinenser war, wollte er mich durch den Namen *Philistine*, der arabischen Bezeichnung für Palästina, ehren. Doch sobald meine Mutter seine englische Bedeutung »Spießer, Banause« erfuhr, änderte sie ihn zu einem ähnlich klingenden Namen ab. (Auf Arabisch spricht man meinen Namen *Yesmin* aus.)

Pro-palästinensische, anti-israelische Rhetorik ist seit dem Augenblick meiner Geburt Teil meines Lebens. Israel und alle

Juden zu hassen war von klein auf mein täglich Brot; es war einfach etwas Gegebenes, das allgemein akzeptiert wurde. Meine Mutter verbot uns, *Seinfeld* zu gucken, weil das alles Juden waren. Wenn eine Person einen jüdisch klingenden Namen trug, hasste sie den- oder diejenige auf der Stelle. Das Wort »*Jahudi*« oder »Jude« ist ein Schimpfwort, das man den Allerschlechtesten vorbehält.

Unter Muslimen wird dieser Hass meist gleichgültig hingenommen. Im Westen aber muss man, vor allem wenn man als Muslim in der Öffentlichkeit steht, seinem Antisemitismus Zügel anlegen, was sich für einige Muslime in der Politik als schwierig erwiesen hat. Der Grund, warum es ihnen so schwerfällt zu unterscheiden, was man twittern kann und was nicht, ist einfach der, dass Antisemitismus ihr natürliches Element ist, in dem sie schwimmen wie Fische im Wasser.

In diesem Zusammenhang ist es wichtig, darauf hinzuweisen, dass auch viele Araber und Muslime nicht antisemitisch sind, doch leider werden diese Menschen – die sich nicht ans akzeptierte herrschende Narrativ halten – kaum wahrgenommen. Menschen wie Bassem Eid werden vom Podium gejagt oder gar beschuldigt, ihre Religion oder Ethnie zu verraten. Googeln Sie »muslimischer Zionist«, und Sie werden viele finden, die sich Gehör verschaffen wollen. Es ist bedauerlich, dass der Westen, anstatt Dissidenten zu feiern – Menschen, die zu Liebe, Akzeptanz und Harmonie aufrufen –, lieber muslimische Antisemiten in den Vordergrund rückt, die nur wieder dem altbekannten Stereotyp entsprechen.

Viele Palästinenser in Gaza haben gegen die Brutalität und Verschwendung der Hamas protestiert. Gelder, die eigentlich für die Palästinenser bestimmt sind, fließen in den Bau von Villen für die Hamasführer oder in die Konstruktion von

Raketen. Die Menschen von Gaza protestieren mit Straßenkrawallen und werden umstandslos erschossen. Ihre Proteste schaffen es kaum in die Schlagzeilen. Keiner regt sich darüber auf. Niemand will von diesen mutigen Rebellen hören, die ihr Leben riskieren, um zu sagen, dass sie das Kämpfen satthaben. Sie wollen Frieden mit Israel. Sie wollen eine bessere Zukunft für ihre Kinder.

Doch die Hamas will keinen Frieden. Sie will Israel und alle, die dort leben, vernichten. Daran lässt sie keinen Zweifel. Das ist jedem klar, der eine der Al-Quds-Demonstrationen, wie sie überall auf der Welt – sogar in westlichen Ländern – alljährlich veranstaltet werden, miterlebt hat. Hassrhetorik auf den Straßen wird in diesen westlichen Ländern im Allgemeinen nicht akzeptiert, es sei denn, es handelt sich um virulenten Antisemitismus – der wird ignoriert.

Meist herrscht der Eindruck vor, der Islam sei eine Religion des Friedens. Nur Menschen, die nie einen Koran aufgeschlagen haben, können das behaupten. Der Koran und die Hadithe strotzen nur so vor Gewalt. Im Zeitalter des Internets gibt es keine Entschuldigung mehr, gedankenlos irgendetwas zu wiederholen. Unwissenheit ist mittlerweile eine Entscheidung.

Auch wenn alle Muslime den Koran für das buchstäbliche Wort Gottes halten, sind nicht alle bereit, sich an seine Forderungen zu halten. Viele allerdings sind es – genug, um als Topstories im Internet und Fernsehen Schlagzeilen zu machen, weil es im Zusammenhang mit islamischen Terroristen immer wieder Neuigkeiten gibt.

Wo Rauch sei, heißt es, gebe es auch Feuer. Und da gerade aus jedem Winkel der Erde so viel Rauch aufsteigt, muss da zweifellos ein gewaltiges Feuer wüten. Mindestens fünfmal am Tag verlangt über eine Milliarde Leute monoton leiernd den

Tod aller Nichtmuslime. Diese Gehirnwäsche steckt zweifellos viele Köpfe an. Auch wenn nur ein Prozent dieser mehr als eine Milliarde Menschen auf diese Forderung hin handeln würde, wären das immer noch sechzehn Millionen. Und die Wahrheit ist – leider –, dass die Zahl sehr viel höher liegt.

# UNTERWERFUNG II

Zum Glück gehörte ich nicht zu den Leuten, bei denen die Gehirnwäsche Erfolg hatte. Ich spulte nur mein Programm ab, murmelte die fremden Laute und vermochte kaum ein Wort vom anderen zu unterscheiden. Ich war eine Hochstaplerin in der eigenen Familie.

Einmal bekam meine Mutter mit, dass ich meinen Namen *Jasmine* statt *Yasmine* geschrieben hatte – quasi eine Übersetzung meines Namens aus dem Arabischen ins Englische. Sie drehte fast durch.

Ihr falscher Ehemann beschloss, dass dieser Versuch, wie die *Kuffar* zu sein, eine Strafe verdiente, die ich nie vergessen würde – was hochgradig ironisch war angesichts dessen, dass er selbst sich an seinem Arbeitsplatz Mike nannte.

Ich saß da und starrte auf die Wand, wünschte, ich könnte durch einen Schrank nach Narnia verschwinden. Ich wollte gar nicht erst versuchen zu erraten, welchen diabolischen Plan er sich diesmal zurechtgelegt hatte. Vielleicht entdeckte ich ja irgendwo einen geheimen Garten. Irgendwo musste ein Ausweg aus dieser Hölle auf Erden sein, ich musste ihn nur finden.

Ehe ich mir eine Fluchtmöglichkeit überlegen konnte, hörte ich ihn meinen Namen brüllen. Er führte mich in die Garage, wo er mir die Hände hinter dem Rücken zusammenband. Ich hatte keine Ahnung, was er mit mir vorhatte, als er mir befahl, mich auf den Garagenboden zu legen. Er band meine Fußknöchel mit einem Seil zusammen, ein allzu vertrautes Gefühl, das die ebenso vertraute Furcht auslöste. Ich lag auf diesem Garagenboden und erlitt, wie ich inzwischen weiß, eine Panikattacke. Und in diesem Zustand wurde ich mit dem Kopf nach unten an einem Eisenhaken aufgehängt, den er sonst fürs Opferlamm verwendete. Sein Plan also war, mich kopfüber aufzuhängen wie ein totes Tier. Ich schwang vor und zurück, während er, um meine Füße zu erreichen und mich auspeitschen zu können, auf einen Stuhl gestiegen war.

Während ich da hing wie ein Lamm nach dem Schlachten und mir das Blut in den Kopf schoss, Rotz und Wasser jede meiner Gesichtsöffnungen füllte, merkte ich, dass ich mich in mich zurückziehen und jede körperliche Empfindung blockieren konnte. Ich hatte mal etwas über Shirley MacLaine gelesen, die eine Out-of-Body-Erfahrung gemacht hatte, und versucht dahinterzukommen, wie ihr das gelungen war. Denn nichts wünschte ich mir mehr, als diesen Körper hinter mir zu lassen, dieses Leben, in dem ich gefangen war.

Über die Jahre hatte ich reichlich Gelegenheit, meine Fähigkeit zu perfektionieren, und überraschte sogar mich selbst damit, wie gut es mir gelang, wirklich und wahrhaftig *nichts* zu fühlen. Ich kauerte mich bloß zusammen und wartete darauf, dass es vorbei war. Frustriert, weil ich nicht schrie oder wegrannte, griff er dann nach dem anderen Gürtelende, sodass er mich mit der Schließe schlagen konnte. Mehr als einmal erlebte ich, wie er mich perplex anstarrte und ihm der Schweiß von der Stirn tropfte. Er meinte wohl, ich verspotte durch meine Passivität seine Männlichkeit, denn es machte ihn nur noch wütender und veranlasste ihn zum Weiterprügeln, sodass wir in eine Sackgasse gerieten. Oft stieß ich dann ein paar Schreie aus, nur, damit er zufrieden war und von mir abließ.

Es gibt Teile in mir (und wahrscheinlich mehr, als ich mir

selbst eingestehen will), die irreversibel geschädigt sind. Ich habe Jahre gebraucht, um wieder dieselbe Empathie aufbringen zu können, wie ich es heute vermag. Wenn man Körperempfindungen blockiert, verdrängt man damit nach und nach – und ohne es zu wissen oder zu wollen – jedes emotionale Empfinden. So bin ich beispielsweise nicht mehr kitzlig. Es gibt ein Foto von mir, das mein Vater von mir geknipst hat, auf dem meine Geschwister mich auf dem Rasen des Queen Elizabeth Park kitzeln; ich bin drei, vier Jahre alt und lache. Wenn ich dieses Foto betrachte, versuche ich mich zu erinnern, wie das war, kitzlig zu sein, wie sich diese Freude, dieses Lachen anfühlte. Es ist einfach weg.

Als ich in der Garage hing, war mir bewusst, dass ich kopfüber hing. Ich wusste, dass ich ausgepeitscht wurde, doch ich fühlte nichts mehr. Irgendwann verlor ich das Bewusstsein, und das Nächste, woran ich mich erinnere, ist der Schrei meiner Mutter.

»Was machen wir denn jetzt?«

Sie hatte Angst, er habe mich getötet. Sie war nicht bestürzt über meinen möglichen Tod. Sie hatte nur Panik, was aus ihnen werden sollte, falls sie mich getötet hatten.

Als ich, von ihren panischen Schreien aufgeschreckt, zu mir kam, wünschte ich mir, einfach nur sterben zu können. Ich wollte nicht mehr aufwachen. Wozu?

Ich war so traurig, so untröstlich und verzehrte mich doch noch immer so verzweifelt nach ihrer Liebe. Ich war gefangen in diesem sehnsüchtigen Zwiespalt: Einerseits wollte ich von meiner Mom geliebt, akzeptiert und geschätzt werden, andererseits wünschte ich mich möglichst weit von ihr fort.

Doch wo sollte ich hin? Mir blieb keine Wahl, als die brave Tochter zu spielen. Ich wusste, dass meine Mutter mich hasste.

Ich wusste, dass es ihr egal war, ob ich lebte oder starb – und damit konnte ich mich am allerwenigsten abfinden. Ich nahm an, dass es an mir lag, wenn sie mich so hasste. Dass ich daran schuld war, weil der Teufel, *Schaitan*, so stark in mir war. Dabei strengte ich mich so an, ihr in allem zu Willen zu sein.

Und ihr Wille war – ganz klar –, den meinen zu brechen. Sie wollte, dass ich aufhörte, mich zu wehren, dass ich mich für immer unter dem Zement begraben ließ. Sie wollte, dass ich das Kämpfen einstellte und mich endlich unterwarf. Und durch die Monotonie der fünf täglichen Gebete, aber auch mithilfe anderer Methoden hoffte sie, dies zu erreichen. Das Ziel blieb immer das gleiche, nämlich, uns zu gedankenlosem Gehorsam zu erziehen.

Einer unserer gemeinsamen Zeitvertreibe war das Unkrautjäten – und das ohne Handschuhe oder Werkzeug. Meine schwieligen Hände starrten vor Dreck, der sich in den Hautritzen abgesetzt hatte. Täglich jätete ich Unkraut, eine echte Sisyphusarbeit. Ich war verwirrt und zornig, als ich erfuhr, dass es so etwas wie Unkrautvernichter gab.

Viele Jahre später, als ich das Buch *Löcher* von Louis Sachar las, konnte ich mich mit der Not seiner Figuren identifizieren. Das stumpfsinnige Gebuddel in der Wüste sollte die Kinder brechen. Ich konnte es nachvollziehen.

Eine weitere Aufgabe war das Steinesammeln. Nach dem Beten und vor Tagesanbruch gingen wir hinaus, und meine Geschwister und ich füllten unzählige Taschen mit Steinen, die wir am Strand auflasen. Unausgeschlafen und mit schmerzenden Armen stolperten wir anschließend zur Schule, gemeinsam mit den anderen Kindern, die den Morgen wohl mit ihren Eltern am Frühstückstisch verbracht hatten.

Eine ihrer weiteren Lieblingsdisziplinen war es, uns zum

Verzehren von Sachen wie Schafsgedärm, Rinderzunge oder Hoden und Hirn diverser Tiere zu zwingen – und zwar aus keinem anderen Grund als dem, Kontrolle auszuüben und sich ihrer Macht über uns zu vergewissern. *Tu, was man dir sagt, egal, wie sehr du es auch verabscheust. Gib nach. Lenk ein. Füg dich.* Wie sollte ich mein Leben nicht hassen?

Das Einzige, was ich noch mehr hasste, war ich selbst, denn trotz des Unkrautjätens und Steinesammelns war ich in meinem Inneren immer noch am Leben, kämpfte immer noch. Heute bin ich dankbar, dass dieses Licht nie erloschen ist, obwohl es Zeiten gab, in denen es kaum mehr als ein Flackern war. Wäre dieses Licht erloschen, wäre ich heute nicht mehr am Leben.

Man brachte mir bei, dass das Licht, an das ich mich klammerte, tatsächlich der Teufel sei. Stellen Sie sich vor, gesagt zu bekommen, dass das, was Sie sind, böse ist. Alles, was Sie lieben, womit Sie sich identifizieren, sei böse. Man versucht sich zu ändern. Versucht, brav zu sein und sich der Liebe Gottes würdig zu erweisen, doch man schafft es nie, weil man ja böse ist. Dieser ständige Kampf zehrt an einem. Er tötet die Seele und vernichtet den Lebenswillen.

Deswegen können sich Ex-Muslime so gut mit Menschen aus der LGBT-Community identifizieren, vor allem mit solchen, die in frommen Familien aufgewachsen sind. Wir wissen, wie es sich anfühlt, wenn man gesagt bekommt, dass man in seinem tiefsten Inneren böse ist. Auch Ex-Muslime verwenden Ausdrücke wie »sich outen« oder »Coming-out«, weil es ihnen genauso schwerfällt, sich vor ihrem Umfeld zu offenbaren. Die Not muslimischer Homosexueller, dieses doppelte Pech, ist wohl das schlimmstmögliche Szenario – und eine muslimische Lesbe zu sein das wohl beklagenswerteste Schicksal überhaupt.

Ich musste mich nur mit einem Teil davon herumschlagen. Denn ich mochte Jungs, obwohl das schlecht war und mich beschmutzte. Verknallt hatte ich mich das erste Mal im Kindergarten. Doch angesichts all der anderen Dinge, die zu meinen Ungunsten ausfielen, konnte ich mir das noch am leichtesten aus dem Kopf schlagen. Sowieso war ich damals erst in der vierten Klasse, und die Jungs waren doof und hatten Läuse.

Als wir dann in die fünfte Klasse kamen, stand ein weiterer Schulwechsel an. Doch diesmal fiel die Veränderung drastisch aus.

Noch immer hausten wir in Mounirs feuchtem, scheußlichem Kellerloch, das für menschliche Bewohner eigentlich nicht taugte und nicht zugelassen war, als meine Mutter beschloss, uns an der neu eröffneten muslimischen Schule anzumelden.

Es eine Schule zu nennen war wohl leicht übertrieben. Tatsächlich handelte es sich nur um einige Eltern, die beschlossen hatten, ihre Kinder im Mehrzweckraum der Moschee zu versammeln und sie abwechselnd in verschiedenen Fächern zu unterrichten. Es war mehr oder weniger Homeschooling, nur ohne jegliche Regulierung oder einen Lehrplan.

# HIDSCHAB

Mit neun bekam ich meinen ersten Hidschab, den ich von da an tragen musste. Ich hasste ihn auf der Stelle. Ich hatte ihn schon gehasst, als meine Mom ihn zu tragen begann, und ganz besonders hasste ich ihn ab dem Augenblick, wo ich ihn selbst tragen sollte. Ich bettelte um Alternativen.

»Kann ich mir nicht lieber den Kopf rasieren? Wie wär's denn, wenn ich eine Perücke trage?«

»Wie die Juden! Du willst sein wie die *Jahudi*?«

Ich versuchte mich rauszuwinden.

»Warum hast du denn keinen getragen, als du in meinem Alter warst?«

»Weil meine Eltern es nicht besser gewusst haben. Sie hätten dafür sorgen müssen, dass ich ihn trage.«

Ich wünschte mir bloß, *sie* hätte es *nicht* besser gewusst, sondern mir die Gnadenfrist gewährt, die ihr vergönnt gewesen war. Ich versuchte es mit jeder Taktik, die mir mit meinen neun Jahren einfiel, doch nichts funktionierte. All meine Kleider waren verschwunden; Hosen waren nicht mehr erlaubt. Man verlangte, dass ich jeden Zentimeter meines Körpers, mit Ausnahme von Gesicht und Händen, bedeckte. Es war der Moment, in dem sie den letzten Nagel in den Sarg meiner Kindheit schlugen.

Ich fühlte mich so seltsam, so unwohl, mir war so heiß in diesen bescheuerten, viel zu weiten Kleidern. Es war, als müsste ich ersticken. Mein Kopf pochte, und ich schwitzte aus allen Poren.

Tag um Tag redeten sie auf mich ein, dass es böse sei, sich wie die *Kuffar* zu kleiden, und dass ich in die Hölle käme, falls ich es doch täte. Außerdem, wie sollte man mich, wenn das Kalifat anbrach und ich keinen Hidschab aufhatte, von den Ungläubigen unterscheiden? *Wenn du aussiehst wie sie, wirst du sterben wie sie.*

Ach, dieses Kalifat! Immer das Kalifat! In jeder *Chutba* (Freitagspredigt) wird verkündet, dass die Muslime es schaffen werden, den ganzen Erdball zum Islam zu bekehren. Jeden Freitag rufen wir *»Amin«*, wenn der Imam ein *dua*, ein Bittgebet an Allah, spricht, dass sich das Kalifat doch bald erheben und wir die Ungläubigen vernichten mögen! Denn dann werde Friede herrschen.

Deswegen gingen, als sich der IS im Irak und Syrien erhob, so viele Leute aus allen Teilen der Welt dorthin, auch solche, bei denen es unerklärlich schien. Studenten aus wohlhabenden Familien und westlichen Ländern schlossen sich dem IS an und verbrannten ihre Pässe, woraufhin die Experten vermuteten, all diese Menschen seien online rekrutiert worden. Das müsste allerdings verdammt fix gegangen sein!

Der wahre Grund, warum all diese jungen Männer und Frauen sich so zügig dem IS anschlossen, lag wohl eher darin, dass sie von Kindesbeinen an – ebenso wie ich – ständig gehört hatten, es sei ihre Pflicht, sich der *Umma* gegen die Ungläubigen anzuschließen und zum Kalifat zu stoßen, sobald es sich erhebe. Und genau wie ich hatten sie wohl gar nicht damit gerechnet, dies je zu erleben, doch dann war er auf einmal da: der Islamische Staat. Und sobald er da war, wussten die Leute auch schon, was sie zu tun hatten. Es war ihnen von Kindesbeinen an eingetrichtert worden.

Meine Mutter setzte sich des Öfteren mit mir hin und

nahm mir dabei das Versprechen ab, dass ich, sobald die Zeit reif sei, bereit sein würde, Ungläubige zu töten.

»Ja, klar«, erwiderte ich dann nur monoton.

Und immer war Zwang im Spiel. Man zwang mich zu beten, den Koran auswendig zu lernen, nahm mir das Versprechen ab, meine Freunde zu töten, und natürlich auch, diesen scheußlichen Hidschab zu tragen. Jede nur denkbare Methode der Nötigung kam zum Einsatz: Furcht, der Wunsch, Allah zufriedenzustellen, emotionale Erpressung. Es hörte nie auf. *Nur brave muslimische Töchter kommen in den Himmel. Wenn du dich anziehst wie die* Kuffar, *hast du dich schon für die Hölle entschieden.* Mit derartigem Selbsthass fütterte man mich ab meinem neunten Lebensjahr.

Man erzählte mir von jenem Hadith, in dem der Prophet Mohammed behauptet, er habe in der Hölle Frauen gesehen, die an ihren Haaren aufgehängt waren und deren Gehirne kochten, weil sie vor Männern ihr Haar nicht bedeckt hatten.

Und man erklärte mir, es sei nur zu meinem Schutz.

»Wenn du einen Diamantring hättest, würdest du ihn am Finger tragen oder in einem Banksafe sicher verwahren?«

»Ich würde ihn am Finger tragen.«

»Nein, das ist dumm. Da kann ihn ja jeder stehlen! Du musst ihn sichern, vor Dieben schützen.«

»Und wozu hat man dann einen hübschen Ring, wenn man ihn nicht mal tragen darf? Was nützt er einem denn in einem Kasten?«

»Schluss jetzt! Das ist besser für dich. Du wirst dich dran gewöhnen. Wenn du mal älter bist, wirst du's begreifen.«

»Kann ich nicht erst mal warten, bis ich älter bin und es verstehe, denn ich verstehe es einfach nicht ...«

»Nein! Ich entscheide, was zu deinem Besten ist, auch wenn du es nicht verstehst.«

Ich habe es nie verstanden. Fast zwanzig Jahre lang trug ich den Hidschab und habe es dennoch nie begriffen.

Im Sommer zwischen der fünften und sechsten Klasse besuchte ich meinen Dad in Montreal. Er verstand es auch nicht. Er versuchte, mich zu überreden, ihn abzulegen, und ich hätte es auch gerne getan, doch ich hatte Angst, dass mein Bruder mich verpetzen würde, sobald wir wieder zu Hause wären. Stattdessen trug ich den ganzen Sommer lang einen schwarzen Cowboyhut. Mein Dad akzeptierte ihn, da es nicht der schreckliche Hidschab war, und formal war mein Haar ja bedeckt, sodass mein Bruder nichts zu beanstanden hätte.

Wieder zu Hause, trugen dann auch alle Mädchen der muslimischen Schule den Hidschab ... sie hassten ihn genauso sehr wie ich. Es stimmt schon, geteiltes Leid ist halbes Leid. Die Tatsache, dass wir alle gezwungen waren, dieses Stück Stoff auf dem Kopf zu tragen, war uns ein Trost. Wir alle trugen es, und die gemeinsame Verachtung dafür schweißte uns zusammen.

Inzwischen können Frauen aus aller Welt, die das Kopftuch hassen, aber dennoch tragen müssen, über die sozialen Medien Trost beieinander finden.

Unter dem Hashtag **#MyStealthyFreedom** aus dem Iran gibt es ein virales Video einer weinenden Siebenjährigen, die sich den Hidschab vom Kopf reißt. Es erinnert mich an mich selbst, nur dass ich nicht annähernd so mutig und aufmüpfig war. Sie ist wütend, weil ihre Eltern ihr verbieten, zur Schule zu gehen, es sei denn, sie streift sich das Ding über. Ihr Bruder kann selbstverständlich tragen, was immer er mag.

Junge Mädchen und erwachsene Frauen aus allen Teilen der Welt haben unter dem Hashtag **#FreeFromHijab** Bilder und Videos gepostet. Das ist ein Hashtag, den wir eingerichtet haben, um Frauen einen Ort zu geben, wo sie einander finden können, wo sie Solidarität und Unterstützung erleben. Wir haben ihn vor allem auch erstellt, um ihnen eine Stimme zu geben und der Welt diese Ungeheuerlichkeit vor Augen zu führen.

Wenn man über den Hidschab spricht, ist es wichtig, zwischen Kultur und Religion zu unterscheiden. Viele Leute entgegnen in diesem Zusammenhang, der Hidschab sei ein »kulturelles Kleidungsstück«. Doch von welcher Kultur sprechen sie? Frauen im Iran, in Saudi-Arabien, Somalia oder Indonesien haben kulturell nichts gemeinsam. Weder ihre Küche noch ihre Trachten weisen Ähnlichkeiten auf, ebenso wenig wie ihre Traditionen oder Sprachen. Das Einzige, das sie teilen, ist die Religion. Der Hidschab wird in all diesen Ländern wegen des islamischen Glaubens getragen, nicht wegen irgendeiner gemeinsamen Kultur. Zu behaupten, der Hidschab sei ein »kulturelles« Kleidungsstück, ist ebenso nichtssagend, wie zu behaupten, die päpstliche Tiara sei eine kulturelle Kopfbedeckung.

Katholiken von den Philippinen, aus Italien oder Südamerika haben kulturell nichts gemeinsam – doch sie bekennen sich zum selben Glauben. Man hat Religion und Kultur bewusst vermischt, um die Kulturen auszulöschen und durch den Monolithen Islam zu ersetzen. Dutzende von Ländern haben bereits ihre kulturellen Besonderheiten an den Islam verloren. Es ist traurig zu sehen, wie sich in vielen Köpfen die Vorstellung festsetzt, dass alle Muslime dieselbe Kultur hätten. Nein, haben sie nicht. Sie haben ganz unterschiedliche Kulturen, die lediglich vom Islam verdeckt wurden, ganz ähnlich, wie die individuellen Persönlichkeiten der Mädchen vom Hidschab verschleiert werden und dann alle gleich aussehen.

Diese Auslöschung individueller Kultur wird von Kampagnen wie dem auf dem gesamten Planeten begangenen Internationalen Welt-Hidschab-Tag am 1. Februar vorangetrieben. An diesem Tag bauen muslimische Frauen vor Firmensitzen oder Schulen Stände auf und ermutigen nichtmuslimische Frauen, einen Tag lang den Hidschab zu tragen. Eine direkte Reaktion darauf etwa wäre, einen Tag auszurufen, an dem wir muslimische Frauen ermuntern, vierundzwanzig Stunden lang ihren Hidschab abzulegen. Aber natürlich kommt *das* nicht infrage, denn für das Ablegen des Hidschabs können Mädchen und Frauen getötet werden.

Aqsa Parvez, ein sechzehnjähriges Mädchen, wurde *in Kanada* von ihrem Vater und Bruder mit ebenjenem Hidschab erwürgt, den zu tragen sie sich weigerte.

Also erklärte ich den 1. Februar stattdessen zum **#NoHijabDay** und rief alle auf, ihre weltweite Solidarität mit jenen Frauen und Mädchen zu bekunden, die keinen Hidschab tragen wollen, jedoch von Regierungen, Communities oder Familien dazu gezwungen werden. Der Tag wurde zu einem herzerwärmenden Erfolg! Frauen aus Saudi-Arabien und dem Jemen posteten Videos von sich, auf denen sie auf ihren Hidschabs herumtrampelten oder ihre Hidschabs beziehungsweise Nikabs (Gesichtsschleier) verbrannten. Frauen aus der Türkei begannen, Vorher-Nachher-Fotos von sich mit und ohne Hidschab zu posten. Frauen aus dem Iran, die mutigsten von allen, werden seit Jahrzehnten dafür inhaftiert, dass sie an der **#WhiteWednesday-Kampagne** teilnehmen, wo sie weiße Hidschabs tragen oder ihre Hidschabs ablegen, um ihren Widerstand gegen diese diskriminierenden Gesetze zu demonstrieren.

Frauen weltweit leisten Widerstand. Frauen in Pakistan

fahren in der Öffentlichkeit Fahrrad. Frauen im Iran tanzen auf den Straßen. Frauen in Saudi-Arabien tragen ihre Abayas (die schwarzen Umhänge, die sie tragen müssen) linksherum, um sich anderen Dissidentinnen in der Öffentlichkeit sofort zu erkennen zu geben. Und auch die Männer beteiligen sich! Manche Männer im Iran – und in geringerem Umfang auch in Saudi-Arabien – zeigen sich solidarisch mit den gegen die Hidschab-Gesetze protestierenden Frauen.

Natürlich werden all diese Menschen für ihre »Verbrechen« gegen die Scharia bestraft. Entweder von ihren Familien durch das, was man unter den Begriffen »ehrbezogene Gewalt« oder »Ehrenmord« kennt, oder aber durch ihre Regierungen, die sie für ihren Widerstand gegen die »Gesetze zur Aufrechterhaltung der Sittsamkeit« für Jahrzehnte hinter Gefängnismauern verschwinden lassen.

Nicht selten höre ich Leute sinnieren, was denn so schlimm daran sein soll, ein Tuch auf dem Kopf zu tragen. Das Schlimme daran ist, dass Frauen nicht einmal zugestanden wird, über den eigenen Körper zu bestimmen! Der Hidschab ist nur die Spitze des Eisbergs. Er ist die physische Illustration der Unterwerfung, Entmenschlichung und einer absoluten Geschlechtertrennung, wie sie in vielen Teilen der muslimischen Welt gang und gäbe ist.

Während Frauen im Westen ihre Freiheit schon so weit erkämpft haben, dass sie mittlerweile zur »Befreiung des Nippels« aufrufen können, wollen Frauen in vielen Teilen der islamischen Welt nur ihre Gesichter und ihre Haare »befreien«!

Frauen im Westen bestärken einander in der Regel in ihrem Widerstand, doch man muss wissen, dass sich Frauen in sehr patriarchalischen oder misogynen Gesellschaften nur selten gegenseitig unterstützen. Jede Frau ist viel zu besorgt um die Rettung der eigenen Haut, als dass sie sich um die einer anderen kümmern würde.

Das ist natürlich gewollt. Wenn Frauen genug damit zu tun haben, einander als Konkurrentinnen zu betrachten – da ihre Ehemänner bis zu vier Frauen heiraten können –, besteht auch keine Gefahr, dass sie sich gegen den gemeinsamen Feind verbünden. Die Frauen sollen sich ruhig bekämpfen, damit sie zu beschäftigt sind, um sich gegen ihre Unterdrücker zusammenzuschließen!

Das Internet ändert natürlich alles. Es ist der Wahnsinn. Nicht nur, dass Frauen sich in der Öffentlichkeit den Hidschab vom Kopf reißen, sie tanzen, singen und joggen auch öffentlich, fahren Fahrrad. Dabei verstoßen all diese einfachen Aktivitäten in einigen Ländern gegen das Gesetz, oder man zahlt dafür einen sehr hohen gesellschaftlichen Preis.

# MUSLIMISCHE SCHULE

Die muslimische Schule mochte ich zwar beim besten Willen nicht, aber ich liebte meine Freundinnen. Und keine von uns kaufte ihnen den Schwachsinn ab, den sie uns dort einzutrichtern versuchten. Wir versteckten uns in den Waschräumen, schminkten uns heimlich und erzählten uns Geschichten über Jungs oder die bittersüße Erregung, wenn wir zum ersten Mal die Periode kriegten, was uns eine Pause von den todlangweiligen täglichen Gebeten verschaffte. Eine menstruierende Frau war unrein, durfte also nicht beten, den Koran berühren oder auch nur eine Moschee betreten. Allah hatte uns so erschaffen und verfluchte uns dann dafür. Super.

Meine Mutter unterrichtete an der Schule Arabisch und Islamkunde, daher betonte sie ständig, wie wichtig es sei, dass wir brav seien und uns anständig aufführten. Zunächst hielten sich die anderen Mädchen noch von mir fern. Meine Mom war streng, weshalb man mich mit Misstrauen beäugte. Doch bald merkten die anderen, dass ich meine Mutter genauso hasste wie sie und dass wir uns in unserem Hass auch zusammentun konnten.

Weil unsere Kameradschaft so eng war, erzählten mir meine Freunde, ein Junge behaupte, seine Mom habe meine Mom eine Hure genannt. Zwar versuchte ich, mich unbeeindruckt zu geben, doch was immer man von seiner Mutter auch halten mag, so etwas hört man nicht gern.

»Aber deine Mom kennt meine doch gar nicht«, meinte ich, als ich ihn zur Rede stellte.

»Ja, aber als wir klein waren, hat deine Mom meinen Dad dazu bringen wollen, sie zu heiraten. Sie wollte seine Zweitfrau sein! Aber meine Mutter hat zu meinem Dad gesagt, er soll die Hure loswerden, sonst würde sie die Kinder nehmen und ihn verlassen.«

Zwar stritt ich ab, etwas davon zu wissen, doch bei mir klingelte etwas. Vage erinnerte ich mich an einen großen, verschwitzten dunklen Kerl mit nacktem Oberkörper. Er hatte meine Mom immer in ein Schlafzimmer geschoben und die Tür hinter beiden zugezogen. Ich wusste noch, dass ich geweint und gegen die Tür gehämmert hatte, damit sie herauskam. Hin und wieder war sie dann aufgetaucht, nur in Unterwäsche gekleidet, um mir zu sagen, dass ich den Mund halten solle.

Ich hatte mir nie einen Reim auf diese Erinnerung machen können, und ich hatte sie so oft danach gefragt, worauf sie immer nur behauptet hatte, ich bilde mir da etwas ein oder habe das bloß geträumt. Doch ich wusste, dass es stimmte.

Trotz der Erinnerung wollte ich meiner Mutter glauben, wenn sie sagte, das Ganze sei nur eine Lüge. Keiner will glauben, dass seine Mutter eine Ehebrecherin ist, und obwohl ich am nächsten Tag in die Schule zurückkehrte, um dem Jungen zu sagen, dass er sich täuschte, hatte ich das quälende Gefühl, dass die wirkliche Lügnerin in diesem Szenario meine Mutter war. Doch wie immer gelang es den Worten meiner Mutter, die Realität auszuhebeln.

Inzwischen weiß ich, dass sie, nachdem mein Vater sie verlassen hatte, verzweifelt versuchte, einen anderen Mann an sich zu binden. Dabei bediente sie sich der einzigen Ware, die sie zu bieten hatte. Es überrascht mich nicht, dass sie so wenig von sich hielt. Sie war in einer misogynen Kultur aufgewachsen, die ihr eingeredet hatte, ihr einziger Wert liege zwischen ihren Beinen. Und sie hatte nie versucht, sich intellektuell oder persönlich weiterzuentwickeln.

Manchmal ist eine solche Leere der perfekte Rohstoff, das vollkommene Gefäß, um mit religiösem Fundamentalismus gefüllt zu werden. Und meine Mutter war eine religiöse Eiferin, wie sie im Buche steht. Fanatiker erreicht man weder durch Mitgefühl noch durch Anteilnahme oder Logik; weder mit Taktik noch irgendwelchen Manövern dringt man zu ihrer menschlichen Seite durch. Sie sind aufs Folgen programmiert, und nichts darf diesem unnachgiebigen, unbeirrbaren Streben in die Quere kommen.

Die größte Angst aber machte mir, dass sie mich mit einem alten Mann in Ägypten verheiraten könnte, denn damit drohte sie mir ständig. Ich wusste, sollte sie diese Entscheidung treffen, wäre ich verloren. Dann gäbe es keinen Ausweg mehr, keine Diskussionen. Sie würde mich zwingen, mich ihren Wünschen zu beugen, wie sie es schon unzählige Male getan hatte.

Da die muslimische Schule nur sieben Klassen umfasste, freuten sich zwar alle Jungs darauf, danach auf die Highschool zu kommen, doch die Mädchen hatten Angst, was aus ihnen werden würde. Der Sommer vor dem Übertritt an die Highschool war bekanntermaßen die Zeit, in der viele Mädchen verschwanden. Es war die ideale Zeit, um sie – ohne dass es jemand mitbekam – nach Hause zu schicken. In extremen Fällen war es auch eine Zeit, in der sogenannte Ehrenmorde stattfanden. Meist geschahen sie als Reaktion darauf, dass ein Mädchen »zu verwestlicht« war.

Viel häufiger jedoch war die drohende Aussicht, verheiratet zu werden. Jedes muslimische Mädchen, dem ich je begegnet bin, kannte solche Worte: »Ich schick dich heim, damit du unter die Haube kommst!« Für uns war das weit mehr als eine leere Drohung. Wir wussten, es war eine durchaus denkbare Möglichkeit.

All meine Ängste bestätigten sich, als meine beste Freundin nach Fidschi geschickt wurde, um dort verheiratet zu werden. Ich hatte Angst um sie und auch um mich. E-Mails oder Social Media gab es noch nicht. Es gab keinen Rettungsanker, keine Möglichkeit, Kontakt aufzunehmen. Sobald jemand in ein anderes Land zog, war es, als habe ihn der Erdboden verschluckt.

# VERRAT

Voller Angst, fortgeschickt und verheiratet zu werden, schluckte ich auch weiterhin alle Fragen und Zweifel hinunter und spielte die Rolle der braven muslimischen Tochter. Für die achte Klasse war ich an der örtlichen staatlichen Junior Highschool angemeldet. Wieder einmal musste ich in einer neuen Schulumgebung zurechtkommen und neue Freunde finden.

Um das Ganze noch schwieriger zu machen, begann ich mein erstes Highschool-Jahr mit diesem Stofffetzen auf dem Kopf. Das war hier keine muslimische Schule, wo alle den Hidschab trugen. Hier war es anders. Keiner würde mich als die wahrnehmen, die ich war. Sie würden nur dieses komische Stück Stoff sehen, mich damit identifizieren und gleichsetzen. Das regte mich furchtbar auf, denn so war ich nicht. Das war nicht das Bild, das ich der Welt von mir präsentieren wollte.

Ich war entschlossen, die Herausforderung anzunehmen und mich anzustrengen, damit ich unter dem hässlichen Stofffetzen auf meinem Kopf hindurchschien. Und tatsächlich fand ich Freunde. Ich baute enge Beziehungen auf, die mich sehr glücklich machten. Und ich schätzte diese Freundschaften umso mehr, als ich begriff, dass meine Freunde dieses Stück Stoff bewusst ignorierten, um mich kennenzulernen. Sie ließen nicht zu, dass es zu der Barriere wurde, als die es gedacht war. Ließen nicht zu, dass es mich definierte. Diese Menschen lernten mich kennen und akzeptierten und liebten mich als die, die ich war.

Es war das genaue Gegenteil von dem, was sich meine Mutter erhofft hatte. Ich erinnere mich, wie ich mir einmal vergnügt die Namen all meiner Freunde aufschrieb. Da ich von einer so kleinen muslimischen Schule an eine riesige öffentliche Highschool gewechselt war, überwältigte es mich geradezu, wie viele Freunde ich auf einmal hatte! Meine Mutter fragte mich, was ich denn da tue, und als ich es ihr erzählte, verzog sie das Gesicht, wurde bleich und runzelte dann verärgert die Stirn. Sie riss mir das Blatt aus den Händen und las wutentbrannt die Namen. Doch ich war ihr wieder mal um Längen voraus – es standen keine Jungennamen auf dem Zettel. Ich war ja nicht bescheuert.

Aber das war gar nicht ihre Hauptsorge gewesen. Sie zerriss den Zettel voller Wut, weil ich mit so vielen Ungläubigen befreundet war. Offenbar hatte sie angenommen, ich würde mich zu einer Einsiedlerin entwickeln, und gedacht, die anderen Schüler würden mit dem komischen Mädchen mit dem Ding auf dem Kopf nichts zu tun haben wollen. Vermutlich hatte sie sich eingebildet, sie könne mich ohne Bedenken auf eine Schule voller *Kuffar* schicken, weil die mich sowieso ausgrenzen würden, und dann wäre ich kuriert. Die anderen würden mich hassen und zurückweisen, sodass mir nichts anderes übrigbleiben würde, als sie im Gegenzug ebenfalls zu hassen und zurückzuweisen.

In einer ersten Reaktion versuchte meine Mom, mich gleich von der Schule zu nehmen. Zumindest drohte sie mir damit, tat es dann aber nicht. Stattdessen riet sie mir, mein letztes Schuljahr zu genießen, da ich im nächsten nicht mehr zurückkehren würde. Das machte mir Angst. Wenn sie mich von der Schule nähme – meiner einzigen Verbindung zur wirklichen Welt –, würde ich nie wieder einen glücklichen Tag erleben.

Ich war verzweifelt. Traurigkeit und Furcht hatten derart Besitz von mir ergriffen, dass sie mich nicht einmal mehr verließen, wenn ich in der Schule war. Normalerweise changierte meine Persönlichkeit, meine Stimmung zwischen meinem Zuhause und der Schule, zwischen schwarz und weiß; doch mittlerweile sah ich alles nur noch grau.

Mein Theaterlehrer Mr Fabbro fragte mich, ob ich okay sei. Seine Frage war wie ein Lichtstrahl, der in einen tiefen, dunklen Brunnen fällt. Ich war so froh, ihm alles beichten zu dürfen, dass ich mich nicht mehr zurückhielt. Als ich mich mit ihm traf, zeigte ich ihm die Striemen und Blutergüsse an meinen Armen.

Doch in einer geradezu Orwellschen Wendung stürmte wenige Tage später der Vollidiot, den meine Mutter geheiratet hatte, ins Büro unseres Schulleiters und barst schier vor Wut, weil Mr Fabbro meinen Arm gesehen hatte. Welch eine Dreistigkeit! Wie konnte dieser Lehrer es sich anmaßen, sich die Blutergüsse und Striemen anzusehen, die er diesem Kind beigebracht hatte? Seiner Ansicht nach war das weit größere Problem hier, dass ein Mann, mit dem ich nicht verheiratet war, meinen Arm gesehen hatte, und nicht etwa, dass *er* mich verprügelt hatte.

Als Lehrer an einer staatlichen Schule war Mr Fabbro vom Gesetz her verpflichtet, die Behörden einzuschalten, sobald eine minderjährige Person physischer Gefahr ausgesetzt war. Sowohl Polizisten als auch Sozialarbeiter befragten mich, und ich erzählte ihnen, dass mein »Onkel« uns immer wieder erbarmungslos verprügelte. Ich schilderte ihnen, wie er etwa zur Tür hereinkam, um mich – ohne die geringste Provokation meinerseits – zu schnappen und all seinen an diesem Tag aufgestauten Frust an mir auszulassen. Er zog dann den Gürtel aus den Schlaufen und bedeckte meinen ganzen Körper mit Striemen. Auch wenn ich sie in dem Moment, in dem er sie mir zufügte, kaum spürte, blieben die Narben und Hämatome als Beweise seiner Züchtigungen zurück.

Mr Fabbro warnte mich, sollte ich die Sache weiterverfolgen, bestehe die Möglichkeit, dass man mich in eine Pflegefamilie stecken und ich meine Familie niemals wiedersehen würde. Er fragte mich, ob ich dazu bereit sei.

Mir war ganz schwindlig vor Aufregung. Ich fühlte mich federleicht bei der Vorstellung, nie mehr einen von ihnen wiedersehen zu müssen. Ich hoffte nur, dass die Notbremse, die ich hier zog, verhindern würde, dass man mich von der Schule nahm!

*Ob es für mich in Ordnung ist, aus dieser Familie genommen zu werden?*, dachte ich. *Machen sie sich lustig über mich? Nichts könnte mehr in Ordnung sein!*

Er warnte mich auch, ich müsse stark bleiben, bereit sein, vor Gericht aufzustehen und alles, was ich ihm erzählt hatte, vor dem Richter zu wiederholen.

Noch immer denke ich an mein Versprechen, stark zu bleiben. Ich stellte mir vor, wie ich im Gerichtssaal mutig auf ihn deuten würde wie in einer Folge von *Matlock*. Ich war bereit.

Die Ermittlungen weiteten sich aus. Nach Einzelgesprächen mit mir in der Schule kamen die Polizisten nun zu uns nach Hause und vernahmen auch alle anderen Familienmitglieder. Meine Mutter spuckte mir förmlich ins Gesicht und ließ mich wissen, wie sehr sie mich hasste, doch ich blieb stark. Endlich drang ein wenig Licht durch die schweren Zementschichten, und ich wünschte mir nur noch, frei zu sein!

Irgendwie überraschte es mich auch, dass meine Mutter mich nicht stärker unterstützte. Sie hatte immer so getan, als habe sie keine Kontrolle über ihn, wenn er uns verprügelte, als könne sie einfach nichts dagegen ausrichten. Nun, ich unternahm etwas dagegen! Und erst da realisierte ich, dass sie immer gelogen hatte und im Grunde nur manipulativ war. Natürlich wusste sie, was er uns antat, aber sie spielte die Ahnungs- und Machtlose, weil sie nicht wollte, dass wir sie hassten. Und unseren Hass hatte sie sich wahrhaftig verdient, doch sie war eben feige.

Als man sie ins Verhör nahm, stritt sie alles ab und stellte im Gegenzug mich als die Lügnerin hin. Mein Bruder und meine Schwester taten das Gleiche, und auch Mounirs Kinder logen. Von uns fünf Kindern war ich die Einzige, die die Wahrheit sagte. Mit ihren Lügen verdammten sie mich zu diesem Leben. Ihre Angst vor den Folgen war einfach zu groß. Allmählich dämmerte mir, dass ich womöglich nie hier herauskommen, nie in eine Pflegefamilie gelangen würde. Dass ich, nachdem ich eben versucht hatte, sie wegen Kindesmissbrauchs verhaften zu lassen, womöglich am Ende mit ihnen weiterleben musste. Es war der gruseligste Gedanke, den ich je gehabt hatte.

Der Richter entschied, dass körperliche Züchtigung nicht gegen kanadische Gesetze verstieß und dass aufgrund »unserer Herkunftskultur« solche Strafen auch mal etwas heftiger ausfallen konnten als in der kanadischen Durchschnittsfamilie. Der so gruselige Gedanke, der mich beschlichen hatte, verwandelte sich mit einem knappen Schlag des Richterhammers in Realität.

Nie im Leben habe ich mich so betrogen gefühlt. Es war meine einzige Hoffnung gewesen, und die hatte sich nun zerschlagen. Wie abartig war es denn, dass ein Kind verprügelt werden durfte, weil der Misshandelnde aus einem anderen Land kam?! Was hatte denn das damit zu tun? Alle Kinder sollten geschützt sein. Und es verletzte Kinder physisch, emotional und psychisch kein Stück weniger, wenn sie aus einer anderen Kultur stammten. Wäre derjenige, der mit das angetan hatte, deutscher oder niederländischer Herkunft gewesen, wäre er dann etwa nicht ins Gefängnis gewandert? Das machte doch alles überhaupt keinen Sinn!

Diese Gesetze gelten in Kanada übrigens noch heute. Ich mag mir gar nicht vorstellen, wie viele Kinder ebenfalls ignoriert oder in die Löwengrube zurückgeworfen wurden. Viele von denen, denen es so ging oder geht, haben sich an mich gewandt. Sozialpädagogen der Kinderschutzbehörde haben mich angerufen, um mir zu sagen, wie leid es ihnen tue. Einen Ministerialbeamten verstörte der Umstand, dass er dabei zusehen musste, wie misshandelte Kinder weiter misshandelt wurden, so sehr, dass er um seine Versetzung bat. Er ertrug es einfach nicht mehr. Er erzählte mir, wie ihn das, was er seit einunddreißig Jahren zu tun gezwungen war, verfolge. Menschen, die ihr Leben dem Schutz von Kindern gewidmet haben, sehen sich genötigt, Kinder sehenden Auges weiter ihren Qualen zu überlassen, weil ihre Regierung wild entschlossen ist, ihren kulturellen und moralischen Relativismus durchzusetzen. Das Bedürfnis, wachsam zu erscheinen, wenn es um Rassismus geht, ersetzt die Notwendigkeit, reale Kinder vor Missbrauch zu schützen.

In seinem Bemühen, sich »kultursensibel« zu verhalten, erwies sich mein eigenes Land mir gegenüber letztlich als furchtbar bigott. Ich wusste, hätte ich »weiße« Eltern gehabt, hätte man mich beschützt. Das ist das typische Ergebnis rückschrittlich-linken Denkens, wo der Geist so offen ist, dass das Hirn rausfällt. Sie sehen nur die Hautfarbe oder Ethnie des Täters, nicht die begangenen Taten.

Wenn ein Weißer sich weigert, eine Hochzeitstorte für ein schwules Paar zu backen, schreien alle: »Fanatismus!«, und erklären, dass das nicht hinnehmbar sei. Doch wenn sich Bäckereien mit muslimischen Inhabern weigern, Torten für ein schwules Paar zu backen? Dann hört man nur ohrenbetäubendes Schweigen. Das ist ihre Kultur, und wir müssen ihre Überzeugungen respektieren – es sei denn, Sie sind ein islamophober Eiferer.

Es gibt keine größere Dummheit oder Doppelmoral heutzutage. Wir müssen uns die Taten, die Vorfälle ansehen, nicht die Hautfarbe, Ethnie oder Religion des Täters beziehungsweise der Täterin. All das ist irrelevant. Eine unmoralische Tat bleibt unmoralisch, egal, wer sie verübt! Wir sollten Fanatismus, Frauenhass, Kindesmissbrauch und andere unmenschliche Handlungen ganz allgemein verurteilen.

Warum kümmern wir uns darum, wer sie begeht? Sie sind immer verkehrt. Und wenn man nicht alle menschlichen Wesen an den gleichen moralischen Standards misst, dann ist das abscheulichster Rassismus.

Das war das erste Mal in meinem Leben, dass ich versucht hatte, auf eigenen Füßen zu stehen. Ich war entschlossen, Mounir vor Gericht ins Gesicht zu blicken, doch ich erhielt nicht die Chance dazu. Kaum hatte ich einen Moment aufrecht gestanden, stieß mein eigenes Land mich wieder auf die Knie, zwang mich zu Boden. Und ich hatte das Gefühl, dahin gehöre ich, genau da würde ich für immer bleiben. Ich war am Ende, ja mehr noch: Ich glaubte wirklich, dass es meine einzige Hoffnung gewesen war. Es gab nichts mehr, auf das ich hoffen, wofür ich leben konnte.

Dafür, dass ich meine eigenen Leute verraten und die Ungläubigen um Hilfe gebeten hatte, würde man mich aufs

Strengste bestrafen. Es war die schlimmste Form des Verrats. Man hatte mir beigebracht, dass es nur »wir gegen die« heißen konnte. Und ich ging einfach zum Feind und bat ihn um Hilfe. Das war unverzeihlich.

Der Islam hat einen sehr wirkmächtigen Schicksalsbegriff. Alles ist vorherbestimmt. Jeder Versuch, das eigene Schicksal in die Hand zu nehmen, ist sinnlos. Letztendlich wird alles so geschehen, wie Allah es will. Dein ganzes Leben ist bereits aufgeschrieben, noch ehe du den ersten Atemzug tust.

Diese Situation nun verfestigte solche Lehren bei mir. Ich hatte *nichts* unter Kontrolle und war auch nicht imstande, mein Schicksal zu beeinflussen. Ich musste einfach hinnehmen, dass Allah es genau so wollte. Es hatte keinen Sinn mehr weiterzukämpfen.

Wie schon angekündigt, nahm mich meine Mutter am Ende des Jahres von der Schule; alles war umsonst gewesen. Ich nahm es einfach hin. Ich war taub für die Welt um mich herum. Sobald man Menschen das Gefühl nimmt, einen freien Willen zu haben, raubt man ihnen auch jede Motivation zum Weiterkämpfen. Welchen Sinn hätte es auch? Nie werden sie sich Ziele setzen oder Ziele zu erreichen versuchen, denn was immer geschehen soll, wird geschehen. Gedankenlos bewegen sie sich durch das Leben, ohne je auf Veränderungen zu hoffen oder sie anzugehen.

Viele Jahre später – dreißig, um genau zu sein – kontaktierte ich Mr Fabbro erneut. Sobald ich ihn sah, brach ich in Tränen aus. Er hatte keine Ahnung, was aus mir geworden war. Er hatte geglaubt, man habe mich damals in einem Heim untergebracht, und konnte nicht fassen, dass das Gericht derart versagt hatte.

Wir verbrachten den Tag in einem Restaurant, in dem sein

Sohn Küchenchef war, und unterhielten uns über alles. Später lud er meinen Mann und mich zu sich nach Hause ein, wo wir seine Frau kennenlernten. Auch sie erinnerte sich gut an jene längst vergangenen Tage.

Es war wie ein Traum. Ich war überwältigt und überglücklich, ihn wieder in meinem Leben zu haben! Den ganzen folgenden Tag verbrachte ich schluchzend, als all die Erinnerungen, die beim Wiedersehen wie Luftblasen aufgestiegen waren, wieder nach oben drängten. Ich weinte um jenes kleine Mädchen, das ich einmal gewesen war.

Ehe ich sein Haus verließ, erklärte Mr Fabbro aus tiefster Überzeugung: »Ich hätte dich aufgenommen.«

»Das hätten wir getan, ja«, pflichtete seine Frau ihm bei.

Und mein Herz zerbrach in eine Million Teile. Wie anders hätte mein Leben verlaufen können.

Im folgenden Jahr ließ meine Mom mich nicht mehr zur Schule zurück. Und als ich wiederkam, war Mr Fabbro nicht mehr da. Erst als ich begann, dieses Buch zu schreiben, kreuzten sich unsere Wege erneut.

# MÜTTER

Mein »neuntes Schuljahr« verbrachte ich als persönliche Assistentin meiner Mutter an der muslimischen Schule. Sie war inzwischen zur Leiterin des Fachbereichs für Arabisch und Islamkunde befördert worden und hatte so endlich eine gesellschaftliche Rolle gefunden, in der sie geschätzt und verehrt wurde. Sie nahm ihren Job sehr ernst, betrachtete sich als Säule der Gemeinde, und lange Zeit blieb dieses Bild ohne Kratzer. Die Leute nahmen es ihr ab, begegneten ihr mit Achtung, Respekt und Ehrfurcht.

Die muslimische Schule wurde größer und größer. Bald besaßen wir Schulbusse, die die Kinder aus meilenweit entfernten Orten herankarrten. Doch noch immer hatten wir weder einen richtigen Lehrplan noch Klassenräume noch irgendetwas, das einer Schule gleichkam. Irgendwann fiel das auch den Behörden auf, und plötzlich drohte der Schule die Schließung.

Kurz darauf gingen Gelder aus Saudi-Arabien ein. Das Geld würde den Bau von Schulgebäuden für Grund- und weiterführende Schulen ermöglichen, die mit den neuesten verfügbaren Technologien ausgestattet wären. Doch mit dem saudischen Geld kamen auch die saudische Indoktrination und die fundamentalistischen Muslime, von denen Sie bestimmt schon gehört haben – jene, die Gebäude in die Luft jagen, Schulkinder bei lebendigem Leib verbrennen und Homosexuelle von Dächern stürzen. Sie gehören alle der gleichen Denkschule an.

Der alte Direktor aus Indien wurde seines Amtes enthoben

und durch einen Ägypter ersetzt – einen Mann mit langem Bart und einer Ehefrau, die ihren gesamten Körper, sogar Gesicht und Hände, schwarz verhüllte. Es war das erste Mal, dass sich uns ein solcher Anblick bot. Manche Kinder nannten sie Pinguin oder Fledermaus, andere bezeichneten sie als Ninja.

Meine Mutter hatte nun eine Feindin. Eine ägyptische Landsmännin, die versuchte, in unsere Gemeinschaft hereinzustoßen und ihr die Position als Anführerin der Frauen streitig zu machen. Die Leute fragten nun nicht mehr meine Mutter um Rat, sondern gingen stattdessen zur Ninja. Die Ninja galt als frömmer, weil sie mehr von ihrem Körper bedeckte als meine Mom.

Mir war diese Rivalität so was von egal. Zwar versuchte meine Mutter, mich da mithineinzuziehen, aber ich war eine völlig unbrauchbare Mitverschwörerin. Ich hatte resigniert und nichts mehr zu geben.

Jeden Tag dachte ich an Selbstmord, hatte aber gar keine Energie, um meine Pläne in die Tat umzusetzen. Ich war der Schatten eines Schattens, eine leere Hülle. Nicht einmal Wut hatte ich in mir. Ich ließ mich treiben. Alles war farb- und geschmacklos; ich hatte weder Wünsche noch Ziele, weder Gedanken noch Gefühle. Ich existierte nur noch.

Mithilfe des Justizsystems von British Columbia war es meiner Mutter gelungen, mich zu brechen, was sie mit Genugtuung erfüllte. Ja, sie stellte es richtig zur Schau, indem sie mich zu einer erniedrigenden Aufgabe nach der anderen abkommandierte. Ich setzte mich nicht mehr zur Wehr, sondern tat, was man mir sagte. Zehn Jahre hatte sie gebraucht, aber letztendlich hatte sie ihr Ziel erreicht: Ich hatte mich unterworfen.

Am Morgen ließ sie mich niederknien, und ich musste ihr

die Füße küssen. Dann bereitete ich ihr ihren Twining's Earl Grey aus losen Blättern, exakt nach ihren Wünschen, denn für alles andere knallte sie mir die Tasse an den Schädel. Einmal zerbrach die sogar, weil sie zu heftig zugeschlagen hatte, und meine Augen füllten sich mit Blut, das aus der Wunde sprudelte. Ich flehte sie an, den Notruf zu wählen, doch sie weigerte sich.

»Natürlich! Damit sie mich einbuchten können, was? Du glaubst, ich weiß nicht, was du vorhast? Du willst es noch mal probieren?«, kreischte sie.

Ich war der Feind und wurde als solcher behandelt.

Tag für Tag erzählte sie mir, während ich ihr die Füße massierte, wie ich ihr Leben ruiniert hatte. Dass ich gar nicht hätte geboren werden sollen. Wie sehr sie sich wünschte, ich wäre nie geboren worden. Dass ich ihr nichts als Kummer bereitet habe, meine Existenz ihr nichts als Elend eingebracht habe und sie mich auch nie loswerden könne, weil kein Mann mich ihr je abnehmen würde. Dass ich fett, hässlich und keines Mannes Liebe würdig sei. Es war wie eine giftige Dauerinfusion, die niemals versiegte.

Jahre später, als ich mich als Aktivistin zu engagieren begann, fiel mir eine Gemeinsamkeit auf. Viele von uns Mädchen und Frauen waren psychologisch von ihren Müttern missbraucht worden. Eine Frau, die keine Kontrolle über ihr Leben hat, sehnt sich nach Kontrolle. Und es gibt nur sehr wenige Ventile für diesen Kontrollwunsch. In ihrem engsten Familienkreis kann sie diese Kontrolle weder über ihren Ehemann noch über ihren Sohn ausüben, allein die Tochter ist ihr schutzlos ausgeliefert, sodass sich ihre gesamte Aggressivität und Frustration in diese Richtung entlädt.

Da laut dem Hadith das Paradies unter den Füßen der Mütter liegt, entscheiden die Mütter darüber, ob ihre Kinder auf ewig in der Hölle schmoren oder nicht. Somit haben sie eine enorme Macht über ihr Kind. Eine Macht, die in den Händen einer misshandelnden Mutter tragische Folgen haben kann, denn sie kann sie missbrauchen, um zu kontrollieren und zu manipulieren. Um ihre Liebe, Unterstützung und Billigung zu erlangen – und vor allem auch eines Tages in den Himmel zu kommen –, muss man eine gehorsame Sklavin sein. Sie kann ihren »Segen« auch jederzeit wieder zurücknehmen, und so sorgt sie dafür, dass ihre Tochter nicht aus der Reihe tanzt.

Kürzlich sah ich einen Film mit dem Titel *Was werden die Leute sagen* (mit dem ich mich stark identifizierte). Er handelt von einem britisch-pakistanischen Mädchen, das man gegen seinen Willen in Pakistan zurückgelassen hat. Das Mädchen fühlt sich völlig hilf- und hoffnungslos. Es gibt in dem Film eine Szene, in der das Mädchen – völlig unerklärlicherweise – eine Katze brutal misshandelt. Es ist nur eine ganz kurze Szene, doch eine, die sich ins Gedächtnis einbrennt. In dieser Szene sah ich ein junges Mädchen, das keinerlei Kontrolle über sein Leben hat und nach irgendeinem Ventil sucht. Es war gleichzeitig abstoßend und herzzerreißend, roh und authentisch.

In unserer Familie war ich die Katze. Es war, als finde meine Mutter sadistisches Vergnügen daran, mich zu quälen. Es befriedigte wohl irgendein krankes Bedürfnis in ihr.

Und leider war sie nicht die Einzige. Im Gespräch mit anderen Ex-Musliminnen entdeckte ich, dass dieses Muster erstaunlich verbreitet ist. Einige saudi-arabische Frauen erzählten mir, dass ihre Mütter sie monatelang in einem Zimmer eingesperrt hatten. In einem Land wie Saudi-Arabien, wo die Mädchen Misshandlungen schutzlos ausgeliefert sind, ist das sehr leicht.

Eine andere Frau schilderte mir, wie sie nach ihrer Flucht in die Vereinigten Staaten und nachdem sie sich gerade mit einem Amerikaner angefreundet hatte, einmal ausgerutscht und gestürzt sei und aus einer Schürfwunde zu bluten begonnen habe. Ihr Freund kam herbeigelaufen, doch sie wich vor ihm zurück, denn sie erwartete, dass er sie anbrüllen und beschimpfen würde, wie blöd sie doch sei, warum sie sich so dumm anstelle und nicht gerade laufen könne. Sie war verblüfft, als er als Erstes fragte: »Alles okay bei dir?« Es war so anders als alles, was sie kannte.

Ich konnte mich voll mit ihr identifizieren. Ich verstand das Ausmaß des Missbrauchs, bei dem – egal was du tust, egal was geschieht – *du* immer die Schuldige bist und attackiert wirst.

Eine weitere Frau, die sich auf Twitter Sayeda Murtad nennt, berichtete mir, wie ihre Mutter ab ihrem dritten oder vierten Lebensjahr begonnen hatte, sadistische Kontrolle über sie auszuüben.

Die Mutter wollte ihr den Schnuller abgewöhnen, was jedoch nicht klappte, sodass sie der Tochter schließlich eine scharfe Peperoni in den Mund steckte. Wenn Sayeda daraufhin weinte, schob sie ihr ihren schmutzigen Pantoffel in den Mund. Egal, wie weh sie der Tochter auch tun musste, sie würde sie in den Griff bekommen. Sie würde die Oberhand behalten.

Derartige Misshandlungen in klarer Kontrollabsicht eskalierten bis zu einem Punkt, an dem die Mutter Gegenstände nach ihr warf, sie würgte und ihre Fingernägel in den Hals der Tochter grub, bis die Kleine blutete. Sie verpasste ihr Ohrfeigen, riss sie an den Haaren in die Höhe, stieß ihr den Kopf gegen die Wand, prügelte sie mit ihren Sandalen und mit Holzlöffeln. Als sogar einmal ein Nudelholz auf dem Bein der Tochter zersprang, lachte sie nur.

»Dieses Miststück spürt ja nicht mal was«, meinte sie abfällig über Sayeda.

Hätte Sayeda sich bändigen lassen – wie etwa meine Schwester –, so hätte dies das teuflische Verlangen ihrer Mutter befriedigt, doch Sayeda wehrte sich, genau wie ich. Und dieser Widerstand war es, der unsere Mütter nur noch wilder machte. Sie hatten nur dieses eine, über das sie Kontrolle ausüben konnten, und sogar dabei versagten sie.

Sayedas Mutter hasste ihren brutalen Ehemann, ihr Leben und sich selbst. Sie war voller aufgestauter Wut, und Sayeda war ihr einziges Ventil. Oft erzählte sie ihrer Tochter, sie wünsche, sie hätte sie abgetrieben, wie auch meine Mutter mir immer wieder sagte, sie hätte mich lieber nie geboren. Jahrelang gab ich ihr recht.

# DEPRESSION I

Und dann wurde ich ohne jegliche Vorwarnung aus der mütterlichen Knechtschaft entlassen, um im darauffolgenden September die staatliche Schule zu besuchen. Den einen Tag war ich noch ihr Packesel, am nächsten Highschool-Studentin. Fürs Erste zeigte der Wechsel nur wenig Wirkung – meine hauptsächliche Erinnerung an diese Zeit ist ein Gefühl der Leere.

Viele Jahre später erfuhr ich, dass mein »Held und Retter« ein Freund unserer Familie gewesen war, dem auffiel, wie deprimiert ich wirkte – was für die Menschen, die mir am nächsten standen, wohl recht offensichtlich war, falls es ihnen nicht geradezu ins Auge sprang. Er hatte zwei Töchter in meinem Alter und uns drei zusammen aufwachsen sehen. Er drohte, zu den Behörden zu gehen und die illegale Polygamie meiner Eltern anzuzeigen, falls sie mir nicht erlaubten, wieder zur Schule zu gehen. Es gab einen Riesenkrach deswegen, der zur Folge hatte, dass die jahrzehntelange Freundschaft zwischen unseren Familien in die Brüche ging.

Bis zum heutigen Tag habe ich keine Ahnung, warum er das für mich getan hat. Er hat nie mit mir darüber gesprochen. Und ich sprach ja sowieso kaum mit ihm, da Männer und Frauen immer getrennt waren.

Meine Mutter war ebenso ratlos wie ich, was sie mit der ihr eigenen Gehässigkeit zum Ausdruck brachte.

»Warum sollte jemandem etwas an dir liegen?« Misstrauisch

und mit leicht zusammengekniffenen Augen sah sie mich an. »Wie kann jemand bereit sein, *deinet*wegen eine Freundschaft aufzugeben?«

Die Tatsache, dass ihre Sicherheit bedroht war – und wieder mal meinetwegen –, schien ihr noch mehr Anlass zu geben, mich zu hassen. Ich war ein unheimlicher Fluch und damit die unerschöpfliche Ursache von Traumata in ihrem Leben. Nie wollte sie ihren eigenen Anteil an all diesen Situationen sehen oder akzeptieren. Und so durfte ich unter Androhung rechtlicher Konsequenzen ab September wieder zur Schule gehen.

Dieses Jahr, die zehnte Klasse, war hart für mich. Die Dunkelheit, die mich erfüllte, war überall. Ich hatte nur eine Freundin, Amber. Wir hingen rum, sangen traurige Songs von Enya oder Sinéad o'Connor und verloren uns in historischen Liebesromanen. Eigentlich mochte ich weder die Musik noch die Bücher. Ich machte einfach bei allem mit, was Amber so einfiel. Ich selbst hatte weder Präferenzen noch Wünsche. Auch wenn man mich aus meinem physischen Kerker entlassen hatte, geistig war ich noch immer gefangen. Es gab keinen Grund, sich etwas zu wünschen, da ich es sowieso nie bekommen würde, sodass es einfacher war, es von vornherein zu lassen.

Zwei Jahre war der üble Verrat durch jenen Richter inzwischen her, und die Möglichkeit, dass ich je wieder heil werden könnte, zog ich nicht einmal in Betracht. Ich nahm mein neues, leeres Leben einfach hin. Eines Tages würde ich mit irgendeinem Fremden verheiratet werden, wir würden Babys bekommen, und ich würde sie lehren zu beten, falls sie nicht in der Hölle schmoren wollten.

In jenem Sommer zwischen zehnter und elfter Klasse schluckte ich, wohl in der Hoffnung, mein Elend zu beenden, eine Handvoll Tylenol. Eigentlich hatte ich Angst zu sterben, da Selbstmord als direkter Weg in die Hölle gilt, weswegen ich mir auch überlegte, »versehentlich« zu viele zu nehmen. Doch Allah kann unsere Gedanken lesen, und daher würde er wissen, dass ich die Tabletten tatsächlich nehmen wollte. Ich war so konfus, völlig aufgeschmissen. Ich hasste mein Leben, aber ich konnte es nicht beenden. Alle Wege führten in die Hölle, ob hier auf Erden oder im Jenseits. Die Pillen schluckte ich trotzdem. *Wenn Allah will, dass ich lebe, werde ich leben – ich werde es ihm überlassen.*

Stunden später erwachte ich erschöpft und verschwitzt. Ich war enttäuscht, dass es nicht geklappt hatte, wusste nicht so recht, ob ich erleichtert sein sollte oder nicht. Also beschloss ich, dass ich – ob so oder so – irgendeine Möglichkeit finden musste, um aus diesem dunklen Loch herauszukommen.

Ich fand ein altes Heft mit ein paar noch leeren Seiten und begann zu schreiben. Ich schrieb mir alle möglichen Wege auf und sämtliche Hindernisse, die sich mir in den Weg stellen würden. Nachdem ich mein Dilemma aus allen Blickwinkeln beleuchtet hatte, erkannte ich, dass es nur einen einzigen Ausweg gab, nämlich, die nächsten paar Jahre zu überstehen. Bis zu meiner Volljährigkeit war es zwar noch eine Ewigkeit hin, doch sie erschien mir als das einzige Licht am Ende des Tunnels.

Um wieder einschlafen zu können, zwang ich mich, mir das Haus vorzustellen, dass ich eines Tages haben würde – anstatt mir auszumalen, wie ich meinen »Onkel« aufschlitzen und sein Blut vergießen würde. Ich stellte mir vor, zur Haustür zu gehen; rechts war die Treppe, die nach oben führte, und links befand sich ein Wohnzimmer. Wenn ich mich dann umdrehte, um ins Wohnzimmer zurückzublicken, schaute ich auf den Rücken des Sofas und den Fernseher, wobei ich selbst stets auf diesem Sofa saß und Popcorn oder Eis aß. Ich stellte mir vor, aufzustehen und in die Küche zu gehen. Manchmal ging ich auch hoch in mein Schlafzimmer, und Abend für Abend verschönerte ich es auf gleiche Weise, indem ich es mit nutzlosen, aber hübschen Kissen und einem Bettüberwurf versah. Mein Schlafzimmer hatte ein Erkerfenster, vor dem ich sitzen und im Licht der hereinfallenden Sonne lesen konnte. Von der Straße tönten die Stimmen spielender Kinder herauf.

Die Chance, allein zu leben, bekam ich zwar nie, doch diese Fantasien hielten mich am Leben, während ich mich jahrelang Tag um Tag weiterkämpfte.

# TIFFERS

Als ich in die elfte Klasse kam, hatte ich keine Erwartungen mehr. Freude, dachte ich, war etwas für andere Leute; ich ergab mich in mein Schicksal, denn das war es offenbar, was Allah für mich wollte.

Es war das Jahr, in dem ich Tiffany traf. Durch sie merkte ich, dass von meinem inneren Feuer doch noch ein wenig Glut übrig war. Begeistert goss sie Feuerzeugbenzin über die Fünkchen und riss mich aus meiner grauen Depression.

Über Tiffany kann ich nicht schreiben, ohne meine Tastatur nasszuweinen. Vor zwei Jahren habe ich sie verloren, und ich werde nie wieder dieselbe sein.

Obwohl ich, als es passierte, schon seit Jahren Atheistin war, wünschte ich mir bei diesem Verlust zum ersten Mal seit meiner Abkehr vom Islam, ich könnte noch immer an einen Himmel glauben. Um den Schmerz für einen Augenblick zu lindern, stellte ich mir vor, dass alles wahr wäre, es einen Himmel gäbe und ich Tiffers tatsächlich wiedersehen würde. Allerdings funktionierte das im Islam sowieso nicht, wir würden beide in der Hölle brennen. Ich hätte zwar gern an das christliche Ideal des Himmels geglaubt, doch sosehr ich es mir auch wünschte, ich wusste, dass es nur fromme Lügen waren. Und Tiffany wäre am meisten von mir enttäuscht gewesen. Wahrscheinlich hätte sie mich heimgesucht, um mir klarzumachen, wie blöd ich doch war.

Sie war die Erste, die mir erklärte, dass ich auch die Option habe, *nicht* zu glauben. Ich selbst hatte ja keine Ahnung, dass es so etwas überhaupt gab.

Als sie mich einmal hatte beten sehen, war sie neugierig geworden und fragte mich anschließend behutsam, warum wir so seltsame Dinge taten, etwa unsere Hände auf die Knie legten, wenn wir am Boden knieten, oder dann rhythmisch den Zeigefinger der rechten Hand hoben und senkten, hoben und senkten und noch einmal hoben und senkten. Man merkt ja nie, wie absurd etwas ist, bis einen jemand mit der Nase darauf stößt.

»Warum hat dein Finger am Ende so gezuckt?«

»Oh, weiß nicht. Das macht man halt so.«

»Warum?«

»Keine Ahnung.«

»Das ist doch irgendwie merkwürdig, findest du nicht?«

»Ja, kann sein.«

Sie veränderte mein Leben und öffnete mir die Augen. Sie weckte etwas in mir, was beinahe zu einem Nichts zusammengeschrumpft war. Obwohl sie so zart und schwach wirkte, war sie tatsächlich die stärkste Frau, die je auf diesem Planeten gewandelt ist.

Tiffany litt an einem angeborenen Herzfehler. Jedes weitere Jahr, das sie lebte, war ein Wunder, das die Ärzte verblüffte. Doch sie war angstfrei. Sie war mutig genug für uns beide … und noch mutiger.

Ich erinnere mich, über Salman Rushdie einmal gelesen zu haben, dass er als Kind heimlich Schinkensandwiches verspeiste und dann – als er merkte, dass nichts passierte – daraus schlussfolgerte, dass der ganze Islam bloß eine Lüge war. Er war mutig genug gewesen, das völlig alleine durchzuziehen! Doch trotz Tiffany, die meine fehlende Kraft kompensierte und mich zu ähnlichen Mutproben anspornte, war ich immer noch viel zu stark indoktriniert.

»Wie wär's, wenn du, nur dieses eine Mal, nicht mit dem linken Fuß zuerst ins Bad gehen und mit dem rechten rauskommen würdest? Lass uns doch mal gucken, ob was passiert.«

»Nein, das kann ich nicht. Das verstehst du nicht …« Genau das war der Grund dafür, dass ich Leuten nicht gerne von mir erzählte, denn dann hatte ich diesen Druck.

»Okay, nur mir zuliebe.«

»Oh mein Gott, nein. Ich hab viel zu viel Schiss.« Ich wünschte, ich hätte sie einfach angelogen und ihr nichts von mir erzählt.

»Und murmle auch keine Gebete mehr. Geh einfach rein in die verdammte Toilette, Yasmine. Das ist doch nicht so schwer.«

»Am Ende bin ich dann besessen, und du bist schuld daran«, wimmerte ich, nur zur Hälfte im Scherz. Denn man hatte mir beigebracht, dass, wenn man Bad oder Toilette mit dem falschen Fuß betrat oder ohne das kurze *dua* (Gebet) zu rezitieren, die dort lebenden Dämonen von einem Besitz ergriffen.

»Weißt du, wie oft ich schon gekackt habe in meinem Leben? Wirke ich auf dich, als wäre ich irgendwie besessen? Glaubst du, dass all diese Leute, die kein kleines Gebet sprechen, bevor sie mit dem linken Fuß voraus in die Toilette gehen, besessen sind?«

»Ich weiß nicht«, sagte ich. Doch sie hatte völlig recht, das konnte ich nicht leugnen.

Vorsichtig betrat ich, rechter Fuß voraus und gleichzeitig starr vor Angst, die Toilette. Mit klopfendem Herzen erledigte ich so schnell wie möglich mein Geschäft und rannte dann, laut keuchend, wieder hinaus.

»Bist du jetzt besessen?«

»Nein.«

»Okay, dann lass uns was zu Mittag essen.«

Heute, nachdem ich von der Gehirnwäsche geheilt bin, erscheint es mir so lächerlich, diese Worte hier niederzuschreiben. Aber Tiffers und ich führten einige Gespräche, die ich – und da bin ich mir absolut sicher – mit anderen Leuten niemals geführt hätte. Sie war so behutsam. Ich weiß nicht, wie sie es geschafft hat. Ich an ihrer Stelle hätte diese Bekloppte, diesen hoffnungslosen Fall einfach stehen lassen und mich meinen normalen Freundinnen zugewandt, doch sie hielt mir die Stange. Und sie versuchte auch, mir klarzumachen, dass da was lief zwischen meiner Mutter und meinem »Onkel«.

»Nein … nein, er ist nur ein Freund der Familie.«

»Ein Freund der Familie, den sie vögelt.«

»Nein, nein … er ist verheiratet.«

»Keine Frau lässt zu, dass ein Mann ihren Kindern so was antut, wenn sie nicht was dafür zurückbekommt.«

»Nein, Tiffers, glaub mir. So ist es nicht.«

Mir war tatsächlich nie aufgegangen, wie offensichtlich das alles doch war. Nie, nicht ein einziges Mal, hatte ich meine Mom des Ehebruchs verdächtigt. All die Lügen, die sie mir auftischte, nahm ich ihr wirklich ab.

Doch Tiffany hatte die Saat des Zweifels gelegt. Eine Saat, die viele weitere Jahre benötigte, um endlich zu keimen.

Nach etwa einem Jahr unserer Freundschaft hatte sich der Zement so weit gelockert, dass ich mit den Zehen wackeln konnte. Tiffany war meine Rettungsleine. Ich ließ mich von ihrer Kraft und ihrem Mut mitreißen, war aber noch immer nicht stark genug, um auf eigenen Füßen zu stehen.

Es mag nicht überraschen, dass Tiffany sich Tiere aus dem

Tierheim zur Lebensaufgabe erkoren hatte. Ihr Haus war voller Vierbeiner, von denen sie auf gar keinen Fall wollte, dass sie eingeschläfert wurden. Und wenn Haus und Garten keine weiteren Gäste mehr aufnehmen konnten, reichte sie Ausgestoßene und Streuner aller Art an Familie und Freunde weiter. Sie verfügte über Leidenschaft und Geduld sowie die Fähigkeit, missbrauchte und vernachlässigte Wesen wieder gesund zu pflegen.

Ich hätte genauso gut ihr erster Fall sein können.

***

Die zwölfte Klasse, mein Abschlussjahr, war bittersüß. Ich wusste, es war meine letzte Chance, mir eine dünne Verbindung zur Realität zu bewahren. Sobald die Schule vorbei wäre, würde man mich wohl verheiraten – dies war eine ständige drohende Gefahr. Des Öfteren hatte meine Mutter mich wissen lassen, dass sie mich, sobald ich mich nicht mehr in den Fängen meiner *Kafir*-Freunde befand (und von ihnen unterstützt wurde), loswerden wollte.

Tiffany bot mir an, ich solle doch zu ihr ziehen. Ihre Familie besaß ein großes dreigeschossiges Haus mit einem aufs Meer hinausgehenden Pool. Aber ich konnte ihr Angebot nicht annehmen. Ich war mir sicher, dass es bloß eine höfliche Geste war. Keiner konnte *wirklich* wünschen, dass dieser Abschaum bei ihm einzog.

Also versuchte ich, mein Abschlussjahr nach Kräften auszukosten. Schließlich wusste ich, dass es meine letzte Chance war, meine Freiheit zu genießen.

In diesem Jahr kam mein wirklicher Onkel aus New York zu Besuch und überzeugte meine Mom, endlich aus ihrem

Kellerloch auszuziehen. Er tadelte sie, dass sie ihre Kinder unter solchen Bedingungen aufwachsen ließ. Er half uns beim Packen, und schließlich zogen wir aus.

Danach beklagte meine Mom sich fortwährend, wie viel doch alles koste, und drohte uns, wieder in den Keller zurückzuziehen. Schließlich überredete ich sie, mich einen Telefonjob in einer Pizzeria annehmen zu lassen, damit ich sie unterstützen konnte. Ich überließ ihr all meine Lohnschecks, behielt keinen Cent für mich. Ich war einfach froh, aus dem Haus zu sein; das war mir Lohn genug. Und falls mein Scheck sicherstellen half, dass wir nie wieder in diesen Horrorkeller zurückkehren würden, tat ich das mit Vergnügen.

Unsere Mietwohnung lag eine ziemliche Gehstrecke von der Schule entfernt, noch etwa fünfzehn Minuten weiter als Tiffanys Haus, sodass Tiffers und ich die Hälfte des Heimwegs gemeinsam zurücklegten. Anschließend trennten wir uns, um den Rest jeweils allein zu gehen.

Auf einem dieser Heimwege erzählte sie mir, sie habe einen Songtext gehört, der sie an mich erinnere. Sie zögerte, ihn mir zu nennen, fürchtete, meine Gefühle zu verletzen, doch schließlich rückte sie damit heraus. Es war eine Zeile aus Bette Midlers Song »The Rose«:

»It's the soul afraid of dying, that never learns to live.«[1]

Nun ja, das brachte *mein Wesen*, wenn nicht sogar das aller Muslime, auf den Punkt. Wir hatten immerfort Angst. *Fürchtet Allah! Fürchtet die Hölle. Fürchtet die Verdammnis. Fürchtet die* Kuffar. *Fürchtet die Juden. Fürchtet den Tag des Gerichts.* Oh weh, es hörte nicht auf! Eine fortwährende Furcht verbreitete

---

[1] A.d.Ü.: sinngemäß übersetzt: »Eine Seele, die Angst vorm Sterben hat, lernt auch nie, richtig zu leben.«

sich die ganze Zeit wie ein Krebs in meinen Gedanken, verhinderte jegliches Tun und verängstigte mich so, dass ich mich nicht mehr zu rühren wagte.

Und, nein, nein, wir würden nie lernen zu leben, weil das doch gar nicht das Ziel ist. Unser Ziel ist es zu sterben, denn erst dann beginnen wir zu leben. Das Leben hier auf Erden ist nur eine Prüfung, eine Illusion. Es hat keinerlei Bedeutung. Das *echte* Leben, auf das es ankommt, erwartet uns erst im Jenseits.

Jedes Mal, wenn ich Bette Midler singen höre, breche ich in Tränen aus. Das war unser Song. Tiffany und ich schmetterten ihn in voller Lautstärke, während wir in entgegengesetzte Richtungen nach Hause liefen.

»Some say looooove …«

»It is a riiiiveeeeer …«

# VERLASSEN

Während andere Highschool-Absolventen übers College und ihren beabsichtigten Umzug in eine Universitätsstadt plauderten oder ein Brückenjahr planten, beantwortete ich sämtliche Nachfragen zu meinen persönlichen Plänen mit dem Satz: »Ich weiß nicht.« Weil ich es wirklich nicht wusste. Ich hatte keine Ahnung, was meine Mutter für mich plante. Weder wurde ich informiert noch angehört, denn schließlich hatte ich dabei sowieso nichts zu melden. Ich hatte solche Angst, dass dies das Ende meines Lebens bedeuten könnte. Dass ich, wenn ich jetzt nicht zugriff, nie mehr eine Chance haben würde.

Eine Freundin fragte mich, ob sie mich nicht mal schminken und mir die Haare machen solle, anschließend würden wir Freunde anrufen und mal gucken, ob sie mich erkennen. Ich fühlte mich wie gelähmt, erklärte mich aber einverstanden. Sie machte mich zurecht und rief unsere Freunde an, unter anderem auch einen Jungen, in den ich verschossen war.

Doch welchen Sinn sollte das haben? All das würde sowieso in einer Sackgasse enden, in einem Meer aus Tränen und verlorener Liebesmüh, sodass ich mir nicht mal gestattete, meiner albernen Schwärmerei nachzuhängen. Allerdings achtete ich ganz besonders auf seine Reaktion.

Vor seinen Freunden gab er sich cool, aber danach verhielt er sich anders. Er suchte Gelegenheiten, mit mir allein zu sein. Einmal hätten wir uns sogar fast in seinem Auto geküsst, doch ich hatte zu viel Angst, um es zuzulassen.

Welchen Sinn hätte es auch gehabt? Das Schuljahr war fast zu Ende. Warum sollte man denn das ewige Höllenfeuer riskieren, nur um mal für ein paar Tage einen Freund gehabt zu haben?

Allerdings wollte ich unbedingt auf meinen Abschlussball. Ich hatte sogar geplant, eine Freundin vorbeikommen zu lassen, die mich abholen sollte, doch am Vorabend des Balls besuchten wir eine befreundete Familie in einem Nachbarort und blieben dann »spontan« gleich zweimal über Nacht. Ich war untröstlich. Meine Mutter hatte mich um die Chance gebracht, die Zeit mit meinen Freunden in einem Happy End ausklingen zu lassen.

Seither habe ich drei Universitätsabschlüsse gemacht ... und jedes Mal die entsprechende Abschlusszeremonie versäumt. Welchen Sinn hätte es auch gehabt, die Bühne zu überqueren, wenn es niemanden im Publikum gab, dem etwas daran lag, niemanden, der klatschte, Fotos machte, mir Blumen überreichte oder mir gratulierte? Es hätte mich nur wieder auf herzzerreißende Weise daran erinnert, dass ich ganz allein war auf dieser Welt. Also besuchte ich nie eine meiner Abschlussfeiern.

Nach Ende der Highschool ging Tiffany nach Afrika und anschließend nach Europa, und ich reiste mit meiner Familie zum zweiten Mal in meinem Leben nach Ägypten. Auch in Ägypten fragten alle ständig, was ich denn jetzt vorhätte, genau wie meine Highschool-Freunde in Kanada, und wieder erklärte ich, ich wisse es nicht.

»Was willst du denn machen?« Es war eine so blöde – und oft gestellte – Frage. Wen kümmerte es schon? An das, was ich mir wünschte, dachte ich ständig. Aber das zu sagen wäre völlig absurd gewesen. Würde man denn eine Sklavin fragen, wo sie diesen Sommer ihren Urlaub verbringen will? Ich begriff überhaupt nicht, dass ich eine Wahl hatte. Ich würde einfach abwarten müssen, wie alle anderen.

Meine (mittlerweile verheiratete) Schwester studierte an der Uni, mein Bruder am College, sodass ich meine Mom fragte, ob ich nicht auch ans College gehen könne.

»Inschallah«, erwiderte sie, was wortwörtlich übersetzt »So Gott will« bedeutet, realistisch betrachtet aber eher hieß: »Träum weiter!« Sie gab mir weder zu verstehen, dass sie es mir erlauben könnte, noch irgendeinen Wink, welche Pläne sie tatsächlich für mich hatte.

Dieses Mal war Ägypten nicht annähernd so lustig wie damals mit sieben. Heiß und dreckig war es allerdings noch immer, und ich konnte mich kaum verständigen. Ich wusste, ich hätte mich irgendwie mit meiner Umgebung verbunden fühlen sollen, tat es aber nicht. Nichts fühlte sich richtig an. Ich war in Kanada geboren und aufgewachsen. Obwohl ich islamische Schulen besucht und meine Mutter sich nach Kräften bemüht hatte, mich in einer Blase aufzuziehen, war ich dennoch Kanadierin. Die ägyptische Kultur unterschied sich grundlegend von allem, was ich aus Vancouver kannte, und komplett von ihrer Darstellung in den Erzählungen meiner Mutter.

Sie hatte sich stets langwierig darüber ausgelassen, wie viel besser Ägypten doch sei, wie viel besser die Ägypter, aber ich konnte keine Anzeichen dafür entdecken. Sogar ihre ständigen Seitenhiebe auf den Lebensstil der *Kuffar* waren gänzlich unbegründet. In diesem muslimischen Land gab es Frauen, die keinen Hidschab trugen, Amr Diabs Tanzmusik, die ständig überall lief, Partys, bei denen Männer und Frauen gemeinsam feierten.

Auch die erste Geburtstagstorte meines Lebens bekam ich in Ägypten. Mein achtzehnter Geburtstag wurde mit einer

Eistorte gefeiert, und alle meine Cousins und Cousinen sangen ein etwas schräges »Happy Birthday«, das man wegen ihrer bezaubernden Aussprache kaum verstehen konnte.

Nichts von alledem war mir vertraut. Ich fand die Sitten verwirrend, den Aberglauben überwältigend, und die kulturellen Regeln ergaben keinen Sinn für mich.

Ich habe einen Onkel, der Dschinn-Jäger ist, ähnlich wie Sam und Dean Winchester in der Fernsehserie *Supernatural.* Die Leute kontaktierten ihn, wenn sie meinten, ihr Haus werde von einem Dschinn (einem Geist) heimgesucht, wenn ihr Kind sich komisch aufführte oder wenn jemand nicht schwanger werden konnte – aus allen möglichen Gründen. Man glaubte ernsthaft, dass die Dschinnen überall wären.

Dschinnen werden im Koran als Geister beschrieben, die unter uns leben. Einige von ihnen machen Ärger und richten Chaos an, andere hängen bloß rum. Manche verlieben sich auch in Menschen oder führen sich auf wie Stalker. Eine Frau etwa bildete sich ein, dass ihre Tochter von einem Dschinn besessen sei, der sie daran hindere, von ihrem Mann schwanger zu werden, weil der eifersüchtige Dschinn in sie verliebt sei.

Das waren alles erwachsene und gebildete Leute. Sie hatten Erfolg im Leben und waren völlig normal, aber sie glaubten so fest an diese Dinge, wie Sie und ich daran glauben, dass wir zum Überleben Sauerstoff brauchen. Es war eine unbestrittene Wahrheit. Die Besessenheit von Dschinnen und ihre Austreibung waren dort so verbreitet wie bei uns ein Schnupfen oder eine Erkältung. Und sobald man von einer Dschinn-Geschichte zu erzählen anfing, nannte einem jeder ein Heilmittel dagegen.

»Oh ja, meine Oma hatte das auch mal. Und dann hat sich rausgestellt, dass sie einen Dschinn hatte.«

Ich lief herum und hatte das Gefühl, mit mir stimme etwas nicht. Nie kam ich auf die Idee, dass womöglich sie Probleme hatten.

Doch dann begann sich etwas zu ändern. Langsam dämmerte mir, dass Erwachsene albernes Zeug nicht nur reden, sondern auch tun und glauben konnten.

Eines Tages verzehrte mein Onkel einen Schokoriegel.

»Ich frage mich, was das da drin für ein knuspriges Zeug ist.«

»Das ist Puffreis«, erwiderte ich.

»Was?«, brüllte er.

»Das ist Puffreis. Wie bei Rice Krispies. Habt ihr Rice Krispies in Ägypten?«

»Was redest du denn da?«, spottete er. »Reis? Vermutlich ist dann auch noch Gemüse und Brathähnchen drin, oder?« Er lachte so sehr, dass er kaum mehr kauen konnte.

»Lies doch einfach die Zutatenliste«, sagte ich.

»Mach dich nicht lächerlich.«

»Lies die Zutatenliste!«, wiederholte ich.

»Sei nicht albern. Ich brauch keine Zutatenliste zu lesen. Ich weiß, dass da kein Reis drin ist.« Er lachte weiter, verdrehte die Augen und warf das Papier aus dem Fenster.

Das ist die Denkweise von Muslimen, auf den Punkt gebracht: *Ich muss nicht in Erfahrung bringen, was die Wahrheit ist, ich kenne sie bereits. Ich muss weder eine Zutatenliste noch irgendwelche wissenschaftlichen Bücher lesen. Ich brauche nichts mehr zu lernen – ich weiß das alles schon.* Und sobald man glaubt, dass man *weiß*, besteht auch kein Bedürfnis mehr, noch etwas dazuzulernen.

***

Als ich mich eines Morgens anziehen wollte, fand ich meine Klamotten nicht. Ich bewahrte sie in einem blauen Koffer auf, doch auch den konnte ich nirgends entdecken. Ich begann herumzufragen. Schließlich fand ich den Koffer in dem Zimmer, das meine Mutter bewohnte. Ich war erleichtert – endlich konnte ich mich anziehen! Doch als ich ihn aufklappte, war die Kleidung darin nicht meine.

»Wo sind denn meine Sachen?«, frage ich meine Mom.

»Ich hab den Koffer gebraucht.«

»Okay, aber wo sind meine Klamotten?«

»Du hast keine Klamotten.«

»Wie? Natürlich hab ich welche. Die waren alle in diesem Koffer!«

»Ich hab sie an deine Cousinen verschenkt.«

»Was? Warum? Was soll ich denn jetzt anziehen?«

»Du kannst dir neue kaufen. Die haben dir sowieso nicht gestanden. Du bist so fett und siehst furchtbar aus. Ich schäme mich für eine solche Tochter.«

Tränen stiegen mir in die Augen. Tränen des Zorns, der Verwirrung, Erniedrigung, Verachtung. Ich versuchte dagegenzuhalten, doch wie immer haute sie mir die gemeinsten Dinge an den Kopf, um mich zum Schweigen zu bringen.

»Ich hab dich aus mir rausgepisst. Hörst du? Du bist mein Urin. Du bist nichts weiter als mein Abfallprodukt! Ich habe dich ausgeschieden! Du bist nur ein Scheißhaufen, den ich hätte runterspülen sollen! Du hast kein Recht, mich ins Verhör zu nehmen. Du bist ein Nichts.«

Zwar war ich es nicht gewohnt, von ihr wie ein Mensch behandelt zu werden, doch sogar für sie war das ein Rekordtief. Ich hatte keine Ahnung, wie ich mich jemals damit abfinden sollte.

»Also kaufen wir neue passende Sachen, wenn wir wieder in Kanada sind?« Ich schaffte es kaum, meine Stimme zu kontrollieren.

»Ja, klar. Inschallah. Raus mit dir, verschwinde.«

»Und was soll ich heute anziehen? Oder morgen im Flugzeug?«

»Ist mir egal. *Raus*, hab ich gesagt!«

Ich war so wütend, dass meine Cousinen – schüchtern, verlegen, um Entschuldigung bittend – zu mir kamen und versuchten, mir meine Kleider zurückzugeben. Ich nahm ein paar meiner Lieblingssachen, ließ ihnen aber den Rest. Nun, da meine Mutter Essig auf diese alte Wunde gegossen hatte, würde ich mich sowieso nur hässlich und fett darin fühlen. Ich wusste, dass es einfach nicht mehr wie früher sein würde.

Außerdem konnte ich ja auf Shoppingtour gehen, wenn ich wieder zu Hause war. Ich freute mich schon darauf. Aber ich traute ihrem Versprechen nicht, da die meisten meiner Klamotten sowieso abgetragene Sachen von meiner Schwester waren. Ich hatte nur wenig Neues, das eigens für mich angeschafft worden war. Folglich mochte ich nicht so recht glauben, dass meine Mutter plötzlich bereit sein sollte, mir eine komplett neue Garderobe zu spendieren.

Aber das war ja egal! Am nächsten Tag würden wir fliegen, und ich konnte es kaum erwarten, wieder heimzukommen, Tiffany zu sehen und von all ihren Reisen zu hören.

Vielleicht konnte ich meine Mom ja doch noch überreden, mich aufs College zu lassen. Ich konnte arbeiten, um für die Studiengebühren aufzukommen; sie musste nur bereit sein, mich aus dem Haus zu lassen.

Am Abend dieses Tages ging ich entnervt und traurig, verwirrt, erschöpft, aber auch aufgeregt zu Bett. Es war eine turbulente Zeit gewesen in Ägypten, und ich freute mich wirklich darauf, endlich wieder nach Hause zu kommen.

Als ich am nächsten Morgen erwachte, war es sehr still im Haus. Ich fand es irgendwie seltsam, dass die Sonne schien.

*Oh mein Gott! Haben wir unseren Flug verpasst? Hätten wir nicht schon vor Stunden am Flughafen sein müssen?*

Mein Herz raste, als ich überall herumschoss und meine Mutter suchte. Ich konnte sie nirgends finden. Unsere Koffer waren weg, ebenso meine Schwester und mein Bruder. Was war denn hier los?

Dann die vertraute Enge in meiner Brust, Schwierigkeiten beim Atmen, kalter Schweiß, verschwommene Sicht – wieder einmal packte mich eine Panikattacke.

Ich fand die Zwillingsschwester meiner Mutter. Und obwohl ich die Antwort schon kannte, überschüttete ich sie mit einem Schwall von Fragen.

»Wo sind sie denn alle? Was ist denn hier los? Sind sie ohne mich zum Flughafen gefahren? Wo ist meine Familie?«

»Sie sind weg«, fauchte sie.

# DEPRESSION II

Mit der Depression hatte ich ja nun schon Bekanntschaft gemacht; diese Dunkelheit aber war besonders heimtückisch. In der Vergangenheit hatte ich stets einen Grund gehabt, um morgens aus den Federn zu kommen. Ob ich meiner Mutter in der muslimischen Schule nachgelaufen oder selbst zur Schule gegangen war, es war von mir erwartet worden, dass ich mich irgendwo einfand und etwas tat. Doch hier in Ägypten gab es keinen Grund, weshalb ich hätte aufstehen sollen. Also tat ich es auch nicht.

Meine Mutter hatte mich in der Obhut ihrer Zwillingsschwester zurückgelassen, und es war schwer zu sagen, welche von beiden der böse Zwilling war. Eine war so teuflisch und berechnend wie die andere.

Das einzig Gute an Ägypten war, dass der Ramadan hier wegen der kürzeren Tage nicht so quälend verlief. Im Monat Ramadan dürfen Muslime von Sonnenaufgang bis Sonnenuntergang nichts essen. In Kanada konnte das bedeuten, dass ich im Sommer bis zu fünfzehn Stunden fasten musste. Und natürlich fiel es einem in Ägypten auch sehr viel leichter, da ja das ganze Land fastete. Also keine McDonald's-Werbung oder Leute um einen herum, die lecker riechende Sachen aßen.

Einen Monat lang machte das ganze Land die Nacht zum Tag und umgekehrt. Tagsüber schliefen die Leute, und sobald die Sonne unterging, aßen sie, guckten Fernsehen oder Filme, gingen mit Freunden aus etc. Es war eine ziemlich fröhliche

Zeit in Ägypten, weil es nicht nur ums Fasten und Darben und Koranlesen ging, wie ich das zu Hause erlebt hatte. Plötzlich bedeutete Ramadan vor allem: besondere Speisen, Musik sowie all die neuen Fernsehserien.

In Kanada verschlief meine Mutter den Monat mehr oder weniger. Immer wieder sahen wir auf die Uhr, um uns bei Sonnenuntergang eine Packung Mr. Noodles oder eine Kraft-Fertigmahlzeit warmzumachen. *Eid*, das Fest am Ende des Ramadan, verlief in Kanada ähnlich ereignislos. Es gab keine Festessen mit Familie und Freunden, wie man sie in Ägypten kannte. In Ägypten wechselten sich Familien mit ihren Nachbarn bei der Essenszubereitung ab, sodass man nicht jeden Tag kochen musste. Ja, an den meisten Tagen besuchte man tatsächlich andere Familien, um dort in einem riesigen *Iftar*[I]-Bankett zu schwelgen.

In meiner Kindheit bekam ich gesagt, Zweck des Ramadan sei es, einmal selbst zu spüren, wie es den armen Menschen ging, die nichts zu essen hatten. Natürlich lautete dann meine nächste Frage, weshalb dann auch die armen Leute fasten mussten? Wussten die denn nicht schon, wie es sich anfühlte?

Eine befriedigende Antwort darauf bekam ich nie. Ich fragte auch, weshalb wir ihnen nicht einfach etwas zu essen gaben, statt uns selbst das Essen vorzuenthalten. Wäre das nicht praktischer gewesen? Doch auch darauf gab es keine zufriedenstellende Antwort.

Später erfuhr ich, dass es in Wirklichkeit darum ging, die *Umma* für bevorstehende Schlachten zu trainieren. Wer den ganzen Tag ohne Essen auskam, war ein sehr viel effizienterer Soldat. Er war besser auf die Härten der Kriegsführung vorbe-

---

[I] A.d.Ü.: Iftar = Fastenbrechen (abendliche Mahlzeit im Ramadan).

reitet, wenn die Zeit kam und er zum Kampf gerufen wurde, um die Errichtung eines Kalifats zu unterstützen. Deswegen fanden die meisten Schlachten im Ramadan statt. Nun, das ergab schon eher einen Sinn.

Meine ersten paar Monate in Ägypten verbrachte ich planlos und verplemperte meine Tage mit Essen und Schlafen. Ich hatte weder ein Ziel noch irgendeinen Kontakt zur Außenwelt. Ich weiß noch, dass ich dachte: Irgendwann werde ich alt sein und mich an all das, was ich hätte tun sollen, all die Zeit, die ich vergeudet habe, erinnern und dann wirklich verbittert sein.

Vor meinem Zimmer gab es einen Balkon, mein einziger Zugang zu frischer Luft. Da hockte ich und beobachtete so lange, wie es ging – und bis mich die glühende Hitze, der Sand in meinen Augen und der Gestank des Abwassers wieder ins Bett zurücktrieben –, den Verkehr unter mir. Damals gab es noch keine E-Mails, es gab weder Social Media noch iPhones, keinerlei Möglichkeit, mit Menschen in weit entfernten Gegenden Kontakt aufzunehmen. Nicht einmal Ferngespräche konnten vom häuslichen Telefon aus geführt werden. Man musste zur Post oder zum Telegrafenamt, wo man bezahlte, dann in eine Zelle ging und in den Hörer brüllte, damit einen die Person am anderen Ende der Leitung trotz der lärmenden Menschenmenge um einen herum verstehen konnte – nicht unbedingt die beste Art, um mit Freunden daheim zu kommunizieren. Ich fühlte mich völlig isoliert.

Ein Hoffnungsschimmer fiel in mein Leben, als eine Nachbarin mir von diesem neumodischen Gerät, das sie sich gekauft hatte und das Fax hieß, erzählte. Ich konnte Briefe an Tiffany faxen! Ich war begeistert – und kriegte mich kaum mehr ein, als ich sah, wie ihre Briefe langsam aus dem Gerät herauskamen. Endlich hatte ich wieder eine Verbindung zur realen Welt!

Ständig schrieb ich ihr, ich hatte ja sonst nichts zu tun. Ihre Briefe erzählten mir von all ihren Abenteuern rund um den Globus, und wieder einmal erlebte ich die Welt durch sie. Ich dagegen hatte nichts Neues mitzuteilen, denn ich tat ja den ganzen Tag lang nichts. Ich erkundigte mich lediglich nach ihren Abenteuern und schrieb ihr, wie sehr ich sie vermisste und dass ich es kaum erwarten konnte, sie wiederzusehen.

Wenn ich hinunter zur Nachbarin ging, um das Gerät zu benutzen, begegnete ich meist ihrem Sohn. Sie hatte drei Jungs, doch dieser Sohn schien immer da zu sein, egal wann ich kam.

Irgendwann wurden wir Freunde. Er erkundigte sich nach meinem Leben und danach, weshalb ich die ganze Zeit eingesperrt sei. Es war schön, dass sich jemand Gedanken um mich machte. Er fragte mich, warum ich denn nicht in Kanada sei, und vieles andere, was ich ihm nicht beantworten konnte.

Als meine Tante dahinterkam, dass wir redeten, begann sie damit, die Wohnungstür abzuschließen. Denn wenn ein Junge und ein Mädchen miteinander redeten, führte dies unweigerlich zu vorehelichem Sex, und dann würden wir alle in der Hölle landen. Also hielt sie mich in dieser Wohnung fest wie eine Gefangene in einem Verließ. In Kanada dienen Türen dazu, Leute auszusperren, in Ägypten aber lassen sich Menschen auch dahinter wegschließen.

Die garstige Zwillingsschwester meiner Mutter hielt mich davon ab, an die einzige Sache heranzukommen, die mich am Leben hielt – nämlich an dieses Faxgerät. Sie besaß die gleiche unheimliche Gabe wie meine Mutter, jedes Fünkchen Hoffnung, das sich in mir regte, zu ersticken. Ich hasste sie nicht weniger als meine Mutter, fürchtete sie allerdings nicht so sehr, sodass ich hier einen Vorteil hatte.

Ihr glühender Hass auf mich rührte wohl teilweise daher,

dass ich ihr gesagt hatte, ihren Sohn würde ich niemals heiraten. Schaudernd, lachend, fast würgend hatte ich eine angewiderte Grimasse gezogen und ihr erklärt, dass ich nie einen Cousin heiraten würde, ganz zu schweigen vom Sohn der Zwillingsschwester meiner Mutter! Er war ja praktisch mein Bruder!

Er war ihr einziger Sohn, und aus der Perspektive ihrer Welt (in der Ehen zwischen Cousin und Cousine gang und gäbe waren) wirkte meine allgemeine Ablehnung dieses Konzepts so, als wäre sie gegen ihren geliebten Sohn persönlich gerichtet. Und wie konnte ich das bloß? Wer war ich denn, ihren kleinen Prinzen zurückzuweisen?

Ich musste einen Weg finden, diese Wohnung zu verlassen und von ihr wegzukommen. Also beschloss ich, wenn möglich, zu einer anderen Tante, der jüngsten Schwester meiner Mutter, zu ziehen, die normaler war.

Ich unterhielt mich mit meinen Cousinen darüber, und sie meinten, dass die Tante mich aufnehmen würde. Der Nachbarsohn erklärte, er wolle mir helfen, einen Job zu finden. Mein Plan schien zu funktionieren. Mit der Hilfe aller würde ich dieses Haus verlassen, mir eine Arbeit suchen und aufhören, mein Leben zu vergeuden.

Als wir das nächste Mal bei meiner jüngsten Tante zu Abend aßen, weigerte ich mich, mit den anderen nach Hause zurückzukehren. Die Zwillingsschwester meiner Mutter trommelte mit geballten Fäusten auf mich ein – und sie brachte sicher an die hundertvierzig Kilo auf die Waage. Es war mir egal. Wenn sie mich nicht eigenhändig hochstemmte und selbst runter ins Taxi trug, würde ich mich definitiv nicht von der Stelle bewegen.

Nach vielem Gefluche, Geschimpfe und Gebrüll gab sie

es schließlich auf und ging. Meine Tante Iman aber ging, indem sie sich der älteren Schwester widersetzte und mich in ihrer Wohnung einquartierte, ein Risiko ein, wofür ich ihr sehr dankbar war. In ihrer Wohnung hatte ich nun kein eigenes Zimmer mehr, sondern musste eines mit ihren beiden Töchtern teilen; doch das störte mich nicht. Bei meiner fiesen Tante hatte ich zwar mein eigenes Zimmer gehabt, mich aber immer nur einsam gefühlt. Ich war froh, das Zimmer mit meinen kleinen Cousinen zu teilen … und noch froher, diese tyrannische Hexe endlich los zu sein.

# AUF EIGENEN FÜSSEN

Zum ersten Mal in meinem Leben hatte ich mein Schicksal aus eigener Kraft verändert, hatte es geschafft, meinem Leben eine neue Richtung zu geben. Allerdings erkannte ich das damals noch nicht. Ich nahm mir keine Zeit, um innezuhalten und zu begreifen, dass ich nun tatsächlich mein Leben in die eigenen Hände genommen hatte. Zwar war ich glücklich, doch alles Lob gebührte Allah. Ich war ihm dankbar, dass er es hatte geschehen lassen.

Ich rief den Sohn der Nachbarin an, und er vermittelte mir, wie versprochen, einen Job als Rezeptionistin in der Firma eines Freundes. Dank Allah klappte auch das! Ich arbeitete mit einer Frau zusammen, die, da sie wirklich qualifiziert war, die gesamte eigentliche Arbeit erledigte. Ich selbst ging nur ans Telefon, um Kunden mit meinem perfekten Englisch zu beeindrucken. Manchmal traf ich auch mit Kunden zusammen oder saß bei Besprechungen dabei – und zwar einzig und allein, um mich als Angestellte zu präsentieren, die ein einwandfreies Englisch sprach.

In den Monaten, die ich bei der Firma arbeitete, begann ich zu gesunden. Bis zu diesem Zeitpunkt war mir mein Leben wie eine Folge brutaler Niederlagen erschienen. Bereits als Kind war ich immer wieder zu Boden gerungen worden, wenn ich versucht hatte aufzustehen. Als Teenager hatte ich es erneut versucht, und wieder war das Gleiche passiert. Doch nach jedem Schlag hatte ich weniger Zeit benötigt, um mich davon zu erholen. Erst seit einem guten Jahr war ich nun in Ägypten gestrandet, und ich wurde immer stärker.

Ich richtete mich zu meiner vollen Größe auf und gelangte zu dem Schluss, dass ich genug davon hatte, jeden Tag mit dem Bus zur Arbeit zu fahren und mich in diesem übervölkerten Land von – so kam es mir jedenfalls vor – Scharen widerwärtiger Typen belästigen zu lassen. Keine Frau, die ohne männlichen Begleiter unterwegs war, blieb verschont, egal wie alt oder wie stark verschleiert sie war. Geradezu klischeehaft schienen die Männer sämtliche Vorurteile über sie bestätigen zu wollen; das Belästigen von Frauen betrachteten sie offensichtlich als ihre erste Bürgerpflicht. Studien zeigen, dass satte 99,3 Prozent der ägyptischen Frauen berichten, schon einmal sexuell belästigt worden zu sein.

Also beschloss ich, mir einen Job zu suchen, den ich zu Fuß erreichen konnte. Es gab eine private internationale Schule, die nicht allzu weit vom Haus meiner Tante entfernt lag, und ich ging hin, um mich dem Direktor vorzustellen. Ich erzählte ihm, dass ich nur einen Highschool-Abschluss hätte, aber Englisch unterrichten wolle. Er versuchte, mich als Lehrerin für die höheren Klassen einzustellen, doch das wollte ich nicht. Ich arbeitete lieber im Kindergarten, da ich die Kleinen mochte und mir hinsichtlich meiner (damals nicht vorhandenen) Kompetenzen, was das Unterrichten anging, unsicher war. Schließlich gab er nach, allerdings nur unter der Voraussetzung, dass ich eine Gehaltskürzung akzeptierte. Ich verdiente hundert Dollar im Monat für eine Vollzeittätigkeit im Kindergarten, und ich war glücklich.

Allmählich machte mir das Leben Spaß. Ich freundete mich mit Kolleginnen an, und ich begann mit ihnen auszugehen und wie ein richtiger Mensch zu leben. Ich besuchte sie zu Hause, und wir gingen zusammen shoppen. Wir verbrachten Zeit miteinander, quatschten über den Verlobten der einen und den Freund der anderen – bis schließlich meine Mutter Wind davon bekam, sich maßlos echauffierte und verlangte, dass ich das alles sofort beendete. Wenn ich mit anderen berufstätigen Weibern in der Gegend herumscharwenzelte, würde ich doch in Nullkommanichts befleckt und entehrt sein!

»Sind diese Frauen eigentlich Muslimas oder Christinnen?« Ihre Stimme klang heiser und eindringlich.

»Ich habe keine Ahnung«, erwiderte ich und musste brüllen, um gegen die Hintergrundgeräusche in der Telefonzelle anzukommen.

»Tragen Sie einen Hidschab?«

»Nein.«

»Tja, dann finde es heraus!«

»Wie soll ich es denn herausfinden?«, fragte ich.

»Sagen Sie ›Inschallah‹?«

»Ja ...«

»Na ja, man weiß nie. Manche bilden sich ein, der Name Allahs gelte auch für ihren christlichen Gott. Sag irgendwas über *sayyidina Mohammed*, um dich zu vergewissern. Sag, wenn du sie das nächste Mal triffst: ›*Sully al nabi* (segne den Propheten).‹«

»Aber wann sollte ich denn Gelegenheit dazu haben? Und warum sollte ich? Es ist mir egal, ob sie Musliminnen sind oder nicht.«

»Weil du die *Kuffar* liebst. Wenn sie nicht mit ›*alayhi salat wa salam*‹ darauf antworten, so bedeutet das, dass sie keine Muslime sind.«

»Okay.«

»Und falls sie keine Muslime sind, darfst du dich nicht mit ihnen anfreunden!«

Die Glaubensprüfung mithilfe des geheimen muslimischen Passworts ersparte ich mir, und meine Mom verlor die Geduld mit meiner neu gewonnenen Unabhängigkeit. Offenbar war ich ja durch nichts zu bremsen. Sie hatte mich unter den Hidschab gezwungen, mich von der Schule genommen und in einem fremden Land zurückgelassen, doch ich legte nach wie vor eine ärgerliche Renitenz an den Tag. Also beschloss meine Mutter, härtere Maßnahmen zu ergreifen.

Da die Kampagne, mich mit meinem Cousin ersten Grades zu verheiraten, gescheitert war, starteten meine Mutter und ihre Familie eine zweite, um mich nun mit meinem Cousin zweiten Grades zu verkuppeln. Ich war achtzehn und hatte nicht die geringste Lust zu heiraten, doch meine Mutter blieb eisern. Sie hatte mich in Ägypten zurückgelassen, um mich brechen zu lassen. Der Plan lautete, mir Zügel anzulegen. Stattdessen hatte ich mich dem Einfluss ihrer Zwillingsschwester entzogen, arbeitete inzwischen sogar, verdiente Geld, wurde selbstbewusster, stärker und zunehmend unabhängig. Nichts lief nach Plan. Sie musste dem umgehend ein Ende setzen. Und der Druck kam nicht nur von ihrer Seite, sondern auch von meinen Tanten, Onkeln, Cousins und sogar unseren Nachbarn.

»Was hast du denn sonst noch vor? Du kannst doch nicht einfach den Rest deines Lebens arbeiten! Du musst heiraten«, erklärten meine Cousins und Cousinen.

Wie schon gesagt, wenn du Muslimin bist, bringt man dir bei, dein Bauchgefühl zu ignorieren. Solche Gefühle werden meist dem Teufel zugeschrieben. Es ist der Teufel, der dir ins Ohr flüstert und dir das eingibt. Also lernst du, dein böses

Bauchgefühl zu ignorieren und zu tun, was man dir sagt. Und du bekommst gesagt, dass die um dich herum klüger und erfahrener sind als du. Nicht dass du deiner eigenen Entscheidungsfähigkeit je getraut hättest – solche Kompetenzen werden weder ausgebildet noch aktiv gefördert.

Ich akzeptierte mein *Nasib* (oder Allahs Plan für mich) und ließ mich in die Hektik der Hochzeitspläne und -vorbereitungen hineinziehen. Ich suchte das Kleid, den Schmuck, die Blumen aus. Ich machte gute Miene zum bösen Spiel, tat alles, wenn auch mehr oder weniger unter Zwang. Ich hatte weder Interesse daran noch Lust dazu, aber ich kämpfte nicht dagegen an. Es gab keine Alternative. Es war, was man von mir erwartete, und alle waren so glücklich. Also gab ich meinen Job auf – was sonst.

Eines Tages bat ich meine Mutter am Telefon, mir doch ein Ticket zu schicken, damit ich noch einmal nach Hause kommen und mich ein letztes Mal von Kanada verabschieden konnte.

»Oh, ja, klar«, meinte sie, »damit du herkommen kannst und nicht mehr zurückfliegst, was? Hältst du mich denn für so blöd? Du willst dich doch nur vor der Hochzeit drücken.«

Daran hatte ich noch gar nicht gedacht. Aber es klang mir nach einem verdammt guten Plan …

Ich äußerte meine Bitte kein zweites Mal, sondern schwärmte nur noch von meinem Verlobten und den Hochzeitsplänen. Schließlich war sie davon überzeugt, dass ich die Wahrheit sagte, weil ich niemandem auch nur den geringsten Hinweis lieferte, dass ich eigentlich zurück nach Kanada wollte.

Etwas heikel wurde das Ganze, als mein Verlobter mich bat, gemeinsam mit ihm eine Wohnung auszusuchen. Er wollte eine Anzahlung leisten für ein Apartment, das für einen ledigen Mann viel zu groß war. Ich begann mir Sorgen zu machen, dass er – sollte mein Plan aufgehen und ich nach Kanada zurückkehren – diese riesige Wohnung am Hals hätte. Ich warnte ihn, riet ihm, sich etwas Passendes für sich zu suchen, denn wer wisse schon, wie es mit uns weitergehe – man wisse schließlich nie, was Allah noch so alles mit einem vorhabe. Was, wenn er am Ende eine andere Verlobte für ihn vorgesehen hatte, die meinen Geschmack, was Wohnungen betraf, überhaupt nicht teilte? Dass ich hoffte, Ägypten auf Nimmerwiedersehen zu verlassen, konnte ich ihm nicht sagen.

Na ja, redete ich mir schließlich ein, es war ja auch nicht verkehrt, eine hübsche große Wohnung zu haben. Ihm die ganze Wahrheit zu gestehen war einfach zu riskant.

Wir feierten unsere Verlobung mit einer Party und allem Drum and Dran. Ich trug einen Kranz aus künstlichen Blumen über meinem Hidschab … und fühlte mich so, wie ich aussah: wie eine Idiotin. Niemand hatte auch nur den blassesten Schimmer von meinem Plan. Und ich hatte keine Ahnung, ob er funktionieren würde, sodass ich vorsichtig den Spagat zwischen Heimkehr und einem möglichen Verbleib in Ägypten übte – nur für den Fall, dass ich es nicht schaffte.

Doch mein Plan, oder vielmehr ihrer, funktionierte. Meine Mutter erklärte sich einverstanden, mir ein Ticket zu schicken. Ich hatte es geschafft, meine Mutter so zu manipulieren, wie sie es oft mit mir getan hatte. Es war mir tatsächlich ein weiteres Mal gelungen, mein Schicksal in die eigene Hand zu nehmen. Ich hatte einen Entschluss gefasst und auf seine Realisierung hingearbeitet, und es hatte funktioniert. Vielleicht war es ja tatsächlich mein Verdienst und nicht bloß Glück!

Sobald ich das Ticket in Händen hielt, sagte ich meinem Verlobten Bescheid. Er war kein schlechter Kerl, aber auch keiner, für den ich mich je interessiert hätte. Und ganz sicher hatte ich nicht vor, meinen Cousin zu heiraten! In Ägypten – und in der gesamten muslimischen Welt – hielt man das für durchaus akzeptabel. Mein Bruder hätte beinahe seine Cousine ersten Grades geheiratet. Keiner denkt sich was dabei. Aber ich hatte einfach keine Lust, ein Kind mit drei Augen auf die Welt zu bringen. Ich erzählte ihm, dass ich nach Kanada zurückgehen würde und er das unbedingt geheim halten müsse. Und er dürfe keinesfalls glauben, er sei der Verlassene. Die *Schabka*, den Schmuck, den ein Bräutigam für seine Braut kauft, eine Art ägyptischer Brautgabe, gab ich ihm zurück.

»Wenn du mich verlässt, werde ich nie eine andere heiraten.«

»Aber natürlich wirst du das«, widersprach ich ihm seufzend. Warum machte er so ein Drama, wo wir uns doch kaum kannten?

»Nein. Ich werde allein sterben, und du bist schuld daran. Mit dieser Schuld wirst du leben müssen.«

Ich entschuldigte mich ausgiebig und sagte ihm Lebwohl. Obwohl ich mich schuldig fühlte, hatte ich nicht vor, mich von meinem Plan abbringen zu lassen. Beschwingt packte ich meine Reisetaschen.

»Weshalb nimmst du denn alles mit? Du bist doch nur einen Monat weg«, meinte meine kleine Cousine.

»Oh nein. Ich komme nicht zurück.«

»Was? Wirklich? Aber warum denn? Wann sehen wir uns wieder?«

»Oh, kann schon sein, dass ich in zehn Jahren oder so wiederkomme, aber bestimmt nicht in einem Monat!«

Wieder musste ich eine Cousine auf Verschwiegenheit einschwören. Ich wollte nicht, dass mich irgendetwas davon abhielt, den Flughafen zu erreichen. Zärtlich strich ich über mein Ticket, las immer wieder das Kleingedruckte, prägte mir das British-Airways-Logo ein und studierte abermals den Reiseplan. Dann zählte ich die Minuten bis zum Abflug.

# DAHEIM

Als ich endlich das Flugzeug bestieg, schwebte ich wie auf Wolken! Ich hatte mir vorgenommen, meiner Mutter das Gleiche zu sagen, was ich schon ihrer ebenso bösen Zwillingsschwester erzählt hatte: »Falls du nicht vorhast, mich eigenhändig an Bord dieses Flugzeugs zurück nach Ägypten zu tragen – ich geh nirgendwohin!«

Sobald ich in Kanada wäre, würde ich ein Studiendarlehen beantragen, das College besuchen und eine richtige Kindergärtnerin werden! Meine Zukunft war rosig, und ich würde nicht zulassen, dass mir noch mal jemand in die Quere kam!

Als die Maschine landete, suchte ich in der Menge nach meiner Mutter. Ich entdeckte sie und sah, dass sie ihren falschen Gatten als Begrüßungskomitee mitgebracht hatte. Am liebsten hätte ich mich übergeben.

Sobald wir in ihrer Wohnung waren, merkte ich, dass es zu meinem »Willkommen-Daheim-Essen« Lachs gab. Sie hatte ihn als ganzen Fisch, komplett mit Augen und allem, im Ofen gebacken. Widerlich. Sie wusste, dass ich Fisch nicht ausstehen konnte. Aber es war sein Lieblingsessen. Wahrscheinlich hatte sie meine Rückkehr als Vorwand benutzt, um ihn von seiner Frau loszueisen, und versuchte nun, seinen Beifall zu gewinnen. Ich weiß nicht, ob er sich unbehaglicher fühlte oder ich, doch unsere Gefühle lagen sicher nicht weit auseinander.

Voller Genuss und Schadenfreude verkündete ich ihr, dass ich nicht nach Ägypten zurückkehren würde. Eigentlich hatte ich es ihr erst sagen wollen, wenn es an den Rückflug ging, doch ich war so wütend, dass sie den Kerl, der mich brutal misshandelt hatte, mit zum Flughafen geschleppt und auch noch in die Wohnung eingeladen hatte, dass ich ihr meinen Triumph so schnell wie möglich unter die Nase reiben wollte.

Zunächst war sie verdattert.

»Aber die Hochzeit! Der Schmuck! Die Wohnung!« Sie kreischte beinahe.

»Ist mir alles egal«, erwiderte ich und starrte ihr direkt in die Augen.

Sofort schaltete sie um.

»Ich hab es gewusst«, sagte sie und klang nun düster und grausam. »Ich wusste, du bist ein krankes Rabenaas. Ich wusste, dass du das vorhattest! Du bist verflucht. Ohne meine Erlaubnis wirst du nie in den Himmel kommen! Und ich werde dafür sorgen, dass du auf ewig in der Hölle schmorst. Ich hab dich immer gehasst. Du bist nicht willkommen in meinem Haus! Raus mit dir, du dreckige Fotze!«

»Ich will ja auch gar nicht hier bleiben«, erwiderte ich. »Ich bin nur hier, weil ich nirgendwo anders hinkann.«

Ich hatte genug von ihrem Hass und widersetzte mich ihr auf eine Art, dass ihr das Hören und Sehen verging. In Ägypten war ich niemandes Tochter, und keiner sagte mir, was ich zu tun hatte. Ein ganzes Jahr lang hatte kein Mensch mich angebrüllt oder beleidigt, keiner mich erniedrigt. Ich hatte einen Vorgeschmack darauf erhalten, wie es war, wenn man wie ein Mensch behandelt wurde, und war nicht bereit, das wieder aufzugeben. Doch zunächst einmal saß ich im Haus meiner Mutter fest – zumindest fürs Erste.

Obwohl meine Mutter mich auf Schritt und Tritt bekämpfte, gelang es mir, ein Studiendarlehen zu ergattern und

Kurse an unserem örtlichen College zu belegen. Zwei Jahre war es her, dass ich Kanada verlassen hatte, sodass inzwischen alle meine Schulfreunde ihrer eigenen Wege gegangen und in alle Winde verstreut waren. Doch ich fand neue Freunde am College und begann sogar im Ein-Dollar-Laden des Einkaufszentrums gegenüber vom Campus zu jobben.

Eigentlich lief alles reibungslos. Ich plante nicht auf längere Sicht, sondern nahm die Dinge, wie sie kamen. Das ständige Geschrei meiner Mutter, was für eine Enttäuschung ich doch sei, versuchte ich zu ignorieren.

»Was willst du denn auf dem College? Willst du ausziehen, dir einen Job suchen und alleine leben wie eine Hure?«

»Ich will Schriftstellerin werden.«

»Du willst eine Lügnerin werden? Du weißt, dass Lügen *haram* ist?«

»*Schriftstellerin*, hab ich gesagt.«

»Ja, eine Lügnerin also. Schriftsteller erzählen doch nur Geschichten. Sind diese Geschichten etwa wahr? Nein, selbstverständlich nicht. Sie sind alle Lügner.«

Ich versuchte, es nicht an mich heranzulassen, doch ohne Erfolg. Schließlich änderte ich mein Hauptfach, wechselte von »Kreativem Schreiben« zu »Englischer Literatur«, damit sie endlich Ruhe gab. Später, als ich mich entschied, Englisch zu unterrichten, wechselte ich zur »Linguistik«. Der Lehrerberuf galt als akzeptable Laufbahn für eine muslimische Frau.

Ich verbrachte meine Tage mit dem Besuch von Lehrveranstaltungen und traf mich zwischendurch mit meinen Freundinnen. Eines Tages in der Cafeteria erzählte uns ein Mädchen namens Sarah ein wenig aus ihrem Leben. Die Familie war muslimisch, sodass es, sobald es um Jungs ging, immer diese »strengen« Regeln gab. Ich habe *streng* in Anführungszeichen gesetzt, weil ihr Familienleben, verglichen mit meinem, alles andere als streng war. Sie wünsche sich ein Tattoo von einem Ahornblatt, erzählte sie uns, weil sie so dankbar sei, in Kanada zu leben, und dass sie ihren Eltern andauernd die Stirn biete und vorhabe, mit ihrem Freund durchzubrennen.

Ich beneidete sie, wünschte mir, überhaupt einen Freund zu haben, mit dem ich durchbrennen könnte. Ich wollte so dringend weg, war aber viel zu ängstlich, um es allein zu wagen.

Die Leute, die ich am College kennenlernte, und ich saßen im gleichen Boot. Eines der Mädchen stammte aus einer strengen chinesischen Familie, die nächste aus einer strengen Sikh-Familie. Zwar verband uns der Wunsch, unserem jeweiligen Leben den Rücken zu kehren, doch um wirklich etwas zu ändern, hatten wir alle zu viel Angst. Keine von uns durfte die anderen zu Hause besuchen, sodass wir uns zwischen oder nach den Veranstaltungen in diesem Einkaufszentrum herumtrieben. Doch wir spornten einander nicht an, tatsächlich wegzulaufen – keine von uns hatte, wenn es drauf ankam, wirklich den Mut dazu.

Ich versuchte, alte Freunde wiederzufinden, die mir womöglich helfen konnten. Allerdings war das damals nicht einfach. Man musste hoffen, dass die Festnetznummer noch die gleiche war, die Eltern anrufen und sich bei ihnen nach den neuen Kontaktdaten erkundigen.

Natürlich rief ich als Erstes Tiffany an, aber ihre Eltern erzählten mir, dass sie inzwischen mit ihrem Freund in Schweden lebe. Also kontaktierte ich andere enge Freunde. Einer war mit seiner Freundin nach Vancouver Island gezogen, ein anderer lebte mittlerweile in Montreal. Nirgends bot sich ein Rettungsanker.

Verlobungsparty meiner Eltern (~1968)

Damals war ich noch kitzelig (~1977)

Glücklichere Tage, als man Haare und Haut noch zeigen durfte (~1978). Ich bin die Kleine links.

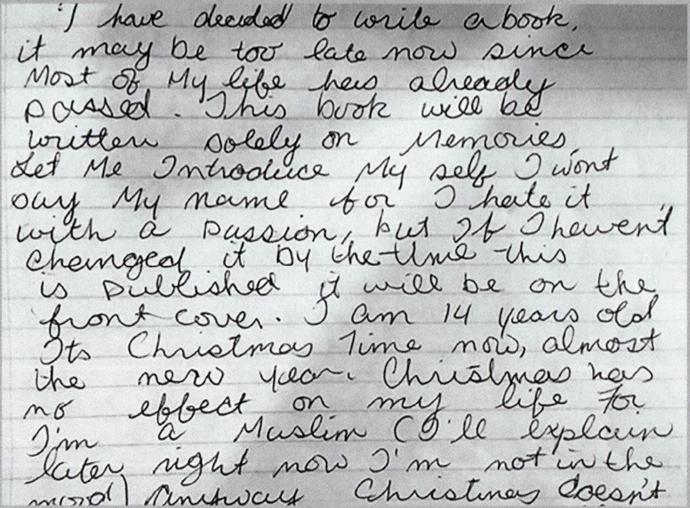

'I have decided to write a book,
it may be too late now since
Most of My life has already
passed. This book will be
written solely on Memories
Let Me Introduce My self I wont
say My name for I hate it
with a passion, but If I haven't
changed it by the time this
is published it will be on the
front cover. I am 14 years old
Its Christmas Time now, almost
the new year. Christmas has
no effect on my life for
I'm a Muslim (I'll explain
later right now I'm not in the
mood) Anyway Christmas doesn't

Auszug aus einem Tagebucheintrag (~1988)

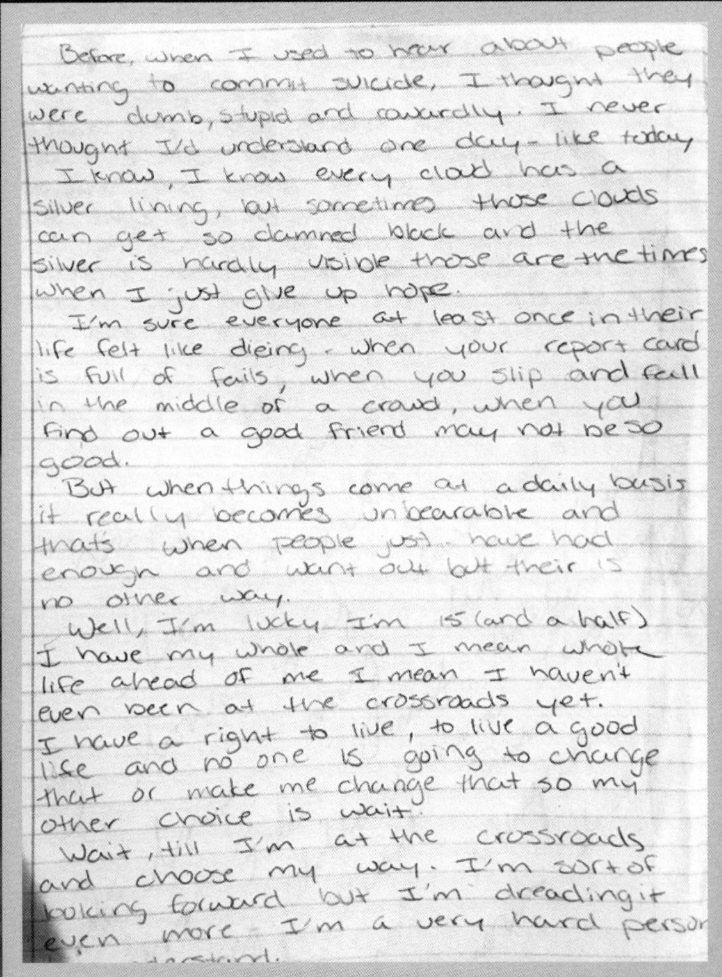

Before, when I used to hear about people wanting to commit suicide, I thought they were dumb, stupid and cowardly. I never thought I'd understand one day - like today

I know, I know every cloud has a silver lining, but sometimes those clouds can get so damned black and the silver is hardly visible those are the times when I just give up hope.

I'm sure everyone at least once in their life felt like dieing - when your report card is full of fails, when you slip and fall in the middle of a crowd, when you find out a good friend may not be so good.

But when things come at a daily basis it really becomes unbearable and that's when people just have had enough and want out but their is no other way.

Well, I'm lucky I'm 15 (and a half) I have my whole and I mean whole life ahead of me I mean I haven't even been at the crossroads yet. I have a right to live, to live a good life and no one is going to change that or make me change that so my other choice is wait.

Wait, till I'm at the crossroads and choose my way. I'm sort of looking forward but I'm dreading it even more. I'm a very hard person to understand.

Ein weiterer Tagebuch-Auszug (~1999)

Mit Freundinnen von der Highschool, Tiffany sitzt links von mir (~1992)

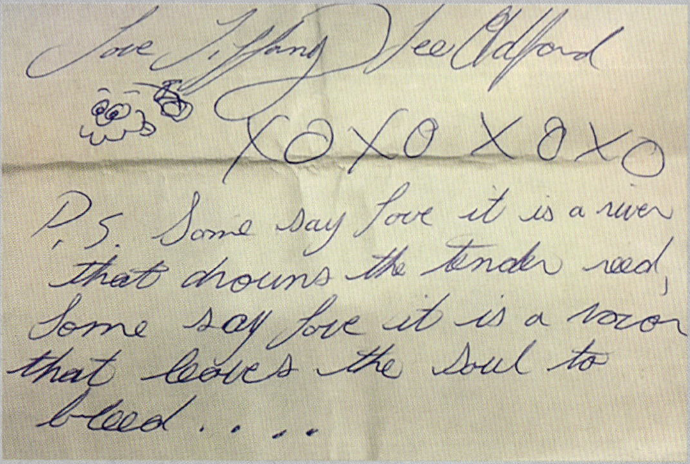

Love Tiffany Dee Oldford

XOXO XOXO

P.S. Some say love it is a river
that drowns the tender reed,
Some say love it is a razor
that leaves the soul to
bleed . . .

Auszug aus einem Brief von Tiffany, den sie mir schrieb, als ich in Ägypten festsaß (~1993)

Essam Marzouk in einem ägyptischen Gefängnis (1997)

Essam Marzouk, Foto des FBI (Datum unbekannt)

Ich und Tosha (links von mir) mit Freunden in einem Club (2002)

Ich und Tiffany und unsere Mädels (2006)

Hochzeitsempfang (2007)

Bei all den Feiertagen, die ich früher nie feiern durfte, legen wir uns heute richtig ins Zeug (Weihnachten 2012)

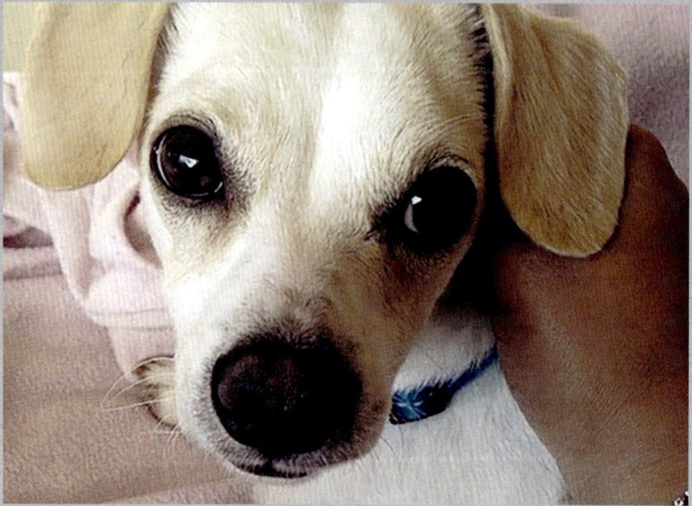

Hunde gelten im Islam als schmutzig, aber wir lieben unseren kleinen Norbert.

Eines Tages begegnete ich einem alten Freund aus der Highschool. Und da ich mich am betreffenden Tag besonders mutig fühlte, erzählte ich ihm, dass ich immer in ihn verknallt gewesen sei, worauf er unverblümt meinte, dass *er* keinerlei Anziehung verspüre.

*Klar, er findet mich nicht attraktiv, und das wird auch sonst niemand tun.*

Wir waren nur gute Freunde gewesen, und er war nicht bereit, über mein grässliches Äußeres hinwegzusehen. Und wie sollte auch jemand dieses Ding auf meinem Kopf ignorieren, mich attraktiv finden und mit mir zusammen sein wollen, wenn nicht einmal meine besten Freunde das konnten?

Nach einem Märchenprinzen zu suchen, der mir half, mich aus meiner Situation zu befreien, war einfach kein realistisches Ziel. Kein Märchenprinz würde sich für diesen Schlammassel interessieren, und ich war nicht selbstbewusst oder mutig genug, mir vorzustellen, dass ich auch alleine abhauen konnte. Ich sah einfach keinen Ausweg aus meinem Dilemma.

Die einzige Konstante seit meiner Rückkehr aus Ägypten war der Dauerbeschuss durch meine Mutter, die mich fortwährend drängte, sie nicht weiter zum Gespött zu machen und endlich zu heiraten. Inzwischen war ich fast zwanzig, hatte mein Verfallsdatum längst überschritten, und allmählich wurde das Ganze lächerlich.

»Wem willst du denn was vormachen mit deinem College-Besuch? Und wozu? Was soll das? Glaubst du, du kannst einfach ausziehen und dir deinen Lebensunterhalt verdienen? Hör auf mit dem Unsinn, und heirate endlich, wie es eine anständige Frau tut!«

Es war unser tägliches Ritual, und irgendwann hatte sie mich so weit. Da ich keinerlei sonstige Unterstützung hatte, brach ich unter dem nicht enden wollenden Sperrfeuer ihrer Kritik zusammen.

*Es stimmt. Wem will ich was vormachen? Was will ich überhaupt? Da sowieso kein normaler Junge mich je mögen wird, kann ich genauso gut einwilligen und mir die widerlichen Typen ansehen, die sie immer anschleppt.*

Ich traf einige von ihnen, und einer war schlimmer als der andere. Ich fand es unerträglich, einfach aufzugeben, hatte aber auch das Kämpfen satt. Tatsächlich war ich erschöpft. Noch immer wünschte ich mir die Liebe meiner Mom. Noch immer wollte ich, dass sie stolz auf mich war. Aber ich wünschte mir, zur Abwechslung, auch mal ein unkompliziertes, ruhiges Leben. Ich wollte diesen ständigen Kampf, der in meinem Herzen, meiner Seele, meinem Geist tobte, besänftigen.

Wozu kämpfte ich überhaupt? Was war denn letztlich das Ziel? Das, was ich mir wirklich und mehr als alles andere wünschte, waren Liebe und Akzeptanz. Und die einzige Möglichkeit, sie zu bekommen – so schien es mir –, war, loszulassen und meiner Mutter zu gehorchen.

Ich beschloss, ihr endlich unvoreingenommen zuzuhören. Keine Kämpfe mehr. Ich würde ihr folgen auf ihrem Pfad und sehen, wohin er mich führte. Vielleicht fand ich ja dann die so ersehnte Ruhe und Liebe. Und vielleicht musste sie mich, wenn ich alles tat, was sie sich wünschte, auch endlich nicht mehr so angewidert betrachten. Vielleicht würde sie mich sogar lieben.

Vielleicht würde ich endlich erfahren, wie es sich anfühlte, meine Schwester zu sein.

Meine folgsame große Schwester hatte brav den Sohn des Mannes geheiratet, der mich als Kind missbraucht hatte. Ich erinnere mich, wie entsetzt ich gewesen war und meine Mutter quasi verhört hatte.

»Wen sie heiratet, geht dich gar nichts an.«

»Hast du ihr erzählt, was ihr zukünftiger Schwiegervater mit mir gemacht hat?«

»Ich weiß nicht, was er mit dir gemacht hat.« Damit leugnete sie es endgültig.

Jahre später, nachdem meine Schwester ihn geheiratet und drei Kinder von ihm hatte, nachdem er sie unzählige Male betrogen und sich schließlich von ihr hatte scheiden lassen, entdeckte sie mich auf Facebook, und ich erzählte ihr die Wahrheit.

»Und warum hat er das nie mit mir gemacht?« Das war ihre Reaktion: leugnen und ablenken. Ich weiß gar nicht, weshalb ich so verletzt war, schließlich hätte ich es wissen müssen. Es war, als hätte sie durch den Computer gegriffen und mir ein Messer ins Gesicht und ins Herz gerammt. Nach all den Jahren hatte ich endlich den Mut gefunden, es auszusprechen, und sie reagierte so!

Meine Schwester gehörte nie zu den Menschen, zu denen ich aufblickte, doch sie war der Augapfel meiner Mutter. Ich hätte gern gewusst, wie sich das anfühlte.

Meine Schwester hatte sich nie wegen irgendetwas mit meiner Mutter angelegt; sie gehorchte stets und folgte Mutters Ratschlägen, egal, wie bescheuert sie waren. Nach ihrem Dammschnitt riet ihr meine Mutter, sich in eine Badewanne voller Salzwasser zu setzen, und sie tat es. Ich weiß noch, wie ich sie mit großen Augen anstarrte, als sie mir davon erzählte.

»Du hast also buchstäblich Salz in eine offene Wunde gestreut, Reema, wie konntest du nur?«

»Mama hat es verlangt.«

»Ja, aber du hättest doch wissen müssen, dass das wehtut.«

»Ich habe es mir schon gedacht, aber Mama weiß es am besten, sodass ich geglaubt habe, vielleicht irre ich mich.«

»Wie kannst du ihr nur die ganze Zeit so blind vertrauen?« Ich konnte einfach nicht begreifen, dass jemand, mit dem ich dasselbe genetische Material teilte, das völlige Gegenteil von mir sein konnte.

Meine Schwester änderte sich einfach nie. Sie folgte meiner Mom, auch wenn deren Rat sie in schwarze Löcher und abgrundtiefes Elend führte. So überredete meine Mom sie, ihre Kinder bei der Scheidung dem Vater zu überlassen, weil »kein Mann eine Frau mit drei Kindern haben will.« Daraufhin nahm er die Kinder und flog um die halbe Welt in ein muslimisches Land, wo er mehrere Frauen heiraten konnte.

Als ich meine Nichten das letzte Mal sah, war die jüngste vier, und sie und ihre Schwester trugen bereits den Hidschab.

Doch vorerst wusste ich das alles noch nicht. Ich wusste lediglich, dass meine Schwester die gefeierte und geliebte Tochter war und ich die elende Nervensäge. Also beschloss ich, mir an meiner Schwester ein Beispiel zu nehmen und zu gehorchen.

# UNTERWERFUNG III

Ich traf weiterhin einen Kandidaten nach dem anderen und lehnte alle aus verschiedenen Gründen ab. Ich wollte ja gern die Ehe eingehen, um meine Mutter zufriedenzustellen, aber derjenige, mit dem ich das tat, sollte doch wenigstens ein anständiger Mensch sein.

Wieder einmal saßen wir mit einem Bewerber zu einem Meet and Greet beisammen. Als er und meine Mom ins Arabische wechselten, schaltete ich ab. Einen Mann, der kein Englisch konnte – hatte ich für mich beschlossen –, würde ich nicht heiraten, sodass ich mental schon ausgecheckt hatte. Noch so ein Blindgänger. Während ich aufs Teppichmuster starrte und an eine der Hausaufgaben dachte, an denen ich eigentlich arbeiten sollte, schrak ich zusammen, als meine Mutter plötzlich aufsprang.

»Du bist es! Du bist der, nach dem ich mein Leben lang gesucht habe!«

Ich sah zu dem Typen hinüber, der genauso überrascht wirkte, wie ich es war. Ich habe keine Ahnung, was er zu ihr gesagt hatte, um sie derart in Aufruhr zu versetzen, aber von *dem* war sie nun eindeutig begeistert.

Später setzte sie alles daran, mich zu einer Heirat mit ihm zu überreden, doch ich weigerte mich standhaft. Er war mir zuwider.

»Nein. Das tue ich nicht. Er kann ja nicht mal Englisch!«

Es ging so weit, dass sie drohte, mich rauszuschmeißen,

aber ich ließ mich immer noch nicht überzeugen. Schließlich probierte sie eine andere Taktik.

»Ich hab immer nur für euch gelebt. Ich konnte nie mein eigenes Leben führen, weil ich es eurem Glück zuliebe geopfert habe. Ich hätte euch alle bei eurem Vater lassen, wieder heiraten, mein Leben genießen, euch vergessen können – so, wie er es getan hat! Stattdessen hab ich es als alleinerziehende Mutter von drei undankbaren Bälgern, nur wegen euch, allein in einem fremden Land ausgehalten. Ich verlange nur eines von dir, und nicht mal dazu bist du imstande?«

Schuldgefühle und emotionale Erpressung waren effektiver als Drohungen. Ich wollte meine Mutter wirklich zufriedenstellen. Ich dachte, vielleicht ist es das. Vielleicht wird sie mich, wenn ich diesen Kerl heirate, endlich lieben … oder wenigstens nicht mehr so furchtbar hassen. Obwohl ich langsam weich wurde, konnte ich mich immer noch nicht zu einer Einwilligung durchringen.

»Tu es für mich«, bat sie. »Ich kann ihn nicht heiraten, aber wenn du ihn heiratest und ich bei euch wohne, kann ich mit ihm zusammen sein.«

Es war schon sehr merkwürdig, dass sie so etwas sagte, aber noch immer war ich es nicht gewohnt, sie ernsthaft herauszufordern.

Noch Monate später traf sie ihn, ohne dass ich dabei war: angeblich, um ihm meinetwegen auf den Zahn zu fühlen.

»Du verschwendest deine Zeit. Ich werd ihn nicht heiraten.«

»Das tue ich nicht, ich unterhalte mich gern mit ihm. Du bist so dumm. Du weißt gar nicht, was für einen tollen Mann du da ablehnst. Einen wie ihn findest du nie wieder. Ich hab Erfahrung. Ich kenne die Männer! Du hast keine Ahnung.

Aber ich sag dir: Einen so guten findest du nie wieder. Dein Trotz wird dir noch leidtun.«

Das waren starke Worte. Und da man mich nie gelehrt hatte, etwas auf die eigene Meinung zu geben, fand ich es sehr beängstigend, so etwas gesagt zu bekommen. Meine Mom wusste sicherlich mehr als ich, und ich hatte Angst, einen Fehler zu machen, weigerte mich jedoch nach wie vor.

Doch der Druck ließ nicht nach. Hatte ich sie früher schon für eine giftige Schlange gehalten, so war das nichts im Vergleich zu dem, was sie inzwischen geworden war. Während der nächsten paar Monate, in denen sie mich zur Ehe mit diesem Mann drängte, war sie absolut skrupellos.

Zusätzlicher Druck kam von seiner Seite. Immer wieder erzählte er ihr, er habe geträumt, dass ich ihm aus dem Koran vorläse, sowie von anderen Zeichen, die alle bewiesen, dass ich ihn heiraten solle.

Sie spielte jeden ihrer Trümpfe aus, um mich emotional zu erpressen, nutzte jede Nötigungstaktik, die ihr zur Verfügung stand. So weigerte sie sich, mir eine Antwort zu geben, wenn ich mit ihr sprach, aß sogar abends außer Haus und kaufte keine Lebensmittel mehr ein. Sie ignorierte mich völlig, es sei denn, um mich anzuschreien oder vor mir auszuspucken, weil ich sie enttäusche und ihr das Herz breche.

Der Islam lehrt uns, dass sich »der Himmel unter den Füßen unserer Mütter befindet«. Wenn deine Mutter nicht einverstanden ist, kommst du nicht in den Himmel. Dieser Satz beherrschte mein Leben. Ich war wie gelähmt vor Angst, dass sie mir meine Chance auf den Himmel einfach aberkennen und mich zur ewigen Höllenqual verdammen könnte. Die Macht dazu hatte sie. Für mich war sie die physische Manifestation Allahs. Die Liebe zu Allah, ebenso wie die Furcht, die ich vor ihm haben sollte, empfand ich im Grunde für meine Mutter. Mein jenseitiges Leben lag in ihren Händen.

»Du wirst im ewigen Höllenfeuer brennen, verlass dich drauf. Wenn du ihn nicht heiratest, werde ich verhindern, dass du je einen Fuß in den Himmel setzt. Nie wirst du den Duft der Himmelsluft riechen, und ich will nie wieder etwas mit dir zu tun haben. Nicht mal zu meiner Beerdigung darfst du kommen! Ich sorge dafür, dass alle wissen, dass du nicht mehr meine Tochter bist.«

Das war ihre *Pièce de Résistance*, ihre Trumpfkarte. »Nie wirst du den Himmel sehen, sondern stattdessen in alle Ewigkeit in der Hölle schmoren.« Wie widersetzt man sich einem derartigen Zwang?

Meine Mom verkörperte ein seltsames Paradoxon. Bei mir habe ich sie stets »die verfolgte Prinzessin« genannt. Immer schaffte sie es, irgendwie überlegen zu wirken und gleichzeitig das Opfer zu sein. Ich brauchte sehr lange, um diese Zweiteilung zu begreifen.

Inzwischen habe ich erkannt, dass sie mit dieser Haltung nicht alleine ist. Ich kenne viele Muslime, die sich bequem in dieser Nische einrichten. Und in den Fernsehnachrichten sieht man Muslime, die wegen einer Cola light, weil sie jemandem die Hand schütteln sollen oder wenn sie darauf beharren, während der Einbürgerung ihr Gesicht zu verschleiern, wütend und auf Konfrontation gebürstet sind.

Forderungen an ein Land zu erheben, dessen Staatsbürgerschaft man noch nicht einmal besitzt, ist gleichzeitig anmaßend und extrem herablassend. Dennoch werden all diese Situationen unerklärlicherweise als Fälle von Diskriminierung dargestellt. Wie kann das sein? Wie kann jemand Opfer sein und sich gleichzeitig in eine Aura von Überlegenheit und Stolz hüllen, die doch gewiss den behaupteten Opferstatus infrage stellt?

Das Merkwürdigste dabei ist, dass sie damit Erfolg haben. Weil ihre Haut braun ist, werden sie automatisch als diskriminierte Minderheit betrachtet. Und sie nutzen diese widersinnige weiße Schuld zu ihrem Vorteil.

Eine Frau forderte in Kanada das Recht ein, während ihrer Einbürgerungszeremonie ihr Gesicht zu bedecken. Letztendlich gelang es ihr auf diese Weise (noch ehe sie Bürgerin war), unsere Gesetze zu ändern. Sie selbst weiß nur zu gut, dass sie in Kanada nicht diskriminiert wird. Sie weiß, dass sie eine Tyrannin ist. Doch sie spielt gerne das Opfer, solange die Scharade nur ihren Zweck erfüllt.

Oder denken Sie an die muslimische Demonstrantengruppe im Vereinigten Königreich, die sich ärgerte, weil die Ehefrau eines bekannten Terroristen von der Polizei in Gewahrsam genommen und verhört wurde. Laut und aggressiv brüllten sie in ihre Megafone: »Fahr zur Hölle, UK. Zur Hölle mit euch, britische Bullen.« Und sie schwenkten schwarze Flaggen, hielten Schilder in die Höhe, auf denen man lesen konnte: *Die Scharia ist die Antwort*, und *Britische Polizisten sind Terroristen und Extremisten*. Nachdem eine Frau im Nikab eine Britin zusammengestaucht hatte, weil sie »nackt« auf der Straße rumlaufe (tatsächlich trug die Frau ein langes Kleid), sie gefragt hatte: »Wen willst du denn verführen?«, und ihr befohlen hatte: »Zieh dir mal was an!«, erklärten die Demonstranten als Nächstes, dass ihre Demo eine »Botschaft zur Abschaffung der Unterdrückung« sei. Die Ironie dabei wäre zum Lachen, wenn sie nicht so traurig wäre.

Ich weiß nicht, welche Hochschule für Gehirnwäsche sie absolviert haben, die allen denselben Modus Operandi eingetrichtert hat, doch in den Nachrichten entdecke ich heute überall Klone meiner Mutter. Christopher Hitchens bezeichnet es als das »horrible Trio aus Selbsthass, Selbstgerechtigkeit und Selbstmitleid.« Man könnte meinen, er sei von Muslimen aufgezogen worden. Wie konnte er den Nagel derart auf den Kopf treffen?

Ich hatte den zusätzlichen Vorteil, von jemandem erzogen worden zu sein, der insofern überlegen war, als er nicht nur von Haus aus Arabisch sprach (Allah hat entschieden, den Koran auf Arabisch zu offenbaren, weil er die Araber allen anderen vorzieht. Im Koran erklärt Allah, dass er seinen Propheten aus dem »besten der Völker« [den Arabern] erwählt habe. Gebete dürfen nur auf Arabisch und in Richtung Arabien verrichtet werden etc.), sondern meine Mutter war darüber hinaus auch noch ägyptischer Herkunft. Die Ägypter halten sich und ihr Land für die »Mutter der Welt«. Meine Mutter hatte einen Gotteskomplex, der es locker mit dem Mohammeds aufnehmen konnte.

Sie setzte mich unter ständigen, unablässigen Druck, indem sie zwischen »Weh mir, du gönnst mir kein Glück« und »Hoffentlich gefällt's dir in der Hölle, denn Glück wirst du nie erleben« hin- und herschwankte.

Natürlich war ich der andauernden Attacken müde. Es war das Gegenteil von dem, was ich wollte. Ich wollte Frieden, wollte von ihr geliebt und akzeptiert werden. Irgendwann, dachte ich, würde sie wohl nachgeben, doch sie tat es nicht, und das toxische Heim, in dem ich lebte, wurde unerträglich. Ich wünschte mir nur noch, dass sie mich nicht mehr hasste.

Unter Tränen sagte ich ihr, dass ich aufgäbe. Meine Tränen taten ihrer Begeisterung keinen Abbruch. Seit langem hatte ich die Hoffnung, meine Mutter könne mich beschützen, aufgegeben, doch dies war ein weiterer Tiefpunkt. Und ich erkannte, dass meine Mutter mich – um der Befriedigung ihrer eigenen Wünsche willen – ohne weiteres in Situationen bringen würde, vor denen mir graute. Sie umarmte mich und erklärte mir, dass ich sie nun doch noch stolz gemacht habe und wie glücklich sie darüber sei, dass ich nun endlich die richtige Entscheidung treffe.

Am liebsten hätte ich mich übergeben, so verzweifelt war ich darüber, dass sie nicht einmal spürte, wie elend es mir zumute war, und sich erst recht nichts daraus machte. Einzig und allein ihre eigenen Bedürfnisse zählten.

Aber vielleicht würde ich jetzt ja endlich erleben, wie es sich anfühlte, von einem Elternteil geliebt zu werden.

***

Kurz darauf fand die *Katb El Kitab* (die islamische Hochzeitszeremonie) statt. Dabei handelt es sich um eine verbindliche Vereinbarung zwischen den Familien von Braut und Bräutigam, dass die Familie des Bräutigams eine bestimmte Brautgabe, in meinem Falle einen Koran, zur Verfügung stellen wird – man versicherte mir, dass es das wertvollste Geschenk sei, das er mir machen könne. Weder er noch meine Mutter wollten zugeben, dass es eine von Millionen saudischer Printausgaben war, die überall auf der Welt produziert und kostenlos verteilt wurden.

Essam hatte mit meiner Mutter vereinbart, die Ehe nicht zu vollziehen, bis wir nach kanadischem Recht standesamtlich getraut waren. Durch die *Katb El Kitab*-Zeremonie war es jedoch *halal* (erlaubt), dass wir uns zu zweit in einem Zimmer aufhielten.

Er kam regelmäßig zum Englischlernen zu uns und versuchte mich dazu zu bringen, ihm einen runterzuholen oder zu blasen. Doch seine Bitten waren vergeblich, denn ich hatte keine Ahnung, wie ich seinen Wünschen entsprechen sollte – ich hatte ja noch nicht mal einen Mann geküsst.

Allerdings war er in dieser »Kennenlernphase« nicht nur furchtbar. Ja, er rief mich sogar an meinem Geburtstag an – was quasi ein Akt der Rebellion war, da Geburtstage als *haram* galten und nicht gefeiert werden sollten.

Ich habe mich oft gefragt, warum er sich damals so zurückhielt. Fürchtete er, gegen die Bedingungen des Vertrags zu verstoßen, den er mit meiner Mutter geschlossen hatte? Hatte er Angst, dass sie die Hochzeit abblasen könnte? Die Heirat mit mir war schließlich sein Essenscoupon, sein Weg zur kanadischen Staatsbürgerschaft. Sobald es einmal amtlich war, spielte das alles natürlich keine Rolle mehr: Er nahm mich mit Gewalt, wie es nach islamischem Gesetz sein Recht war.

Die islamische Zeremonie war eine irgendwie seltsame, blöde »Trauung«. Die Frauen saßen oben, die Männer unten; nicht mal den Menschen, den ich da heiratete, konnte ich sehen. Ich hockte nur, vom Scheitel bis zu den Zehenspitzen in Schwarz gehüllt, im Wohnzimmer. Der Imam stellte die vorgeschriebenen Fragen. Meine Zustimmung war überhaupt nicht nötig – denn Schweigen bedeutet nach islamischem Recht Zustimmung –, und binnen Minuten war ich seine Frau, sein Eigentum.

Im Schlafzimmer ihres falschen Gatten, wo man mich schon als Kind abscheulichem Missbrauch unterworfen hatte, wurde ich nun – passenderweise – erneut in eine schändliche Situation gezwungen: die Feier meiner Eheschließung. Ich hockte da, während fremde Frauen mir die Haare machten und mich schminkten. Immer wieder schluchzte ich und ruinierte ihre

Arbeit, doch sie besserten einfach nach. Nicht eine der herzlosen Hexen wunderte sich, dass dieses junge Mädchen in einem fort weinte. Nicht einer von ihnen kam in den Sinn, meine Mutter zu fragen: »Was machst du denn da?« Wahrscheinlich, weil sie alle ihren Töchtern, ohne zu zögern, das Gleiche angetan hätten.

Es gab etwas zu essen, jedoch keine Musik, denn die ist *haram*. Es wurden auch keine Fotos geschossen, weil der Idiot, den ich gleich heiraten würde, meinte, dass auch Fotos *haram* seien. Alles mit Gesichtern darauf ist verboten, sogar Puppen.

Ich schaffte es einfach nicht mehr, die Tränen zurückzuhalten. Ich musste loslassen, dem Druck nachgeben, oder das Ganze würde in einer ausgewachsenen Panikattacke enden, und die galt es unbedingt zu vermeiden. Panikattacken sind einfach zu schmerzhaft und zu beängstigend.

Obwohl ich wusste, dass meine Mom sauer sein würde, weil ich sie blamierte, ließ ich alles raus, würgte all die zurückgehaltenen Tränen hervor – und die Gäste drehten mir den Rücken zu. Wahrscheinlich waren sie verlegen und fanden es unbehaglich, mich heulend da sitzen zu sehen, sodass sie mich einfach ignorierten und weiteres Essen auf ihre Teller häuften. Ich saß da, starrte auf die surreale Szene und bemühte mich angestrengt, nicht in Ohnmacht zu fallen.

Viele Jahre später, nach Aufkommen des Internets, stieß ich auf zahllose Bilder muslimischer Bräute, die auf ihren Hochzeiten heulten. So allein ich mich an jenem Tag auch fühlte, inzwischen weiß ich, dass ich es nicht war. Ich gesellte mich zu all den Millionen von Mädchen vor und nach mir, die in ungewollte Ehen gezwungen wurden. Es sind keine Tränen der Freude wie bei so vielen westlichen Hochzeiten. Nein, es sind Tränen der Angst, des Verrats und der Hoffnungslosigkeit.

Das hier war etwas völlig anderes als die Zwangsheirat in Ägypten, die ich hatte verhindern können. Essam war kein netter Kerl, sondern düster und bedrohlich. Nie spürte ich irgendeine positive Energie bei ihm. Ich wollte einfach nur eine möglichst große Entfernung zwischen uns bringen. Man hatte mir erzählt, er sei fünf Jahre älter als ich, doch viele Jahre später erfuhr ich aus seinem Wikipedia-Eintrag, dass er in Wahrheit vierzehn Jahre älter war! Noch eine Lüge, die meine Mutter mir aufgetischt hatte.

Ich versuchte, optimistisch zu sein, Gründe zu finden, um mein Schicksal zu akzeptieren. Ich rief mir in Erinnerung, dass geschiedene Frauen in der islamischen Welt viel größere Freiheiten genießen. Sobald sie keine Jungfrauen mehr sind, interessiert sich keiner mehr für sie. Sie sind gebrauchte Ware. Also würde ich mich um meine Ehe bemühen (auch wenn sie nicht funktionieren würde, denn so konnte ich meiner Mutter beweisen, dass ich es versucht hatte), und nach unserer Scheidung würden sie mich in Ruhe lassen. Und vielleicht, dachte ich, würde sogar ein Baby für mich dabei herausspringen. Mein ganz eigenes Geschöpf, das ich lieben konnte und das meine Liebe – endlich – erwidern würde.

Später erfuhr ich, dass diese Gefühle, diese Rationalisierungen, die ich mir zurechtlegte, überaus verbreitet waren. Ich traf mich mit Frauen, las über Frauen, die sich, als sie sich in exakt der gleichen Situation befunden hatten, auch genau die gleichen Dinge eingeredet hatten. Es ist schon ein trauriges Band, das einen mit so vielen verbindet. Wie unglaublich und absolut allein sich doch jede von uns fühlte, während es in Wahrheit rund um den Globus Millionen von uns gab!

Die Tradition des *Katb El Kitab* begann, als Mohammed die sechsjährige Aischa heiraten wollte. Geregelt durch einen Vertrag wurde sie gemäß dem islamischen Gesetz die Seine, doch er sollte die Ehe nicht vor dem vereinbarten Zeitpunkt vollziehen, sprich dem Beginn ihrer Menstruation. Laut Hadith trat dieser schicksalhafte Tag ein, als Aischa neun Jahre alt war. Es ist gewiss nicht undenkbar, dass ein Mädchen bereits mit neun seine Periode bekommt, aber es ist schon verdächtig jung. Das Durchschnittsalter beträgt zwölf Jahre. Lächerlicherweise behaupten Islam-Apologeten beharrlich, in der Wüste reiften die Mädchen rascher, was aber einfach nicht stimmt. Trotz seines viel beschworenen Rufes, das perfekte Muster eines Menschen für die gesamte Erdbevölkerung und alle Zeiten zu sein, hat Mohammeds Entscheidung, ein Kind zu vergewaltigen, im Laufe der letzten vierzehnhundert Jahre das Leben von Millionen, wenn nicht Milliarden Mädchen auf diesem Planeten ruiniert.

# GEWALT II

Der ursprüngliche Plan war, zu dritt zusammenzuziehen, denn so hätte meine Mom mit diesem Scheusal zusammenleben können, dem sie auf Biegen und Brechen nahe sein wollte. Doch da sich die Wohnungssuche als schwierig erwies, entschieden wir uns für zwei Apartments im selben Gebäude. Meine Mutter wohnte in einer der unteren Etagen, das Scheusal und ich im siebzehnten, dem obersten Stockwerk.

Bereits während der ersten Woche unserer Ehe kam er einmal nach Hause und stellte erbost fest, dass ich – an einem schönen sonnigen Tag – die Vorhänge weit aufgerissen hatte.

»Bist du ein Flittchen?«

»Wie?« Ich hatte keine Ahnung, wovon er sprach.

»Willst du etwa, dass alle mitkriegen, wie du hier mit unbedecktem Haar herumstolzierst?«

»Ich war heute noch gar nicht draußen.«

»Die Fenster! Glaubst du, die Leute können dich nicht sehen? Hast du etwa gedacht, da kann man nur rausgucken? Bist du bescheuert, wie eine halbnackte Nutte hier rumzulaufen?!«

»Wir sind hier im siebzehnten Stock!« Endlich hatte ich sein Problem kapiert. »Keiner kann bis zum siebzehnten Stock hoch- und dann noch hier reingucken! Machst du dir etwa Sorgen wegen irgendeinem Hubschrauberpiloten, der vielleicht zufällig hier vorbei…«

Und in diesem Moment schlug er zu. Ich war nicht völlig überrascht, da ich es seit Kindesbeinen nicht anders kannte. Es war eher etwas wie Enttäuschung, nach dem Motto: *Ah toll, das schon wieder.* Zwar bildete ich mir nicht ein, dass die Heirat mit ihm ein Ausweg aus meinem gewaltgeprägten Leben sein könnte, doch es wäre eine nette Überraschung gewesen.

»Oh, warte, warte, bis ich es meiner Mutter erzähle!«, rief ich aus. »Das ist das Ende. Wie kannst du es wagen, mich anzurühren!«

Ich packte eine Tasche, während ich ihm meinen Plan vor den Latz knallte: nämlich auf Nimmerwiedersehen zu meiner Mutter zurückzukehren. Als ich mit dem Aufzug nach unten fuhr, war ich ganz aus dem Häuschen. Ich hatte eine super Entschuldigung! Das war ja ein Kinderspiel gewesen. Nur eine Woche hatte er gebraucht, um alles zu vergeigen!

»Na und?«, meinte sie lässig. »Weißt du nicht, dass es für Allah *halal* – also erlaubt – ist, dass ein Mann seine Frau züchtigt? Kennst du nicht mal deinen Koran? Wie kannst du denn Muslimin sein und so was nicht wissen? Er hat nichts Unrechtes getan.«

»Er ist ein Irrer! Er bildet sich ein, dass mich jemand da oben im siebzehnten Stock sehen kann – ohne meinen Hidschab auf dem Kopf! Ich geh nie wieder da hoch!«

»Oh doch, das wirst du. Du kannst nicht hier bleiben.«

»Warum tust du das? Warum beschützt du mich nicht?«

»Wovor denn beschützen? Vor deinem Mann? Du gehörst *ihm*, und er hat jedes Recht, mit dir anzustellen, was immer er möchte.«

»Seine Rechte sind mir völlig schnuppe. Ich werde nicht mit ihm zusammenleben.«

Mehrere Tage blieb ich in der Wohnung meiner Mutter, während sie die Sache auszubügeln versuchte. Doch es gab nichts auszubügeln. Er war nicht bereit, sich zu entschuldigen, weil er im Recht war. Und meine Mutter schlug sich völlig auf seine Seite. Laut Koran, Sure 4:34 wies Allah die Männer an, ihre »aufsässigen« oder »ungehorsamen« Ehefrauen zu schlagen.

Ich befand mich in der Minderheit und hatte Angst. Wie sollte ich gegen klare Anweisungen Allahs ankämpfen? Nach wie vor aber weigerte ich mich, wieder zu meinem Mann hinaufzugehen.

»Okay«, sagte meine Mutter. Nachdem ihre Einschüchterungstaktik nicht funktioniert hatte, kehrte sie zu ihrer bewährten Methode emotionaler Erpressung zurück. »Bleib einfach noch eine Weile bei ihm. Wenn die Ehe schon so früh auseinandergeht, glauben alle, er hat sich scheiden lassen, weil du keine Jungfrau mehr warst.«

»Mir doch egal, was die Leute denken!«

»Aber mir nicht! Ich werde geachtet in dieser Gemeinde. Willst du meinen Namen in den Dreck ziehen? Willst du, dass ich entehrt bin – nach allem, was ich getan habe, um so weit zu kommen? Weißt du nicht, wie gern sich manche die Mäuler über mich zerreißen würden? Bleib einfach noch ein paar Monate bei ihm, damit kein Verdacht aufkommt.«

Und wieder einmal machte mich der Druck, den meine Mutter fortwährend auf mich ausübte, mürbe. Wieder einmal stellte sie ihre Bedürfnisse über meine, und traurig und schweren Herzens gestand ich mir ein, dass mir nichts anderes übrig blieb, als zu diesem Scheusal zurückzukehren.

Ich hatte schreckliche Angst davor. Vielleicht bot sich ja nie wieder eine Gelegenheit. Ich hatte furchtbare Angst, dass es meine letzte Chance sein könnte. Dass ich schwanger werden könnte und dann gezwungen wäre, mit ihm verheiratet zu bleiben.

Ich erzählte meiner Mutter von meinen Ängsten.

»Mach dir keine Gedanken, das wird schon. So schnell wird man nicht schwanger.«

»Na ja, ich lass ihn einfach nicht ran. Für alle Fälle«, murmelte ich, während sich die Aufzugtüren hinter mir schlossen.

»Das kannst du nicht.«

»Wie meinst du das?«

»Du darfst dich ihm nicht verweigern. Das ist *haram.* Du gehörst ihm. Wenn du ihn zurückweist, werden dich alle Engel bis zum Morgen verfluchen.«

Ich fühlte mich wie in der Falle in diesem Aufzug, als gäbe es auf der ganzen Welt keine Luft mehr. Alles an den islamischen Gesetzen ist eindeutig darauf angelegt, eine Frau zu einer Zwangsehe mit einem Mann zu verleiten, der sie schlägt und vergewaltigt. Und all das wird von Allah gebilligt.

Dass Frauen von ihren Männern geschlagen werden, ist in Ländern, in denen Muslime die Mehrheit der Bevölkerung bilden, unglaublich verbreitet. Tatsächlich ist es so verbreitet, dass eine populäre marokkanische TV-Sendung Frauen Tipps gab, wie man mit Make-up blaue Flecken kaschiert. In den meisten islamischen Ländern verstößt es auch nicht gegen geltende Gesetze, da kein Mensch verbieten kann, was Allah erlaubt hat. In Ägypten sieht man Fernsehdebatten, in denen Frauen zu erklären versuchen, dass Männer ihre Frauen nicht schlagen sollten. Dann bringt jemand den Koran-Vers 4:34 ins Spiel, und schon hat ihr Argument keine Gültigkeit mehr. Kein Mensch darf das Wort Allahs bestreiten.

Manche bestehen darauf, dass Allah damit nur ein zartes, angedeutetes Schlagen gemeint habe. Nun, im Vers ist keine Spur des Wortes »zart« zu finden. Abgesehen davon, dass *zart* etwas höchst Subjektives ist. Und schließlich und endlich:

Nein, kein Mann sollte seine Frau schlagen. Niemals! Doch in Gesellschaften, die sich bereits für das Gegenteil entschieden haben, zieht dieses Argument nicht.

Von Schlägen einmal abgesehen, werden Frauen in Pakistan oder dem Iran oft auch mit Säure attackiert, und dies für Verstöße wie etwa zu westliche Kleidung, Verzicht auf den Hidschab oder eine Kurzhaarfrisur. Nicht einmal die grundlegende Freiheit, sich selbst auszusuchen, was sie anziehen, genießen die Frauen dort. So etwas wie Selbstbestimmung gibt es nicht.

All dies ist auf die Gebote und Verbote einer Kultur der Ehre zurückzuführen, einer Kultur, die eine derartige Unterwerfung der Frauen fordert. Ein Großteil all der Bemühungen gilt der Kontrolle der Frauen, damit sie ihre Jungfräulichkeit nicht verlieren, ehe sie ihren Gatten übergeben werden.

***

Nach zwanzig Jahren der Schuldgefühle und Ängste wegen irgendwelcher unreiner Gedanken, nach zwanzig Jahren, in denen ich mich für meinen Ehemann »aufgespart« hatte, nach zwanzig Jahren Zusteuern auf diesen Punkt hin, hätte das Erreichen nicht enttäuschender ausfallen können. Mein erster Kuss war kein schöner, majestätischer Disney-Moment. Er war erzwungen, gruselig und ekelhaft. Ich mochte diesen Kerl nicht. Ich wollte nicht, dass er mich anfasste; doch meine Religion stellte klar: Ich hatte kein Recht, mich zu wehren. Nicht einmal, wenn sie auf einem Kamel sitzt, darf sich die Frau ihrem Ehemann verweigern.

Ich war traurig und enttäuscht darüber, dass dies das mir bestimmte *Nasib* sein sollte. Hätte ich nur damals im Auto meinen Highschool-Schwarm geküsst, dann hätte ich wenigstens einen anständigen Kuss in meinem Leben gehabt! Aber auf Gutes war ich ja gar nicht gefasst. Allah teilte mir meist ein beschissenes Blatt aus, sodass ich daran gewöhnt war. Ich beklagte mich nicht, nahm alles hin. Dieses Opfer bedeutete, dass ich dem Paradies ein paar Schritte näher rückte, mich ein Stück von der Hölle entfernte.

Und dann geschah das Undenkbare: Ich wurde schwanger ... und saß in der Falle. Doch in Verzicht und Schicksalsergebenheit war ich ja geübt, sodass ich mich darauf konzentrierte, wie wundervoll es sein würde mit so einem kleinen Baby, das ich liebte und das mich wiederliebte. Ich hoffte auf ein Mädchen. Eines Tages, das wusste ich, würde ich eine alleinerziehende Mutter sein, und mit einem Mädchen umzugehen wäre einfach leichter, selbstverständlicher. Mein kleines Mädchen und ich würden beste Freundinnen sein.

Wir drei zogen in ein Reihenhaus, und meine Mom zog bei uns ein. Sobald wir dort ankamen, ging er durchs ganze Haus und beklebte sämtliche Fenster mit braunem Packpapier, um das Sonnenlicht auszusperren und zu verhindern, dass irgendwer mich versehentlich zu Gesicht bekam. Anschließend hängte er, zur Sicherheit, auch noch Gardinen vor die tapezierten Fenster.

Mittlerweile verließ ich das Haus nicht mehr, es sei denn zu den Kontrollterminen bei der Frauenärztin. Diese Termine wurden zur meiner einzigen Gelegenheit, frische Luft zu schnappen – na ja, so viel frische Luft, wie man durch ein Stück Stoff, das das ganze Gesicht bedeckt, halt schnappen kann. Einmal im Monat legte ich das fast komplett aus Saudi-Arabien stammende Ensemble an, das aus dicken schwarzen Strümpfen, einer schwarzen Abaya (Umhang), einem schwarzen Hidschab und einem schwarzen Nikab bestand. Beim

Nikab handelte es sich im Wesentlichen um ein schwarzes Tuchquadrat, das aus zwei Schichten bestand, von denen eine alles außer den Augen bedeckte, und die zweite, dünnere, darüberliegende auch die Augen verschleierte. Der letzte Teil des Ensembles waren schwarze Handschuhe. Sobald jeder Zentimeter Haut schwarz verhüllt war, war ich bereit, das Haus zu verlassen, um meine Ärztin aufzusuchen, selbstverständlich in Begleitung eines männlichen Beschützers.

Und natürlich musste es eine Ärzt*in* sein; mit Männern zu sprechen war *haram* – es sei denn, es war absolut unumgänglich. »Wenn beispielsweise ein Mann in einen Brunnen zu stürzen droht, darfst du ›Vorsicht!‹ rufen, aber nicht zu laut«, lautete ein, aus dem Arabischen übersetztes wörtliches Zitat meiner Mutter.

Ich hatte Angst, das Haus zu verlassen. Zu Hause konnte ich mir *Oprah* angucken, um mit der Welt in Kontakt zu treten. Auch wenn es vielleicht eine einseitige Sache war, empfand ich es als Austausch. Ich identifizierte mich mit Oprah und ihren Gästen. Die Sendung inspirierte mich und gab mir das Gefühl dazuzugehören. Und ich konnte von allen lernen.

Draußen in der realen Welt, wenn ich von Kopf bis Fuß in Schwarz gehüllt durch die Sommerhitze wanderte, fühlte ich mich am unwirklichsten. Schon der Hidschab war mir als schweres Hindernis erschienen, der Nikab aber war noch mal eine ganz andere Nummer. Wenn der Hidschab zur »Vorsicht!« mahnte, erklärte der das ganze Gesicht verhüllende Nikab: »Verpiss dich, bleib mir vom Leib!«

Einen Nikab zu tragen fühlt sich an, als befinde man sich in einer tragbaren Reizentzugskammer. Er behindert all unsere Sinne: Sehen, Hören, Tastsinn und Geruch. Mir war, als würde ich da drinnen langsam absterben, allmählich zerfallen.

Ich litt körperlich und emotional, durfte keine Freundschaften haben, da niemand Essams religiösen Maßstäben genügte. Ich wusste nicht einmal mehr, wer ich war – falls ich denn überhaupt jemand war. Meine einzigen Handlungen ergaben sich unmittelbar aus seinen. Ich traute mich nicht mal zu atmen, wenn er nicht vorher klarstellte, in welche Richtung ich auszuatmen hatte. Ich bewegte mich wie auf Eierschalen, könnte man sagen, aber noch angemessener wäre wohl der Ausdruck, dass ich höchst angespannt auf Eierschalen stand und auf eine Ansage wartete, in welche Richtung ich mich wenden sollte.

Er hatte den Missbrauch perfektioniert. Später entdeckte ich, dass er mit geradezu unheimlicher Präzision dem in meinen Psychologietexten beschriebenen Ablauf folgte, so als habe er ihn studiert.

Es gab – wenn auch selten – Zeiten, in denen er mir das Gefühl vermittelte, etwas Besonderes zu sein. Das war, vor allem zu Beginn der Beziehung, wichtig, um mich für ihn zu gewinnen.

»Ich mag nicht zur Arbeit«, jammerte er eines Morgens. »Ich will dich nicht allein lassen! Ich wünschte, ich könnte dich schrumpfen und in meine Tasche stecken, damit du den ganzen Tag bei mir bist. Da drin«, sagte er und tippte sich auf seine Brusttasche. »Ganz nah bei meinem Herzen.«

Diese positiven Krümel wurden durch die Hungerzeiten dazwischen zwar mehr als aufgehoben, doch ich lebte für den nächsten Festschmaus. Für das nächste Mal, wo er freundlich oder aufmerksam oder einfach *nicht* grausam war.

Um den Kreis zu schließen und mich vollständig unter seinen Bann zu bringen, nutzte er die Mittel der klassischen Konditionierung. Ein Faustschlag ins Gesicht ersetzte die Pawlowsche Glocke. Schon vorher hatte ich vermutet, dass alles *haram* ist, doch ich hatte keine Ahnung gehabt, was noch alles *haram* sein konnte.

Einmal schlug ich etwas im Telefonbuch nach und begann abwesend zu singen: »A B C D E F G … H I J …«

»Was zum Teufel soll denn das?«, fuhr er mich an. Sein Handrücken klatschte auf meinen Mund.

Es war wieder mal so ein Moment, der mich ratlos zurückließ. Was genau hatte ich getan? Worin bestand diesmal meine Verfehlung?

»Warum singst du in meinem Haus? Versuchst du, den Teufel hereinzulocken?«

»Das war das Alphabet. Ich hab nur …«

»Deine blöden Ausreden interessieren mich nicht!«

Bis dahin hatte ich geglaubt, Singen sei okay, nur Musik sei *haram*. Aber nein, wie sich herausstellte, konnte schon das Singen des Alphabets, um sich selbst beim Nachschlagen zu unterstützen, den Teufel heraufbeschwören.

Während mein Bauch wuchs, nahmen auch die ständigen Prügeleien zu. Inzwischen hatte ich solche Angst vor Essam, dass ich ihm nach Möglichkeit aus dem Weg ging. Wenn er im Bad war, klopfte ich nicht an, weil ich jede Interaktion scheute. Ich wusste einfach nicht, wo sich die Minen verbargen, wusste nie, was imstande war, eine Tracht Prügel auszulösen.

Als ich an meinem absoluten Tiefpunkt angekommen war, mir mein Schwangerschaftsbauch auf die Blase drückte und er wieder mal ewig auf der Toilette saß, rollte ich ein Badetuch aus dem Wäschekorb zusammen und hockte mich darauf, um mich zu erleichtern. Lieber machte ich mich selbst nass, als ihn anzusprechen.

Obwohl ich nie wusste, was ihn explodieren ließ, handelte

ich mir die meisten Schläge im Zusammenhang mit Essen ein. Diese Jahre hinterließen bei mir so viele Ängste im Hinblick aufs Essen, dass ich, ein gutes Jahrzehnt später und glücklich verheiratet, immer noch nicht für meinen Mann kochen konnte. Diese Jahre machten mir das Kochen derart madig, dass der bloße Gedanke, für jemanden eine Mahlzeit zuzubereiten, mich mit Panik und Angst erfüllte. Letztendlich überwand ich mein Kochtrauma zwar, doch noch immer koche ich nichts Arabisches.

Damals drehten sich meine Tage um die Zubereitung von Mahlzeiten nach exakten Vorgaben. Er kaufte Kochbücher, hinterließ Haftnotizen auf Bildern, die ihm gefielen, und ich musste diese Gerichte dann auf den Tisch zaubern. Natürlich entsprachen die von mir gekochten Gerichte nie genau den Fotos und seinen Vorstellungen, sodass er schon fast gewohnheitsmäßig seinen Teller nach mir schleuderte.

An den Tagen, an denen er die von mir zubereiteten Speisen tatsächlich verzehrte, erklärte er mir anschließend in allen Einzelheiten, wie ich sie beim nächsten Mal verbessern sollte. Was seine Ansprüche anging, war er sehr eigen, um nicht zu sagen: obsessiv. Er mochte keine Schmorgerichte oder Dinge, die in einer Sauce schwammen. Er mochte nur Fingerfood oder Vorspeisen, was selbstverständlich bedeutete, dass, was immer er auch in Auftrag gab, nur sehr aufwendig zuzubereiten war, da jedes Teilchen einzeln geformt und hergestellt werden musste.

Als ich einmal mit einer Freundin telefonierte, fragte sie mich, warum ich denn so traurig klänge.

»Er ist stinksauer wegen des Abendessens, das ich ihm gekocht habe.«

»Was hast du denn gekocht?«

»Brathähnchen, Reis und Salat.«

»Klingt wundervoll!«, meinte sie. Da sie Studentin war, ernährte sie sich hauptsächlich von Fertiggerichten.

*Sie hat recht. Er sollte dankbar sein, dass er so ein gutes Essen serviert bekommt! Der Blödmann.*

Ich versuchte ihn aus islamischer Perspektive zu erreichen, erzählte ihm, er solle doch dankbar sein für das, was er habe, für das, was ich ihm gekocht hatte. Doch am Ende hatte ich ein paar Veilchen im Gesicht, weil er meine Worte als demütigend empfand. Ich wolle ihn beschuldigen, schwach im Glauben, ein schlechter Muslim zu sein!

Ich bat meine Mutter um die große Tafel, die sie in ihrem Wohnzimmer hatte und auf der *alhamdu lillah* (Dank sei Allah) stand. Ich hängte sie so an die Wand, dass er sie beim Essen direkt vor der Nase hatte. Wenn ich schon nicht mit ihm darüber reden konnte, wollte ich wenigstens versuchen, ihm eine unterschwellige Botschaft zu senden.

Auch »exotische« kanadische Speisen versuchte ich ihm näherzubringen. Ich hoffte, das Neue werde ihn begeistern, und natürlich waren sie viel, viel leichter zuzubereiten als nahöstliche Gerichte. Obwohl er sich nie mit kanadischer Küche anfreunden konnte, versuchte ich doch, ihm hin und wieder etwas Kanadisches unterzujubeln.

Als ich eines Abends Hühnersuppe mit Nudeln, eine »alte kanadische Spezialität«, zubereitete, merkte ich, dass er in Kürze zu Hause sein würde und immer noch jede Menge zu tun war. Ich war gerade dabei, das gekochte Huhn von den Knochen zu lösen und von Knorpeln und Haut zu befreien. Ich musste sicherstellen, dass nichts außer schierem Hühnerfleisch in seine Suppe gelangte. Sogar die etwas dunkleren Fleischstücke konnten ihn wütend machen. Ich wollte sorgfältig sein und mich nicht hetzen, aber ich musste auch noch die Wohnung sowie das Bad putzen und mich anziehen.

Vorsichtig bat ich meine Mutter um Hilfe.

»Bitte pass auf. Nimm nur die schönsten Fleischstücke. Die Brustfilets habe ich schon geschnitten, wenn also nicht mehr viel dran ist, mach dir keinen Kopf. Du weißt ja, wie er ist: Wenn das Erste, was er sieht, kein Fleisch ist, dreht er durch. Und gib einfach das Fleisch in diesen Topf.«

»Okay, okay. Ich bin ja nicht dumm. Geh schon.«

»Ich weiß, aber bitte pass auf. Oder eigentlich, vergiss es, es ist schon genug Fleisch drin.« Ich war zu nervös, um sie mit der Aufgabe zu betrauen. Wenn man sein Essen ruinierte, hatte das immer verheerende Folgen.

»Ich hab gesagt, ich weiß. Nun mach dich schon fertig, bevor dein Mann dich so zu Gesicht bekommt.«

Ich war nervös, als ich ging. Noch nie hatte ich mir von meiner Mutter beim Kochen helfen lassen, aber meine Zeit war so knapp bemessen – und wenn man schwanger ist, kommt einem alles doppelt schwierig vor –, dass ich sie die Suppe fertig machen ließ und davonwatschelte.

Als er sich später zum Essen setzte, tunkte ich den Löffel in den Topf, um ihm seine Suppe zu servieren. Ich hob ihn wieder aus der Suppe und war fassungslos, als ich sah, dass die Schöpfkelle in meiner Hand voller Knochen, Fett und Haut war. Rasch und ehe er einen Blick darauf erhaschen konnte, ließ ich sie zurückgleiten.

»Warum dauert das denn so lange?«

»Ich …« Ich schaltete nicht sofort.

»Warum ist sie nur so dumm?«, fragte er meine Mom.

Statt ihm zu antworten, kicherte sie.

Ich tunkte den Löffel ein zweites Mal ein … und bekam

denselben Mix aus Hühnerabfällen. Ich begriff einfach nicht, wie all das Zeug zufällig da hineingekommen sein sollte. Es waren ja nicht nur ein paar einzelne Knöchelchen. Es sah aus, als ob jemand das Sieb mit den ausgesonderten Hühnerteilen direkt in den Topf gekippt hätte.

Langsam wurde er ungeduldig.

»Ich hab den ganzen Tag geschuftet!«, brüllte er. »Kannst du nicht mal pünktlich eine anständige Mahlzeit auf den Tisch bringen? Hockt den ganzen Tag zu Hause und rührt keinen Finger!«

Ich warf einen Blick auf das Sieb, das voller Knochen und Abfälle gewesen war; es war leer. Schockiert schaute ich zu meiner Mutter, die wiederum auf das Muster der Tischdecke starrte und offenbar zu fasziniert war, um den Blick zu heben.

»Was ist los mit dir?« Er sprang auf und stand mit einem Satz neben mir. »Servier endlich die Scheißsuppe!«

Ich hatte keine Wahl, als den Löffel in die Suppe zu tunken – während er mir zusah. Die Kelle tauchte daraus auf wie schon zweimal zuvor.

»Was ist das?«, flüsterte er drohend.

»Ich … äh … hatte so viel zu tun. Die Schwangerschaft erschöpft mich. Ich hab Mom gebeten, mir mit der Suppe zu helfen.«

»Wie? Willst du es jetzt mir in die Schuhe schieben?«

Was denn in die Schuhe schieben? Woher wusste sie denn, was ich sagen würde? Sie saß noch immer am Tisch. Wie wollte sie gesehen haben, was sich in der Schöpfkelle befand?

Bis zu diesem Augenblick hatte ich es für einen bedauerlichen Fehler gehalten. Zwar wusste ich nicht so recht, wie sie das alles versehentlich hineingekippt haben konnte, aber die Alternative war einfach unfassbar für mich. Nun blieb mir nichts anderes übrig, ich musste der Wahrheit ins Auge blicken.

All die Jahre, die ich sie in Schutz genommen hatte, geglaubt hatte, ich habe sie missverstanden. In denen ich ihre Erklärungen akzeptiert und ihr weiter vertraut hatte, weiter um ihre Liebe gebuhlt hatte, mir selbst die Schuld gegeben, mich gehasst hatte. All die Zeit, in der ich akzeptiert hatte, dass ich eine Versagerin war, versucht hatte, sie zu besänftigen, ihre Wünsche und Bedürfnisse über meine eigenen gestellt hatte. Das alles brach mit diesem eindeutigen Ereignis auf mich herein, sodass jedes Leugnen sinnlos war. Ich blickte zu ihm auf und erwartete, er werde mich vollends zur Strecke bringen.

Und dann geschah etwas sehr Seltsames.

»Schon gut«, sagte er. »Vergessen wir die Suppe. Was gibt's denn sonst noch zu essen?«

Ich tat ihm leid. Er wusste, dass es meine Mutter gewesen war, und begriff, dass sie mich hereingelegt hatte. In meinen Augen sah er, dass auch ich es wusste. Ihm war klar, dass sie Zeugin einer weiteren Prügelei zu werden hoffte. Und wenn ich dann, während er mich an den Haaren zog und mir ins Gesicht schlug, nach ihr brüllte, würde sie, wie immer, rufen: »Halt den Mund! Die Nachbarn hören dich! Willst du, dass er im Gefängnis landet?«

Dieser böse Mensch, der, wie ich später erfuhr, an Bombenanschlägen beteiligt war, bei denen Hunderte von Menschen ums Leben kamen, der Mann, der bei einem der größten Gerichtsverfahren gegen Terroristen in der ägyptischen Geschichte – gleich nach jenem wegen der Ermordung von Präsident Anwar as-Sadat – angeklagt wurde, zeigte mehr Herz als meine eigene Mutter.

# MEIN BABY

Dass meine Mutter gemein und bösartig war, wusste ich zwar, doch ich brauchte sie. Mein zweiundzwanzigster Geburtstag lag noch nicht lange zurück, und nun war ich für ein neues Leben verantwortlich. Dabei war ich doch kaum in der Lage, für mich selbst zu sorgen, von einem anderen Menschen ganz zu schweigen. Ich hatte Angst und war nervös, fühlte mich überwältigt von der Liebe zu meinem kleinen Baby, aber fast ebenso überwältigt von der Schwere der Verantwortung. Ich liebte Babys, doch wenn sie weinten, hatte ich sie bisher immer ihren Müttern gereicht. Und nun reichte man mir dieses Baby. Woher, um Himmels willen, sollte ich wissen, was zu tun war?

Das einzige Baby, für das ich je verantwortlich gewesen war, war mein Neffe gewesen, damals, als meine Schwester mit ihrem nächsten Baby in der Klinik gelegen hatte.

»Uh«, hatte meine Mutter gegurrt, als sie ihm die Windel wechselte. »Schau mal, wie groß er ist. Wie sein Opa!«

»Welcher denn?«, konterte meine Schwester trocken.

Alle im Zimmer verstummten, während mir dämmerte, dass meine Mutter ja mit beiden Großvätern geschlafen hatte.

»Äh.« Fast unhörbar atmete ich aus.

So unvollkommen meine Mutter auch war, sie war die Einzige, die mir helfen konnte, mich um mein Neugeborenes zu kümmern. Sie war die Einzige, die bei der Geburt mit im Krankenhaus war. Und so fehlerhaft sie als Mutter auch sein mochte, sie wusste dennoch mehr als ich. Ich hatte keine Ahnung, wie man dieses winzige, zerbrechliche Leben versorgte.

Einige Tage nach der Geburt bekam ich einen Anruf von einer Krankenschwester. Das war ein Service, den die Regierung jungen Müttern anbot.

»Wie schläft sie denn?«, erkundigte sie sich.

»Sehr gut. Sie schläft die ganze Nacht und auch tagsüber meistens.«

»Und wie trinkt sie?«

»Sie trinkt fast nichts. Sie ist immer so schläfrig.«

»Oh. Weint sie denn viel?«, fragte die Schwester nach einer kurzen Pause.

»Nein, gar nicht. Sie wippt ganz zufrieden in ihrer Wippe. Sie ist wirklich sehr brav.«

»Ich würde sie gern mal besuchen kommen, aber heute kann ich nicht, deswegen müssten Sie noch etwas für mich tun. Schauen Sie sich doch mal das Weiße in ihren Augen an, und sagen Sie mir, ob es gelblich ist.«

»Ist sie okay? Sie ist halt sehr brav. Meine Mom meint, es ist normal, dass sie so viel schlafen.«

»Nein. Eigentlich sollte sie alle zwei Stunden gestillt werden, Yasmine. Sie trinkt nicht genug.«

Um nachzusehen, drehte ich mich zur Wiege um, in der die Kleine schlief. Ich hatte es geahnt, hatte es auch zu meiner Mutter gesagt, da ich spürte, dass irgendetwas nicht stimmte. Regelmäßig war ich zur Wiege gelaufen, um nachzugucken, ob sie noch atmete, weil sie immer so lange schlief. Ich geriet in Panik, war wie gelähmt, als ich sah, dass das Weiße in ihren Augen tatsächlich gelblich war.

»Bringen Sie sie so rasch wie nur möglich in die Notaufnahme«, sagte die Schwester. »Sagen Sie dort, dass sie Gelbsucht hat.«

Meine Mutter war immer noch nicht überzeugt.

»Die ist doch dumm. Das Baby ist völlig in Ordnung. Sie hat sie ja nicht mal gesehen. Übers Telefon kann man so was nicht beurteilen.«

»Ich will trotzdem hin.«

»Es gibt keinen Grund, sich Sorgen zu machen! Lass sie einfach schlafen! So wachsen die Kinder.«

»Ich will mich nur vergewissern. Ich will, dass sich jemand das anguckt.« Ich bearbeitete meine Mutter und den Vater der Kleinen weiter, bis er schließlich nachgab und uns ins Krankenhaus fuhr.

Sie piksten sie in die Ferse, um ein Tröpfchen Blut zu entnehmen und die Bilirubinkonzentration zu überprüfen. Meine Tochter zuckte nicht einmal.

»Sie ist so ein braves Baby, sie hat nicht einmal geweint!«

»Das ist aber nicht gut«, erwiderte die Schwester.

Die Worte erwischten mich kalt. Natürlich war das nicht gut. Wie konnte sie so fest schlafen, dass sie nicht mal die Nadel spürte, die dick genug war, um ihr Blut abzuzapfen? Im Nu packte mich wieder die Panik.

Rasch nahmen sie mir meine Tochter aus den Armen und legten sie unter UV-Licht.

»Lassen Sie sie darunter liegen«, sagten sie. »Nicht halten.«

Ich saß da, betrachtete sie, während sie nackt in einem Plastikbettchen lag, und weinte. Ich fühlte mich hilflos, konnte sie nur anstarren und weinen. Nie in meinem Leben hatte ich jemanden so sehr geliebt wie dieses winzige, kaum zweieinhalb Kilo wiegende Bündel. Ich hatte nicht einmal gewusst, dass es möglich war, jemanden so sehr zu lieben. Meine Arme und mein Körper schmerzten. Ich wünschte mir nur noch, sie zu halten.

Schließlich öffnete sie die Augen und begann, sich zuckend zu winden. Instinktiv griff ich hinein, nahm sie in die Arme und begann sie zu stillen. Ich war so froh und dankbar, dass sie reagierte!

»Legen Sie sie wieder unters Licht!«, blaffte die Schwester mich an. »Wollen Sie, dass es ihr besser geht, oder nicht? Sie zu halten hilft ihr nicht. Legen Sie sie wieder hin.«

»Aber sobald ich sie hinlege, weint sie.«

»Na und? Das tun Babys nun mal. Ich weiß, es fällt Ihnen schwer, aber hier geht es nicht um Sie. Sie müssen tun, was *ihr* guttut. Wenn Sie das immer wieder machen, wird es noch viel länger dauern, bis sie sich erholt hat.«

Eben hatte ich einen Kampf gegen meine Mutter für uns entschieden, weil ich darauf bestanden hatte, meinem Instinkt zu folgen. Ich war jetzt Mutter, musste allmählich auf meine mütterliche Intuition vertrauen. Und weder meine Mom noch jemand anders brauchten mir zu erzählen, was für meine Tochter richtig war. Mein Mutterinstinkt hatte sich ja schon als richtig erwiesen, als ich darauf bestand, meine Tochter in die Notaufnahme zu bringen, obwohl meine Mutter behauptet hatte, sie sei okay. Schon einmal hatte ich mit meiner mütterlichen Intuition richtiggelegen, das gab mir Sicherheit.

Trotz gegensätzlicher Anweisungen von Schwester Ratchet nahm ich also mein Baby, knuddelte und stillte es, wann immer ich konnte. Der Arzt trat ins Zimmer und bemerkte doch tatsächlich, wie rasch die Kleine sich erholt habe.

*Na bitte, Schwester Ratchet! Ich wusste es, weil ich sie im Arm gehalten habe.*

Jahre später hörte ich von Untersuchungen, die zeigten,

dass Kinder sich schneller von Gelbsucht erholen, wenn sie Hautkontakt haben.

Mit neuer Aufmerksamkeit wandte ich mich meinem Baby zu. Ich ließ die Kleine nicht mehr einfach in der Wiege oder Wippe liegen, um Essams Abendessen zu kochen oder die Wäsche meiner Mutter zu machen. Die Bedürfnisse des Babys standen von nun an an erster Stelle. Meine Mutter und mein Mann waren anspruchsvoll und gemein, während die Kleine einfach nur dasaß wie ein Engelchen, sodass ich den beiden stets Priorität eingeräumt hatte. Doch damit war es nun vorbei.

Er kam nach Hause, wann immer es ihm passte, schimpfte über die unaufgeräumte Wohnung und musterte verächtlich meine zerzausten Haare oder die Reste des Bäuerchens auf meiner Bluse.

»Bring dich mal in Ordnung, das ist ja widerlich. Und warum ist das Haus nicht geputzt?«

Frustriert, übermüdet, sauer und in einem Zustand absoluter Gleichgültigkeit hatte ich einen kurzen Aussetzer. »Frag es doch!«, antwortete ich.

Kaum waren mir die respektlosen Worte entschlüpft, bedauerte ich sie. Ich wappnete mich, und mein ganzer Körper verkrampfte sich, da ich nicht wusste, wo der Schlag landen würde.

»Ich frage dich«, brüllte er.

Fassungslos angesichts der Absurdität seiner Antwort – dass er mit mir, nicht dem Haus rede – brach ich in Gelächter aus. Ich schätze, sich ganz allein um ein Baby kümmern zu müssen, ohne Ratschläge aus dem Internet, ohne Freundinnen, die man anrufen konnte, ohne jedes Ventil –, das alles holte mich nun ein. Ich lachte herzhaft und schallend, und seine Reaktion bestand in einem Schlag, der mir die Luft abdrückte.

Es war wohl mit die schlimmste Tracht Prügel, die er mir je verpasst hatte. Sein Ego ertrug es nicht, dass ich ihn auslachte. Ich war schließlich nur eine Frau und lachte *ihn* aus, folglich zeigte er mir, wer der Boss war. Ich war so erschöpft vom Versorgen seines Kindes, dass ich kaum reagierte. Wie viel stärker konnte er mich denn noch verletzen? Ich war ja schon völlig ausgelaugt.

***

Ich war zwar verheiratet, doch im Grunde war ich eine alleinerziehende Mutter. An unserer Tochter zeigte er nicht das geringste Interesse. Eines Tages aber dann plötzlich doch.

Als ich ihre Fingerchen küsste, mit denen sie meinen Finger umklammerte, beugte er sich über uns.

»Ist sie sauber?«, fragte er.

»Ja, ich hab sie gebadet«, erwiderte ich.

»Nein, ich meine, ist sie schon rein?«

»Ich versteh nicht, was du meinst.«

»Nein, nein«, warf meine Mutter ein. »Wir erledigen das später, wenn sie älter ist.«

Da begriff ich. Er sprach von der weiblichen Genitalverstümmelung. Er wollte eine Rasierklinge nehmen und mein kleines Wunder verstümmeln. Ein Zorn, von dem ich gar nicht gewusst hatte, dass es ihn noch gab, stieg wie Lava in mir hoch. Um für mich selbst zu kämpfen, hatte ich nie den Mut gehabt, aber um von ihm wegzukommen, wäre ich mit meinem Baby aus dem Fenster gesprungen. Allerdings verschaffte mir die Reaktion meiner Mutter noch etwas Zeit.

»Bist du sicher? Besser, wir machen das gleich. Ich will nicht, dass meine Tochter unrein ist.«

»Ja, ja«, meinte meine Mutter. »Wir nehmen sie mit nach Ägypten und lassen es dort so bald wie möglich erledigen.«

Ich empfand einen gewaltigen Handlungsdruck. Ich wusste, dass ich für meine Tochter kämpfen würde. Und ich beschloss, sie aus dem Haus zu schaffen, bevor sie ihr wehtun konnten. Ich würde dafür sorgen, dass sie von den beiden wegkam, noch ehe sie alt genug war, um sie in bewusster Erinnerung zu behalten.

Das einzige weitere Mal, dass er etwas zu meiner Tochter zu sagen hatte, war es etwas gleichermaßen Schändliches. Wann immer ich ihr die Windel wechselte, rezitierte er einen Vers.

»Zieh neue Kleider an. Lebe dankbar. Stirb als Märtyrerin.«

*Erstens, was haben neue Kleider mit dem Märtyrertod zu tun? Zweitens, sprich nicht davon, dass meine Tochter stirbt!*

Ich war völlig außer mir, war voller Angst und Wut, außerdem auch traurig über seine dummen Worte. Künftig tat ich alles, um zu vermeiden, dass ich sie je wieder vor ihm wickelte.

Seither habe ich Videos von Männern gesehen, die ihre eigenen kleinen Kinder wie trojanische Pferde losschickten, damit sie als Märtyrer in Selbstmordanschlägen starben. Das ist die Macht der Gehirnwäsche. Sie setzt unsere natürlichen, instinktiven, menschlichen Reaktionen wie Liebe und Empathie außer Kraft und verlangt, dass man diese Instinkte unterdrückt. Man ist aufgefordert, sich gegenüber den eigenen Kindern auf unmoralische und gewissenlose Weise zu verhalten, weil es angeblich Allahs Wille ist – wie in der Geschichte von Abraham, der bereit ist, seinen Sohn für Gott zu schlachten. Das hat nichts mit Tugend zu tun, es ist Wahnsinn. Dennoch wurde diese Tat derart verehrt, dass sie sich zum Keim dreier Weltreligionen entwickelte.

Welcher blutrünstige, wahnsinnige Gott würde Derartiges

von seinen Geschöpfen verlangen? Es ist wie eine Szene aus einem ganz üblen Horrorfilm, zu schrecklich, um es sich auch nur vorzustellen. Und dennoch galt dies – die Bereitschaft, einem Gott sein Kind zu opfern – als Gipfel der Tugend.

***

Ich benannte mein Baby nach meiner Mutter. Es war mein letzter Versuch, ihre Liebe zu gewinnen. Als ich es tat, war ich völlig verzweifelt. Ich hatte alles versucht, um sie für mich zu gewinnen. Diesmal musste es einfach klappen.

Ich bereute es umgehend. Doch ich beruhigte mich – und rechtfertigte meine Entscheidung vor mir selbst – damit, dass meine Mom netter zu der Kleinen sein würde, wenn sie ihren Namen trug, und ich behielt recht damit. Das Ego meiner Mutter war so groß, dass sie meine Tochter ungeniert vorzog, wie sie früher meine Schwester bevorzugt hatte. Was für ein grausames Schicksal. Statt mich über das Karma zu freuen, das die Töchter meiner Schwester zu Enkelinnen zweiter Klasse degradierte, war ich nur angewidert. Ich wollte nicht, dass meine Tochter gegenüber ihren Cousinen ein Gefühl der Überlegenheit bekam, und die kleinen Mädchen taten mir leid. Schließlich wusste ich, wie es ihnen erging, wusste es viel zu genau.

Ich kannte das Dilemma, von meiner Mutter geliebt werden zu wollen und mich gleichzeitig möglichst weit von ihr wegzuwünschen, damals jedoch neigte ich immer stärker dem Wegwünschen zu. Wenn ich mein kleines Mädchen in den Armen hielt und spürte, wie mich diese noch ungewohnte Liebeswelle durchströmte, sah ich endlich alles aus einer anderen Perspektive. Plötzlich konnte ich mir nicht mehr vorstellen, wie meine Mutter all die Jahre so grausam hatte sein können.

Ich selbst würde nicht zögern, meine Tochter zu beschützen, ja, sogar ohne Rücksicht auf das eigene Leben! Wie konnte es sein, dass meine Mutter mir all diese Dinge angetan hatte? Wie hatte sie untätig danebenstehen können, während ich von Männern gequält wurde, die sie in unser Leben gebracht hatte? Wie konnte es sein, dass sie mich nicht beschützt hatte?

Ich konnte daraus nur schließen, dass sie wohl nicht das für mich empfunden hatte, was ich für meine Tochter empfand. Warum es nicht so gewesen war, wusste ich nicht. Ich war mir nicht sicher, ob es an mir lag oder an ihr.

Andererseits, wie hätte es an mir liegen können? Damals war ich ein Neugeborenes gewesen! Als neugeborenes Baby konnte ich wohl kaum schuld daran sein. Die Schuld war mir später aufgebürdet worden, und ich hatte sie verinnerlicht.

Jetzt aber sah ich, dass das alles falsch war. Es war unmöglich, dass sie jemals solche Gefühle für mich gehegt hatte. Man konnte so etwas nicht fühlen, und nach ein paar Jahren ging es verloren. Dies war eine lebensverändernde, unsere Seele verwandelnde, tiefe und bedingungslose Liebe. Ich hatte meine Mutter nicht dazu veranlasst, mich zu hassen, weil ich so erbärmlich war – wie sie mir einreden wollte –, sondern ich hatte nie eine Chance gehabt. Sie hatte mich einfach nie geliebt.

# AL-KAIDA

Noch immer saß ich mit meiner Mutter und dem Scheusal, das zu heiraten sie mich gezwungen hatte, in diesem Haus fest. Ich wusste nicht mehr, wer von beiden schlimmer war, sie schienen sich darin abzuwechseln. Auszuhalten war es eigentlich nur, wenn sie aus dem ein oder anderen Grund schlecht aufeinander zu sprechen waren. Wenn sie sich einig waren, war ich erledigt und quasi die Pointe zu ihren Witzen.

Die beiden standen sich schon ungewöhnlich nahe. Ich erklärte es mir damit, dass sie dieselbe Sprache sprachen. Mir lag ja eh nichts daran, Zeit mit ihnen zu verbringen. Sollten sie doch zusammen sein und mir aus dem Weg gehen. Ich war froh, mit meinem Baby zusammen zu sein. Als Essam mich eines Abends zur Seite nahm und mir sagte, er wolle, dass wir mit unserem Baby auszögen, war ich daher wirklich verblüfft.

»Deine Mom ist kein guter Mensch.«

*Nun ja, das wusste ich zwar schon, doch woher wusste er es?*

»Was redest du denn da? Ihr zwei versteht euch doch blendend.«

»Und das ist verkehrt, es gehört sich nicht. Du und ich sollten uns so gut verstehen. Du bist meine Frau, nicht sie.«

Wir hatten da schon eine komische Sache laufen, daran bestand kein Zweifel. Mit über fünfzig hatte meine Mom beschlossen, einen Nikab zu tragen. Ganz offensichtlich versuchte sie, ihm zu gefallen. Insgesamt machte es eher den Eindruck, als seien sie das Ehepaar, während ich die Köchin, Putz- und Kinderfrau war.

Unter normalen Umständen hätte es geheißen: *Was für ein Glück sie doch hat, nach der Entbindung die Mutter bei sich zu haben.* Das sollte man meinen, aber nein! Meine Mutter war nur eine zusätzliche Last, denn sie war genauso anspruchsvoll wie er. Ich war derart damit beschäftigt, die zwei zu bedienen, dass meine Tochter stets erst an dritter Stelle kam.

Solange die beiden diese unheilige Allianz bildeten, hockte ich in der Falle. Ich beschloss, sein Auszugsangebot anzunehmen, da es womöglich einen Keil zwischen sie treiben würde. Meine Überlegung dabei war: Wenn ich sie endlich auseinanderreißen könnte, hätte ich immer nur mit einer beziehungsweise einem von ihnen zu tun. Und ich wusste, dass ich meine Mom viel leichter loswerden konnte als ihn. Ich überlegte, dass ich mich, sobald sie auseinander wären, wieder auf ihre Seite schlagen würde.

Also erzählte ich meiner Mom, dass er von ihr wegwolle. Zwar hatte ich damit gerechnet, dass sie aufgebracht, beleidigt und verletzt sein würde, doch auf die Explosivität ihrer Reaktion war ich nicht gefasst. Sie rastete völlig aus, auf eine Weise, die beeindruckend war, sogar bei einem Menschen wie ihr, der regelmäßig die Fassung verlor.

Als er nach Hause kam, ließ sie einen Hagel von Beschimpfungen auf ihn niedergehen. Ich erwartete, dass er sauer sein würde, weil ich es ihr gesagt hatte, doch dem war nicht so. Er war froh, dass sie Bescheid wusste, war froh, dass er es ihr nicht selbst sagen musste.

»Ich werde heute Nacht bei Amr schlafen«, sagte er zu mir. »Du packst alles, was uns gehört, zusammen. Ich hab bereits eine Wohnung. Wir können schon morgen ausziehen.«

*Morgen?* Offenbar handelte es sich um ein ernstes Zerwürfnis.

Er ging wieder, und meine Mutter tigerte weiter auf und ab, fluchte und brüllte, obwohl er gar nicht mehr da war und es nicht hören konnte.

Und dann begann sie zu husten. Der Husten wurde immer heftiger.

Ich rannte in die Küche, um ihr ein Glas Wasser zu holen. Als ich zurückkam, hatte sie sich über das Waschbecken im Bad gebeugt und spuckte Blut. Gleichzeitig strömte ihr Blut aus der Nase. Das Glas in der Hand, starrte ich sie an und konnte mich nicht bewegen.

Schließlich gelang es ihr, zwischen den Hustern etwas herauszuwürgen.

»911!«

Ich war völlig von der Rolle. Nie im Leben hatte ich so viel Blut gesehen. Ich rannte nach unten zum Telefon und wieder hoch zu ihr, dann wieder hinunter und wieder hoch, ich weiß nicht, wie viele Male, ehe ich endlich stehen blieb, den Hörer abnahm und die 911 wählte.

Als der Krankenwagen endlich eintraf, zögerte ich. Ohne meinen Mann hatte ich das Haus noch nie verlassen. Durfte ich überhaupt mitfahren? Würde ich Ärger bekommen?

Ich vermutete, dass es sich um einen Notfall handelte, was er hoffentlich begreifen würde. Doch obgleich ich wusste, dass die Wahrscheinlichkeit, dass er es *nicht* begriff, hoch war, ging ich das Risiko ein. Ich und mein Baby fuhren im Krankenwagen mit. Als wir bei der Klinik ankamen, wurde meine Mutter eilig irgendwo hingerollt, während ich mit dem Baby im Wartezimmer sitzen blieb.

Es dauerte nicht lange, bis ein Mann und eine Frau sich mir näherten.

»Sind Sie Yasmine?«, fragte die Frau behutsam und fast flüsternd.

»Ja.« Ich nahm an, dass sie Neuigkeiten über meine Mom hatte, und begann sie zu fragen, was denn für die plötzliche Blutung verantwortlich sei.

»Nein«, meinte sie. »Wir sind vom CSIS.«

»Ist sie denn nicht mehr in der Notaufnahme?«, fragte ich. Ich dachte, beim CSIS handle es sich um eine Station im Krankenhaus.

»Nein, CSIS steht für Canadian Security Intelligence Service.«

»Ich versteh nicht, was Sie von mir wollen. Was ist denn los?«

»Das ist so was wie die CIA«, erwiderte der Mann. »Wie eine kanadische CIA.«

»Oh, ich wusste gar nicht, dass wir so was haben.« Noch immer verstand ich nicht, weshalb sie mir im Krankenhaus aufgelauert hatten. »Habe ich etwas falsch gemacht? Warum sind Sie hier?«

»Nein, bei Ihnen ist alles in Ordnung. Wir wollen Sie schon seit langem sprechen, aber wir haben Sie nie alleine angetroffen. Wir sind tatsächlich sehr froh, endlich mal eine Gelegenheit zu haben, uns mit Ihnen zu unterhalten.«

»Aber worüber denn?«

»Kommt Ihr Mann auch ins Krankenhaus?«

*Mein Mann? Was hatte der denn mit alledem zu tun?*

»Nein, er übernachtet bei einem Freund.«

Das war lange, bevor Mobiltelefone eine Selbstverständlichkeit wurden. Ich hatte ihm einen Zettel hingelegt, nur für den Fall, dass er vor uns nach Hause kam. Die Nummer seines Freundes hatte ich nicht.

»Er weiß also nicht, dass Sie hier sind?«

»Nein. Das heißt, falls er nicht nach Hause kommt und meinen Zettel liest.«

Sie unterhielten sich leise, während ich auf mein in seinem Autositz schlafendes Baby starrte und mich fragte, ob meine Mom das hier wohl überleben würde.

»Okay, Sie und ich gehen jetzt in ein anderes Zimmer, um uns zu unterhalten, und mein Partner bleibt hier. Falls Ihr Mann zurückkommt, wird er uns Bescheid geben, okay?«

»Okay.« Ich hatte zwar keine Ahnung, was Sache war, aber ich konnte ja schlecht eine CSIS-Beamtin ausfragen.

Sie führte mich mit meinem schlafenden Baby in ein Zimmer und erklärte mir, dass ich mit einem Al-Kaida-Mitglied verheiratet sei. Was das bedeutete, ahnte ich damals nicht. Das war vor Nine Eleven, und im Westen hatte man diese Gruppe noch nicht auf dem Schirm.

Sie stellte mir alle möglichen Fragen, von denen ich die meisten nicht beantworten konnte. Dann fragte sie mich, ob ich den Namen Osama bin Laden schon einmal gehört habe. Rasch blickte ich zu ihr auf.

»Hat er diesen Namen erwähnt?«

»Na ja, er hat mal eine Zeitschrift mit Osama bin Ladens Bild bei mir gefunden und sich furchtbar aufgeregt. Er hat mich gefragt, weshalb ich die denn hätte, ob ich überhaupt wisse, wer das sei. Und dann hat er gesagt, dass ich sie so schnell wie möglich verschwinden lassen solle. Ich hab diese heftige Reaktion von ihm einfach nicht verstanden. Es war, als würde er mir einen Vorwurf machen.«

Und ich hatte auch keine Ahnung, weshalb diese Frau vom CSIS mich nach Bin Laden fragte.

»Okay, versuchen Sie sich doch zu erinnern, ob da noch etwas anderes war, über das wir noch nicht geredet haben und das wichtig sein könnte.«

»Ich weiß nicht, was wichtig ist. Ich weiß nicht, worüber wir überhaupt reden.«

»Was auch immer. Irgendwelche anderen Freunde, die Sie noch nicht genannt haben. Irgendwas, das Sie vielleicht zufällig mitgehört haben?«

»Ich glaube nicht. Er bringt fast nie Leute mit nach Hause. Er geht immer weg. Ständig ist er bei seinem Freund Amr, manchmal tagelang.« Doch für Amr interessierten sie sich nicht.

»Woher bekommt er denn sein Geld? Er hat eben erst eine Firma gegründet. Worum geht es dabei?«

»Ich habe keine Ahnung. Als ich ihn geheiratet habe, war er arbeitslos. Ich habe ständig Lebensläufe an irgendwelche Leute gefaxt, und irgendwann bekam er einen Anruf von einem Fisch-Großhändler. Da arbeitet er jetzt seit einigen Monaten. Über die Firma weiß ich aber im Grunde nichts. Ich weiß nur, dass sie 4U Enterprises heißt.«

»Verfügt er Ihres Wissens über irgendwelche Fähigkeiten oder Qualifikationen? Worum geht es bei diesem Geschäft?«

»Ich weiß nicht. Er ist nicht sehr gebildet.«

»Woher wissen Sie das?«

»Na ja, ich wusste, dass sein Englisch nicht so toll ist, aber dann hab ich mal gesehen, wie er seinen Namen auf Arabisch geschrieben hat, das war, als ob ein Kind was kritzeln würde. Ich meine, sogar ich kann besser Arabisch lesen und schreiben als er.«

Ich hatte keine Ahnung, welche Art von Geschäft er gründen könnte. Und ich hatte auch keinen blassen Schimmer, woher er sein Geld bekam. In seinem Job verdiente er nur den

Mindestlohn, aber irgendwie hatte er immer Geld. Wenn er mit seinen Freunden telefonierte, grölte er oft »911« und lachte dann. Ich fand das so seltsam, dass ich ihn danach fragte, doch er hob nur den Finger, was er oft tat, und schnippte in Richtung Tür. »Raus!« So entließ er mich – wie man ein lästiges Insekt verscheucht.

Von dem merkwürdigen 9/11-Vorfall erzählte ich ihr nicht, weil es damals keine Rolle spielte. Im Rückblick war es natürlich von größter Bedeutung, wenn ich auch bezweifle, dass sie den Zusammenhang hergestellt hätten.

Als klar wurde, dass ich ihr nichts weiter zu bieten hatte, teilte sie mir mit, dass der Mann, den ich geheiratet hatte, als »afghanischer« Flüchtling mit einem gefälschten saudischen Pass in Kanada eingereist sei, weil sein ägyptischer Pass gesperrt war. Und gesperrt war er, weil die ägyptischen Behörden meinen Mann für einen Terroristen hielten. Ägypten hatte einen entsprechenden Haftbefehl erlassen.

Der CSIS allerdings wollte ihn gar nicht verhaften. Stattdessen wollten sie etwas über seine Pläne und den Zweck seines Aufenthalts in Kanada in Erfahrung bringen.

Ich erinnerte mich, dass er Sachen über seinen Dad erzählt hatte, der von der ägyptischen Polizei festgehalten und verhört worden sei. Das sei der Grund, weshalb er nicht zurückkönne. Ich hatte ihn gefragt, weshalb die ägyptische Polizei denn hinter *ihm* her sei, und er hatte gemeint, weil Mubarak ein Verbrecher und Diktator und die gesamte Regierung korrupt sei. Dass er etwas getan hatte, was die Aufmerksamkeit der Behörden auf ihn gelenkt hatte, erwähnte er nie.

Allerdings war auch das, für sich genommen, kein Warnsignal. In Ägypten konnte man schon verhaftet werden, wenn ein Nachbar mitbekam, dass man sich im eigenen Haus abfällig über Mubarak äußerte. Daher hatte es mich auch nicht überrascht, dass die Polizeibehörde korrupt war. Das ganze Land war korrupt.

Ich hätte viel größere Angst vor ihm haben sollen, als ich tatsächlich hatte, doch ich ahnte ja nicht einmal, wozu Al-Kaida und ihresgleichen in der Lage waren. Möchtegern-Dschihadisten gab es in muslimischen Ländern wie Sand in der Wüste. Sie laberten immer nur rum, plärrten: »Tod den USA« und beklagten sich darüber, dass keiner fromm genug sei.

In Ägypten hatte ich sie überall gesehen. Man erkannte sie an ihren ungepflegten Bärten (allerdings trugen sie nie Schnurrbärte) und ihren Hosen, die einige Zentimeter über den Fußknöcheln endeten – sie kleideten sich so, wie es der Prophet Mohammed getan hatte.

Keiner nahm sie ernst. Meist waren sie ungebildet und wurden vom Rest der Gesellschaft gemieden. Sie trugen eine große Wut mit sich herum, weil sie sich für die Rechtschaffenen hielten und es sie frustrierte, dass ihre Erhabenheit keine Anerkennung fand. Stattdessen hielt man sie bei Laune. Man behandelte sie mit Vorsicht, weil man wusste, dass sie leicht explodierten. Und um ganz ehrlich zu sein, gab es auch eine heimliche Verehrung für diese Männer, die ihre Religion so ernst nahmen – sie beschämten andere Muslime, die selbst nicht so gläubig waren. Ihr Ziel war es, Allah bei einem Selbstmordanschlag oder ähnlichem ihr Leben zu schenken.

Die meisten von ihnen konzentrierten sich in Palästina und gehörten der Hamas an. Außerdem zogen sie in Gebiete, wo sich Muslime im Konflikt mit anderen Gruppen befanden, und suchten dort nach einer Gelegenheit, um Schahid, also Märtyrer für Allah, zu werden.

Doch nichts von alledem war in Kanada von Belang. Hier hatten sie keine Macht.

Irgendwann fragte ich ihn, warum er überhaupt nach Afghanistan gegangen sei.

In seiner Kindheit, erzählte er mir, hätten sie in einem ärmeren Teil Ägyptens gelebt. Später, als er schon Teenager gewesen war, habe sein Vater (ein Ingenieur) einen wirklich guten Job gefunden, und sie seien in ein gutbürgerlicheres Viertel gezogen.

In Ägypten gibt es beträchtliche Klassenunterschiede, und die Differenzen sind nicht nur geographischer Natur, sondern zeigen sich auch in Sprache, Verhaltensweisen und in der Art, sich zu kleiden. Überall findet man deutliche Unterschiede.

Essam fiel es schwer, in die Gruppe der reichen Jungs hineinzufinden, die sich wegen seiner bescheidenen Herkunft über ihn lustig machten. Da er unter seinen Altersgenossen ein Außenseiter blieb, sprachen Dschihadisten ihn an – ein nur allzu geläufiges Muster, nach dem auch kriminelle Banden ihren Nachwuchs rekrutieren. Er sei, versprachen sie ihm, für Größeres bestimmt als die, die ihn quälten. Nämlich für jenen Teil des Paradieses, der allein den Märtyrern vorbehalten ist, die im Namen Allahs sterben. Sie nahmen ihn auf und trichterten ihm ihre schlichte Botschaft ein. Er war nun Teil eines eingeschworenen Männerbundes, erlebte all die Kameradschaft, die an seiner elitären Schule für ihn unerreichbar gewesen war. Er gehörte dazu.

An Terrorakten, beharrte meine Mom, sei er nie beteiligt gewesen, er habe nur »kleine Jungs im Umgang mit Schusswaffen trainiert, damit sie sich gegen die Russen zur Wehr setzen konnten.«

Ich fragte ihn, ob das wahr sei. Fragte ihn auch, ob er je an etwas Darüberhinausgehendem beteiligt gewesen sei, aber ich erhielt nie eine klare Antwort. Seltsamerweise schien er sich beim Antworten unwohl zu fühlen. Irgendwie schien er, wenn die Fragen von mir kamen, seine Reaktionen als peinlich zu empfinden. Ich kann mir vorstellen, dass er vor anderen laut mit seiner Beteiligung daran prahlte, doch mir gegenüber gab er nur allgemeine, verlegene Erklärungen ab wie: »Ich musste tun, was zu tun war, um meine Brüder zu schützen«, oder: »Für Allah zu töten ist kein Unrecht, sondern die höchste Ehre.«

Dennoch befragte ich ihn halbherzig und versuchte, aus seinen Antworten etwas herauszuhören, was vielleicht weiterhalf oder was ich dem CSIS berichten konnte. Vor allem aber konzentrierte ich mich darauf, möglichst rasch von ihm wegzukommen.

Er und meine Mom, das war nun endgültig vorbei. Offenbar war ihr Blutdruck, weil sie sich so über ihn aufgeregt hatte, derart in die Höhe geschossen, dass es zu einer spontanen Blutung aus Nase und Mund gekommen war. Sie wollte nichts mehr mit ihm zu tun haben.

Für mich war das eine gute Nachricht, denn nun würde sie mir vielleicht sogar helfen, von ihm wegzukommen. Ich musste nur noch den richtigen Moment abpassen. Ich wartete darauf, dass sie sich in ihrer neuen Wohnung eingerichtet hatte, damit ich mit meinem Baby zu ihr ziehen konnte. Ich zögerte, denn ich hatte Angst. Insgeheim wartete ich auf einfachere Bedingungen, damit ich nicht mehr so viel Angst haben musste.

# FLUCHT

Während ich auf den richtigen Moment wartete, um zu fliehen, stellte ich fest, dass ich erneut schwanger war. Als ich den Test machte, war ich allein im Haus, hatte nur mein gerade mal neun Monate altes Baby bei mir.

Mein Mann und meine Mom hatten mir versichert, dass ich, solange ich stillte, nicht schwanger werden könne. Offensichtlich hatten beide falschgelegen.

Wie anders, denke ich heute, hätte sich mein Leben entwickeln können, wenn ich Zugang zu etwas wie dem Internet gehabt hätte.

Zwei Stunden lang schrie und wimmerte ich, brüllte, fluchte, bis meine Kehle wund und meine Tränen versiegt waren. Ich war erschöpft. Alleinerziehende Mutter eines Babys zu sein, das ging ja noch, aber nicht die von zweien. Wie sollte ich mit zwei Kleinkindern leben? Wie sollte ich zwei Kinder durchbringen? Mein Schicksal war besiegelt. Dieses Kind war mein Todesurteil. Mein Leben war vorbei.

Ich hätte schon früher abhauen sollen. Warum hatte ich gewartet? Ich hätte frei sein können, doch nun war alles gelaufen. Ich musste mich komplett unterwerfen. Es gab keinen Ausweg. Das war mein Leben, so wie es das meiner Mutter und zahlloser anderer muslimischer Frauen gewesen war.

Mit dieser Angst, dieser Wut, dieser Traurigkeit lebte ich wochenlang. Natürlich wurde ich währenddessen genauso häufig geprügelt wie sonst. Irgendwann einmal trat er mir, als ich in Embryonalhaltung auf dem Boden lag, in den Rücken. Ich versuchte ihm zu sagen, dass er dem Baby schadete, doch das war ihm egal. Ich lag nur da und war derart deprimiert, dass es mir ebenfalls gleichgültig war. Ich benutzte meinen alten Trick, zog mich in mich zurück und blockierte den Schmerz. Ich wartete nur darauf, dass mein Mann endlich müde wurde. Mein Rücken und mein Po taten mir so weh, dass ich mich hinterher tagelang kaum mehr setzen konnte.

Um meine Ängste wegen des Babys zu beschwichtigen, machte ich einen weiteren Schwangerschaftstest, der ebenfalls positiv ausfiel, sodass ich annahm, alles sei in Ordnung. Was ich nicht wusste: Schwangerschaftstests stellen lediglich fest, ob ein Hormon vorhanden ist; sie erkennen nicht, ob das Baby lebt.

Bei meiner Ultraschalluntersuchung hielt die Technikerin inne und verließ den Raum.

»Was ist denn los?«, fragte ich, als sie zurückkehrte.

»Sie müssen sofort zu Ihrer Ärztin.«

»Warum sagen Sie es mir denn nicht?«

»Ich kann Ihnen nichts sagen, aber Ihre Ärztin erwartet Sie. Bitte gehen Sie jetzt gleich zu ihr in diese Klinik – sofort.« Sie reichte mir einen Zettel mit der Adresse und brachte mich zur Tür.

Als mein Ex und ich in der Klinik eintrafen, erzählte mir die Ärztin, dass ich eine verhaltene Fehlgeburt erlitten habe und eine sofortige Ausschabung erforderlich sei. Eine verhaltene Fehlgeburt hieß, dass mein Baby keinen Herzschlag mehr hatte. Ich trug ein totes Baby in mir.

Mir war sofort klar: Ich hatte mein Baby getötet. Ich war so unglücklich über meine Schwangerschaft gewesen, dass ich das Baby getötet hatte. Meine Tränen, mein inneres Chaos und meine Angst hatten es umgebracht. Es hatte gespürt, dass es unerwünscht war. *Ich* hatte das getan.

Nicht ein einziges Mal kam mir in den Sinn, dass die brutalen Schläge meines Mannes der Grund gewesen sein könnten; ich nahm alle Schuld auf mich.

Mir blieb kaum Zeit, mich mit der Tatsache, dass ich mein Kind ermordet hatte, auseinanderzusetzen, als ich schon eine Vollnarkose verabreicht bekam. Sie beseitigten mein Baby – das ich getötet hatte –, und ich durfte nach Hause gehen.

Obwohl die Schuld meiner »Tat« noch jahrelang auf mir lastete, wusste ich, dass ich meine Chance zur Flucht diesmal nutzen würde. Ich würde nicht mehr auf einen idealen Zeitpunkt warten, sondern sofort abhauen. Ich hatte einen Blick auf das Leben getan, das mir blühte, sollte ich zögern. Daher war ich entschlossen, nicht noch einmal den gleichen Fehler zu machen. Ich würde einen Schlussstrich ziehen, um mein noch lebendes Baby zu retten.

Ich wolle für eine Woche zu meiner Mutter ziehen, sagte ich ihm, um mich von der Ausschabung zu erholen. Er zögerte, doch letztendlich brachte er mich zu ihr, da er fürchtete, man werde von ihm erwarten, bei der Versorgung seiner Tochter zu helfen.

Als er mich absetzte, wusste ich, dass ich nie mehr zurückkehren würde. Es gab dort nichts mehr, was ich brauchte. Ich hatte meine Tochter, und das war alles, was zählte.

***

Als meine Mom am nächsten Morgen zur Arbeit gegangen war, durchforstete ich sofort die Gelben Seiten und rief bei Lawyer Referral, einem Netzwerk von Anwälten an, um mich nach einem Anwalt zu erkundigen, der mir helfen konnte, mich so schnell wie möglich scheiden zu lassen und das alleinige Sorgerecht zu bekommen sowie ein Kontaktverbot zu erwirken.

Ich hatte Glück und fand ganz in der Nähe eine Anwältin. Ich hüllte mich – jeden Zentimeter meiner Haut, sogar meine Augen – in mein schwarzes Leichentuch, zog die aus Saudi-Arabien gelieferten dicken Handschuhe und Socken an und marschierte zur Tür hinaus. Als ich mit meiner Tochter in den Stadtbus stieg, fürchtete ich einen Moment lang, ich würde es nicht schaffen, zurück zu sein, bevor meine Mutter von ihrem Islamkundeunterricht an der islamischen Schule nach Hause kam.

Das Gebäude war leicht zu finden. Mein Herz klopfte im Galopp, als ich durch die Glastüren und in den Aufzug trat und dabei etwas ungelenk mein Baby in seinem Autositz transportierte. Ich war froh, dass sie schlief. Ich musste schnell machen – für Ablenkungen war keine Zeit.

Als ich die Kanzlei betrat, erblickte ich zwei Frauen, die sich miteinander unterhielten. Dann wandten sie sich zu mir um, und in ihren Augen las ich Erschrecken. Die eine blieb wie angewurzelt stehen und starrte mich nur an. Die andere trat auf mich zu und begrüßte mich, als habe sie mich bereits erwartet. Es war die Anwältin.

»Kommen Sie rein, setzen Sie sich. Alles okay bei Ihnen? Kann ich Ihnen ein Wasser anbieten?«

Ich fragte mich, warum sie so ein Aufhebens machte. Bestimmt war ich nicht die Erste, die bei ihr anrief und einen Termin vereinbarte, um das alleinige Sorgerecht, eine Scheidung und ein Kontaktverbot zu erwirken. Ich kam gar nicht auf die Idee, dass eine vollkommen in Schwarz gehüllte Gestalt, die ihre Kanzlei betrat, kein alltäglicher Anblick für sie war.

Die Anwältin fuhr fort, in souveräner und verbindlicher Weise auf mich einzureden. Sie schien mir eine eher nüchterne Person zu sein, die alles im Griff hatte. Sie erledigte diesen Job ehrenamtlich und so schnell, wie es ihr das Gesetz erlaubte. Dabei war sie derart routiniert und umwerfend, dass ich sofort sein wollte wie sie.

Jahre später nahm ich erneut Kontakt zu ihr auf. Ich brachte meinen neuen Mann und meine zweite Tochter mit, damit sie die beiden sah. Sie sollte erfahren, dass sie mir geholfen, mir dieses Leben ermöglicht hatte. Noch immer hatte sie ihre nüchterne Art, und ihre Haltung sagte: *Ich hab doch nur meinen Job gemacht.*

Doch es war so viel mehr gewesen. Sie hat mir damals das Leben gerettet, mir mein heutiges Leben ermöglicht. Weil sie wusste, dass es für mich schwierig werden würde, noch einmal vorbeizukommen, bereitete sie sämtliche Papiere umgehend vor und ließ mich, bevor ich wieder ging, alles unterschreiben.

»Gibt es ein Telefon, auf dem ich Sie erreichen kann, falls noch etwas sein sollte?«

»Nein, Sie können mich nicht anrufen. Ich werde Sie anrufen.«

»Okay, rufen Sie mich morgen an. Alles wird gut.«

Ich war so dankbar, so glücklich … und hatte solche Angst.

Während ich darauf wartete, dass Essam die Papiere zugeschickt bekam, telefonierte ich mit ihm, wie ich es immer getan hatte. Ich wollte nicht, dass er etwas ahnte, bevor alles vorbei war. Als ich endlich Gewissheit hatte, dass alles erledigt war und er am nächsten Tag die Scheidungspapiere zugestellt bekommen würde, erzählte ich es ihm.

Er war völlig überrumpelt, hatte nichts kommen sehen. Und eigentlich fühlte es sich nicht gut an, ihm derart den Teppich unter den Füßen weggezogen zu haben. Doch er revanchierte sich, indem er mir erzählte, dass meine Mutter ihn fast die gesamte Zeit unserer Ehe gedrängt habe, mit ihr zu schlafen. Er habe sie zwar zu überzeugen versucht, ihn in Ruhe zu lassen, doch sie habe einfach nicht lockergelassen. Deswegen habe er beschlossen, von ihr wegzuziehen.

Ich nähme ihm diese Lügen nicht ab, meinte ich. Und dass es ja eine ganz schön widerliche Geschichte sei, die er sich da – als Rache – aus den Fingern gesogen habe. Aber eigentlich war ich mir sicher, dass jedes Wort der Wahrheit entsprach.

Er erinnerte mich an die Male, die er versucht hatte, mich mit der Nase darauf zu stoßen. Und obwohl ich mich an die von ihm genannten Vorfälle erinnerte, war ich nie imstande gewesen, eins und eins zusammenzuzählen. Es war für mich einfach undenkbar gewesen.

»Wann will er dich denn normalerweise?«, hatte meine Mutter mich eines Tages gefragt.

»Wie meinst du das? Ich weiß nicht. Wann immer ihm danach ist.«

»Nein, nun überleg doch mal. Ist es zu einer bestimmten Tageszeit? Oder wenn du was Besonderes anhast?«

»Warum fragst du mich so was? Ich weiß es nicht! Ich nehme an, wann immer ich im Bademantel in seiner Nähe bin. Deswegen dusch ich nicht gern, wenn er zu Hause ist.«

»Oh. Okay.«

Einige Wochen später bat er mich, in sein Büro zu kommen.

»Was ist denn los? Da lässt du mich doch sonst nie rein.«

»Warte nur ab.«

»Worauf soll ich denn warten?«

»Das wirst du schon sehen.«

Und in diesem Moment betrat meine Mutter mit nicht

mehr als einem Handtuch bekleidet das Zimmer. Sie war noch nass vom Duschen. In der Hand hielt sie ein Schwarz-Weiß-Foto von sich, auf dem sie dreißig Jahre jünger war.

»Was will *die* denn hier?«, fragte sie, an Essam gewandt, während ihr Blick zu mir herüberschoss.

»Was willst *du* hier?«, gab er die Frage zurück.

»Ich – ich hab dir dieses Bild mitgebracht.« Er machte keine Anstalten, es ihr abzunehmen. Stattdessen schaute er mich an und bedeutete mir, es zu nehmen. Ich nahm es ihr aus der Hand.

»Ich weiß wirklich nicht, was hier los ist. Wieso kommst du in einem Handtuch hier rein und bringst ihm ein Foto von dir? Das ist ja so was von abartig«, meinte ich.

»Warum hast du mir dieses Foto gebracht?«, fragte Essam.

»Wenn du es nicht haben willst, behalte ich es eben!«, meinte sie. Sie riss mir das Foto aus der Hand, drehte sich auf dem Absatz um und marschierte trotzig hinaus.

Essam blickte mich erwartungsvoll an.

»Was denn?«

»Siehst du's nicht?«

»Ich sehe schon«, sagte ich, »aber ich verstehe nicht. Ich muss gehen. Das Baby ist aufgewacht.«

Im Rückblick kann ich nicht fassen, wie dumm und naiv ich war. Er hatte es des Öfteren probiert, und jedes Mal hatte ich mich gleichermaßen unbedarft gezeigt.

Bevor er auflegte, meinte er noch, was ich mit meinen albernen kanadischen Gesetzen anstellen würde, sei ihm egal, weil ich laut Islam nach wie vor seine Frau sei. Und wenn ich einmal sterbe, würde ich, sollte ich es in den Himmel schaffen, noch immer seine Frau sein. Und falls ich es nicht packte, er würde es auf alle Fälle schaffen. Er würde ein Märtyrer sein und mich »anfordern«, sodass ich in alle Ewigkeit seine Frau wäre. Es gebe keinen Ausweg. Ich würde auch dann noch mit ihm verheiratet sein, denn *nur* ein Mann könne sich von seiner Frau scheiden lassen, nicht umgekehrt. In den Augen Allahs bliebe ich mit ihm verheiratet, es sei denn, *er* treffe die Entscheidung, dass unsere Ehe zu Ende sein sollte.

Also bat ich ihn, sich von mir scheiden zu lassen. Dies geschieht, indem der Ehemann einfach dreimal auf Arabisch die Worte »Du bist geschieden« ausspricht, und, Simsalabim, ist die Ehe zu Ende.

Er aber weigerte sich, die Worte auszusprechen. Meinte, er werde kommen und mich holen.

Natürlich ließ ich ihn, wenn er vor der Tür stand, nicht in die Wohnung. Auch ignorierte ich das Telefon, schaltete sämtliche Lampen aus und tat, als wäre ich nicht zu Hause.

Er stand vor dem Eingang des Gebäudes und brüllte auf Arabisch: »Gib mir meine Frau zurück! Ich will meine Frau! Warte nur, bis ich dich in die Finger kriege! Ich zerschneid dir die Fresse! Du bildest dir ein, du kannst mich verlassen? Wenn ich mit dir fertig bin, dann will dich keiner mehr! Du gehörst mir, hörst du? Mir! Du gehörst mir, oder du bist tot.«

Ich saß im Dunkeln, wiegte mein Baby in den Armen und wartete darauf, dass er verschwand oder dass die Polizei kam, was auch immer als Erstes geschehen würde. Ich war wie gelähmt vor Angst, dass jemand ins Gebäude kommen oder hinausgehen und ihn dabei hereinlassen könnte.

# HAUSARREST

Das nächste Jahr verbrachte ich, während ich darauf wartete, dass die Scheidung rechtskräftig wurde, in ständiger Angst. Da er sich weigerte, die Scheidungspapiere zu unterschreiben, musste ich ein Jahr lang warten, ehe die Scheidung mit nur einer Unterschrift durchging. Nicht dass diese gesetzliche Scheidung mir große Freiheiten beschert hätte. Wie er mir viele Male gesagt hatte, würde ich ihm nur zeitweise entkommen, denn im Himmel würde er mich in Stücke reißen.

Da ich im Hinblick auf den Islam, also in den Augen Allahs, nicht geschieden war, galt ich noch immer als seine Frau. Im Himmel haben Männer die Wahl, mit welchen ihrer irdischen Frauen sie zusammen sein wollen. Da ein Mann bis zu vier Frauen (gleichzeitig) haben darf, kann sich da im Laufe seines Lebens einiges ansammeln. Und da er womöglich nicht alle bei sich im Himmel haben will, muss er sich für seine Favoritinnen entscheiden. Im Himmel allerdings braucht er sich nicht mehr auf vier zu beschränken, sondern er kann so viele haben, wie er mag – und das selbstverständlich zusätzlich zu den Huris, den nichtmenschlichen jungfräulichen Sexsklavinnen, deren Haut so weiß ist, dass man die Adern hindurchschimmern sieht, die große runde Brüste haben und die weder urinieren noch defäkieren und erst recht nicht ihre Tage kriegen. Sie kennen keinen anderen Wunsch, als zu tun, was von ihnen verlangt wird. Im Grunde hat Mohammed bereits lange vor den Japanern realistische Sexpuppen erfunden.

Frauen haben bei alledem nichts zu melden. Sollte sich ein Mann im Himmel erneut für seine Ehefrau entscheiden, so verbringt sie die Ewigkeit bei ihm. Wie Sie vielleicht schon gemerkt haben, ist der Islam eine Religion, die Geschlechterrollen extreme Bedeutung zumisst. Frauen kommen nur in Verbindung mit Männern vor. Zur Veranschaulichung: Ein Hundetrainer spricht einen Hund nicht direkt an, sondern wendet sich an dessen Besitzer und erklärt diesem, wie er den Hund zu behandeln hat. Genauso funktioniert auch die Beziehung zwischen Allah (dem Trainer) und den Frauen (den Hunden).

Folglich gibt es auch keinerlei Offenbarungen, die schildern, mit wem eine Frau im Himmel zusammenkommt. Es wird nicht einmal erwähnt. Niemand fragt eine Sexsklavin auf dem Sklavenmarkt, ob sie mit ihrem Besitzer zusammen sein will. Das wäre ja auch lächerlich.

Ich konnte nur hoffen und schlussfolgern, dass – falls der Himmel die Erfüllung all meiner Wünsche sein sollte – ich dort wohl kaum mit ihm zusammen sein würde; was allerdings der Offenbarung, dass *ihm* die Entscheidung zusteht, völlig widerspräche.

All diese Dinge verfolgten mich. Mir war, als gönne man mir zwar einige Jahre Aufschub auf Erden, am Ende aber hätte ich ihn wohl sowieso auf ewig am Hals.

Mittlerweile verließ ich aus Angst, er könne mir hinter der nächsten Ecke auflauern, die Wohnung nicht mehr. Schließlich hatte er mir in allen Einzelheiten geschildert, was er mir antun wollte, sollte ich jemals versuchen, ihn zu verlassen. Und ich glaubte ihm jedes Wort. Er versprach, mir das Gesicht zu zerschneiden, damit ich so hässlich war, dass kein Mann mich je wieder ansehen, geschweige denn anfassen wollte. Das war seine größte Sorge. Ich gehörte ihm – und die Vorstellung, dass ein anderer sein Eigentum berührte, versetzte ihn in Rage.

In diesem Angstzustand lebte ich lange, konnte mich aber schließlich beruhigen, als der CSIS Kontakt zu mir aufnahm und mich bat, ihn auf einem Foto zu identifizieren. Das Foto zeigte ihn tatsächlich. Er befand sich in Ägypten, und zwar hinter Gittern. In seinen Augen stand eine mörderische Wut, und seine Körpersprache wirkte beängstigend. Er war das tollwütige Tier im Käfig. Buchstäblich.

Zwar wusste ich vom Kopf her, dass ich lediglich einen schwarz-weißen Zeitungsausschnitt in der Hand hielt, doch mein Herz schlug so heftig, als stünde Essam leibhaftig vor mir. Dieses Bild hat sich mir für immer eingebrannt – das Bild einer gewaltigen Wut und Aggression, die nur von Gitterstäben zurückgehalten wird. Für mich war es nahezu unbegreiflich, dass jemand es geschafft hatte, diesen Tornado in einen Käfig zu sperren. Er sah aus, als könnte er jeden Augenblick die Gitterstäbe aus der Wand reißen. Ich kann mir nicht vorstellen, was er mit all der Energie anstellte, nachdem er keinerlei Ventil mehr dafür hatte. Normalerweise hatte ich diese Rolle für ihn erfüllt.

In Mubaraks Gefängnis eingesperrt zu sein war seine schlimmste Befürchtung gewesen. Er wollte als Märtyrer sterben und nicht von einer Regierung inhaftiert werden, die er verachtete. Es war die erniedrigendste, misslichste Lage, in der er sich nur befinden konnte. Und er tat mir tatsächlich leid. Doch gleichzeitig war ich auch ungeheuer erleichtert.

So erschreckend das alles war, so war es auch seltsam zu begreifen, dass ich nun endlich daran denken durfte, mein Leben von vorne zu beginnen. Bei ihrem letzten Besuch hatte mir die CSIS-Beamtin eine wunderschöne Ledertasche geschenkt.

Die könne ich sicher gebrauchen, hatte sie gemeint, wenn ich mal meine Ausbildung beendet habe und Lehrerin sei. Sie war mal wieder so umwerfend freundlich, wie ich das von Ungläubigen schon gewöhnt war. Und sie beglückwünschte mich zu meiner neu gewonnenen Freiheit.

Ich war wohl tatsächlich frei, doch ich fühlte mich nicht so. Noch immer bewegte ich mich vorsichtig und behutsam. Was, wenn er entwischte? Was, wenn er einen Freund in der Nähe hatte, der bereit war, für ihn Rache zu üben? Wo war eigentlich sein Freund Amr geblieben?

Ich erfuhr, dass Amr gleichzeitig mit ihm verschwunden war. Befand auch er sich in einem ägyptischen Gefängnis? Nein. Tat er nicht. Es gab Berichte, dass er praktisch zur selben Zeit, als Essam verhaftet wurde, gestorben sei.

Meine Vermutung war, dass Amr fürs FBI gearbeitet hatte. Deshalb hatte der CSIS auch an nichts von alldem, was ich über ihn mitzuteilen gehabt hatte, Interesse gezeigt. Mein ganzes Leben lang hatte ich in dieser Gegend gelebt und kannte alle Muslime, doch dieser Amr war einfach so, zur exakt gleichen Zeit mit Essam aus dem Nichts aufgetaucht und dann auch um die gleiche Zeit herum wieder verschwunden. Für einen Zufall war das alles ein bisschen zu viel. Am auffälligsten war vielleicht, dass mir Amr, wenn ich ihn mal kurz zu Gesicht bekommen hatte, nie böse erschienen war. Er hatte nicht diesen düsteren und verurteilenden Blick, der für diese Dschihadisten so typisch ist.

Auch wenn Essam – genau wie sein Freund – verschwunden war, war es nicht leicht. Ich konnte nicht einfach einen Schalter umlegen. Jahrelang hatte ich in einer Missbrauchsbeziehung gelebt, und die hatte die Person, die ich einmal gewesen war, ausgelöscht. Auf irrationale Weise fühlte ich mich schuldig, weil er nun im Gefängnis saß. Ich machte mir Sorgen, was er zu essen bekam – er war ein so heikler Esser. Inzwischen verstehe ich, dass ich wohl ziemlich heftig am Stockholm-Syndrom litt.

Zusätzlich zu all den inneren Kämpfen musste ich es dann irgendwie auch noch schaffen, Mutter zu sein. Während der nächsten paar Monate lebte ich bei meiner Mutter, belegte einen Online-Kurs am örtlichen College und versuchte, mein Leben wieder einigermaßen auf die Reihe zu kriegen. Ich studierte online, um bei meiner Tochter bleiben zu können und weil ich immer noch Angst hatte, das Haus zu verlassen.

Ist man lange genug eingesperrt, fühlt sich die Freiheit unheimlich, fremd und unangenehm an. Obwohl ich das Haus nur selten verließ, trug ich, falls doch, nach wie vor den Nikab. Es gab nicht den einen entscheidenden Augenblick, in dem ich ihn mir herunterriss und die Luft der Freiheit zu atmen begann. Nein, es war ein langsamer, anstrengender Prozess voller Selbstzweifel, Trauer und Angst. Wieder einmal versuchte ich zu gesunden, nachdem man mir den Teppich unter den Füßen weggezogen hatte und ich psychisch am Boden lag. Wieder einmal versuchte ich, mich hochzurappeln und auf eigenen Füßen zu stehen. Allerdings war ich diesmal viel kaputter und erschöpfter, zudem hatte ich auch noch das Gewicht des Kindes in meinen Armen.

***

Kurz vorher war auch mein Bruder eingezogen. Weil er ständig zu spät zur Arbeit erschienen war, hatte er seinen Job verloren. Er hatte in einem Apartment in der Innenstadt gewohnt, das direkt über seiner Arbeitsstelle lag, sodass er, buchstäblich, nur den Aufzug nach unten zu nehmen brauchte. Dennoch war er regelmäßig zu spät gekommen, sodass sie ihn gefeuert hatten. Bei Nacht und Nebel war er aus seiner Wohnung geflüchtet, um sich die Miete für den laufenden Monat zu sparen.

Trotzdem hatte er die Frechheit, mich zu verurteilen.

»Was willst du denn jetzt mit deinem Leben anfangen?«

»Leben halt.«

»Was soll denn das heißen? *Wovon* willst du leben?«

Eines Morgens teilte er sich mit meiner kleinen Tochter, die damals noch ein Kleinkind war, eine Schüssel Trauben.

»Warum lässt sie sich die Trauben denn nicht in den Mund stecken?« Er klang irritiert.

»Sie macht das halt gerne selbst«, erwiderte ich. »Ich hab ihr beigebracht, sie aufzubeißen, damit sie nicht dran erstickt.«

»Was soll das? Sie kann doch wohl eine ganze Traube in den Mund nehmen!«, meinte er spöttisch.

»Es besteht Erstickungsgefahr; sie ist noch ein Baby. Es ist besser, wenn sie die aufbeißt.«

»Ich kapier nicht, warum sie die Trauben nicht einfach in den Mund nehmen kann.«

»Weshalb kümmert dich das?« Langsam war ich irritiert.

»Ich will sie füttern!«

»Ja, aber sie will selbst essen. Lass sie einfach in Ruhe.«

»Sie muss gehorchen lernen. Ich hab dir gesagt, steck sie in den Mund!« Mittlerweile brüllte er, packte mein Kind, zerrte es auf den Rücken und stieß ihm eine Handvoll Trauben in den aufgerissenen Mund.

Ich sprang auf und warf mich zwischen ihn und meine Tochter, woraufhin er mir ein paar Boxhiebe versetzte und nach mir trat. Ihn so weit wie möglich ignorierend, konzentrierte ich meine gesamte Energie und Aufmerksamkeit auf meine Tochter und vergewisserte mich, dass sie wirklich alle Trauben ausgespuckt hatte und okay war. Sobald ich sah, dass sie nichts mehr im Mund hatte und nicht ersticken würde, atmete ich erschöpft und erleichtert auf.

Er schlug mir mit der Hand ins Gesicht, während er mit der anderen meine Haare umklammerte, damit ich nicht weglaufen konnte. Ich begab mich an meinen gewohnten Ort, zog mich in mich selbst zurück und stellte mich tot.

Das hatte ich lange nicht mehr getan. In meiner Ehe hatte ich mich nur selten tot gestellt. Essams Misshandlungen waren meist konzentrierter und kürzer gewesen – ein heftiger Faustschlag ins Gesicht. Doch die Schläge meines Bruders erinnerten mich eher an meine Kindheit: dieses ständige Auf-mich-Eindreschen, bis er all seinen Frust an mir ausgelassen hatte.

Würde ich diesem Leben denn nie entkommen? Ich war in einer Familie aufgewachsen, in der ich missbraucht worden war, hatte einen Mann geheiratet, der mich misshandelte, war zurück zu meiner Familie geflüchtet, um mich von meinem Bruder malträtieren zu lassen. Wie kam ich nur aus diesem Teufelskreis heraus, damit nicht auch meine Tochter in diese Abwärtsspirale geriet?

Zwischen den Schlägen erhaschte ich Blicke auf die Kleine, die – noch keine zwei Jahre alt – zugucken musste, wie man ihrer Mutter die Seele aus dem Leib prügelte. Doch offenbar störte sie das nicht im Geringsten. Was sich da vor ihr abspielte, irritierte sie nicht mal ansatzweise. Es war so alltäglich für sie, wie es das einst für mich gewesen war.

Und das musste aufhören. Ich musste diesen Kreislauf durchbrechen. Ich würde nicht zulassen, dass sie eines Tages dasselbe erlebte, nur weil ich nicht in der Lage war, sie vor diesem Leben zu beschützen.

Mein unempfänglicher Körper schien meinen Bruder aus dem teuflischen Wutanfall, der ihn gepackt hatte, herauszukatapultieren. Plötzlich schüttelte er mich, um zu kontrollieren, ob ich noch lebte.

»Ich dachte schon, ich hab dich umgebracht!«, stieß er flüsternd hervor.

»Lass mich!«

»Bist du okay? Warum hast du dich denn nicht gerührt?«

Es war das letzte Mal, dass mein Bruder mich schlug. Danach sah ich ihn nur noch selten. Er redete mit mir darüber, sodass ich weiß, dass ich ihm Angst machte, und ich weiß, dass er diese Angst jahrelang mit sich herumtrug. Doch ich machte ihm nicht genug Angst, um ihn daran zu hindern, andere Frauen zu schlagen, die später in sein Leben traten. Mehrmals landete er wegen häuslicher Gewalt im Gefängnis, und er hatte immer wieder mit Drogenmissbrauch und psychischen Problemen zu kämpfen. Zeitweise war er sogar obdachlos.

Mein Bruder hat als Heranwachsender schwerer gelitten als ich. Er wurde definitiv öfter verprügelt, und meine Mutter und das Scheusal, das sie geheiratet hatte, bezweifelten fortwährend seine »Männlichkeit«. In ihren Augen musste ein »richtiger Mann« überaggressiv sein und das Macho-Klischee erfüllen. Mein Bruder passte nicht in dieses Muster. Er liebte Natursendungen und Videospiele, hatte aber weder Interesse an Sport oder Ringen noch an irgendwelchen anderen typischen Macho-Hobbies. Er musste eine Menge an Misshandlung ertragen, und schon in seinen späten Teenagerjahren zeigten sich Risse. Meine Mom ignorierte die Medikamente, die ihm unser Hausarzt verschrieb, und betete lieber gegen seine Depressionen, Zwangsstörungen etc. an. Offenbar nützte das aber nichts, denn die Abwärtsspirale setzte sich fort.

In der kurzen Zeit, die wir zuletzt miteinander verbrachten, wurde er wütend, weil er »gehört hatte«, wie ich mit meinem Mann hinter seinem Rücken schlecht über ihn redete. Zwar gab er zu, dass er, was diese Stimmen anging, nicht zwischen Wirklichkeit und Einbildung (wenn sein Geist ihm Streiche spielte) unterscheiden konnte, doch er wollte mir auch nicht glauben, wenn ich ihm sagte, dass da nichts gewesen sei. Und dann, als seine Wutausbrüche eskalierten, ging es sehr rasch bergab, bis wir schließlich die Verbindung kappten. Er ist, was ich hätte werden können, hätte ich diese Welt nicht hinter mir gelassen.

An dem Tag, an dem ich meine letzte Tracht Prügel von einem Mann, meinem Bruder, bezog, begriff ich, dass ich buchstäblich niemanden auf dieser Welt hatte, auf den ich mich verlassen konnte. War Allah noch da oben und passte auf mich auf? Es schien zwar nicht sehr plausibel zu sein, dennoch war ich nicht imstande, auch nur zu erwägen, dass ich keinen übernatürlichen Beistand mehr hatte. Es war die einzige »Hoffnung«, die mir noch blieb. Denn auch wenn es, soweit ich wusste, auf diesem Planeten sonst keinen gab, der mir helfen würde, vielleicht würde Allah es tun.

Ich musste mein Leben in Ordnung bringen. Mit meiner Mutter und meinem Bruder konnte ich nicht mehr zusammenleben. Ich musste meine Tochter aus diesem gefährlichen Haus voller Grausamkeit und Missbrauch herausholen. Sie war alles, was ich auf dieser Welt hatte, und ich war alles, was sie hatte. Ich war verantwortlich für sie, doch ich konnte mir keine Unterstützung von ihr erhoffen – ich musste *ihr* helfen, musste sie aus der Gefahrenzone herausbringen.

Ich wünschte, ich hätte es früher getan, denn dieser traumatische Tag lässt sich nicht mehr aus ihrer Erinnerung tilgen. Bis zum heutigen Tag leidet meine Tochter unter der Sorge, beim Essen zu ersticken. Bei jeder Mahlzeit ihres Lebens muss sie ein Glas Wasser neben sich haben, da sie leicht in Panik gerät. Bei jeder Mahlzeit ihres Lebens habe ich Schuldgefühle und bedauere, sie nicht früher in Sicherheit gebracht zu haben. Sie wird diese unsichtbaren Narben für immer tragen. Meinetwegen.

# ALLEIN

Die Auszugsidee ging meiner Mutter total gegen den Strich; allein so etwas vorzuschlagen – sie konnte es nicht begreifen. Anständige muslimische Frauen lebten nicht alleine. Sie wechselten vom Haus ihres Vaters in das ihres Ehemannes. Dass ihre Tochter allein leben wollte, war für meine Mutter unvorstellbar, aber ich konnte einfach nicht bei ihr bleiben.

Ich wusste, dass mein Auszug sie aufregen würde, aber um meiner Tochter willen war ich nun endlich bereit, sie herauszufordern. Stets hatte mir die Kraft gefehlt, um für mich selbst einzutreten, doch nun, da es um den Schutz meiner Tochter ging, fand ich die nötige Stärke.

Ich beantragte Sozialhilfe und redete mit dem für das Gebäude meiner Mutter zuständigen Hausverwalter. Ihr Widerstand, so der Gedanke, würde wohl schwächer ausfallen, wenn ich im selben Haus wohnen blieb. Er erzählte mir, dass er eine Zweizimmerwohnung habe, die er an mich vermieten könne, allerdings befand sie sich auf einer anderen Etage.

Kurz überlegte ich zu warten, bis etwas auf ihrer Etage frei würde, entschied mich dann aber anders. Im selben Gebäude, das sollte ihr eigentlich genügen, um weiter ein Auge auf mich zu haben. Schließlich war ich keine Jungfrau mehr! Nach ihrer Heirat wird eine muslimische Frau von ihrer Familie nicht mehr annähernd so scharf kontrolliert. Also zog ich um, sobald es nur ging. Ich wusste, sie würde nicht glücklich sein, doch da ich im selben Gebäude blieb, dachte ich, würde sie sich schon damit abfinden.

Meine Mutter war stinkwütend über meinen Auszug. Ich hätte genauso gut ans andere Ende der Stadt ziehen können. Um mich zu beleidigen, titulierte sie mich mit sämtlichen Ausdrücken für Hure, die ihr einfielen. Trotzdem zog ich aus.

An meinem ersten Tag in der neuen Wohnung füllte ich Studienbewerbungen benachbarter Universitäten aus. Schon meine erste wurde angenommen.

Auch wegen meiner Uni-Bewerbungen war meine Mutter stocksauer. Immer wieder versuchte sie mich dazu zu bringen, weitere »Freier«, weitere potenzielle Ehemänner zu treffen, doch ich würde nicht ein zweites Mal in die gleiche Falle tappen.

Während der nächsten Monate, in denen ich auf den Beginn meiner Veranstaltungen wartete, erholte ich mich allmählich. Ich erinnere mich, dass ich zum ersten Mal den Nikab ablegte und mir nackt vorkam, mich derart verletzlich und verlegen fühlte, als sei ich oben ohne. Ich bildete mir ein, jeder starre mir in mein entblößtes Gesicht, doch im Grunde scherte sich keiner darum. Mein Kind war das einzige Menschenwesen, das etwas Merkwürdiges daran fand. Die Kleine versuchte, den Stoff meines Hidschab anzuheben, um mein Gesicht wieder zu bedecken. Nach und nach begann ich, anstelle der *Abaya* lange Röcke zu tragen. Und ganz, ganz langsam entdeckte ich auch wieder, wer ich vor meiner Ehe einmal gewesen war.

Da ich immer noch meinte, meine Mutter besänftigen zu müssen, indem ich mir eine Wohnung im gleichen Gebäude nahm, war die Miete viel höher, als ich es mir eigentlich leisten konnte. Und da meine Mutter mich nicht in eine für mich erschwingliche Wohnung umziehen lassen wollte, bat ich sie gelegentlich um Geld für die Miete oder fürs Essen.

»Nein«, entgegnete sie dann. »*Du* willst doch so selbstständig sein! Wenn du alles allein schaffen willst, nur zu! Dann mach es auch alleine!«

»Kannst du mir nicht einfach mal ein bisschen Geld leihen, damit ich uns was zu essen kaufen kann? Ich hab nicht mal Milch zu Hause. Ich hab nur noch auf den Cent genau den Betrag für die Miete.«

»Du brauchst keine Miete zu zahlen! Du kannst jederzeit zurückkommen und bei mir wohnen. Weshalb soll ich mein Geld für so was verschwenden?«

»Okay, aber du kannst mir doch vorübergehend was borgen?«

»Ich habe *Nein* gesagt!«

»Willst du, dass deine Enkelin Hunger leidet?« Ich griff in ihre Handtasche und zog ihre Kreditkarte heraus.

»Falls du versuchst, die zu benutzen, ruf ich die Bank an und sag ihnen, dass sie gestohlen wurde.«

»Nein, das tust du nicht. Du weißt genau, dass ich ihr was zu essen kaufen muss. Sie ist deine Enkelin!«

»Ist mir egal! Du hast diese dumme Entscheidung getroffen; nun leb auch damit. Und solltest du versuchen, meinen Wagen zu nehmen, ruf ich bei der Polizei an und melde ihn ebenfalls als gestohlen!«

Ich zwang sie, Farbe zu bekennen. Ich packte mein Baby, die Autoschlüssel und die Kreditkarte meiner Mutter und ging einkaufen, trotz allem. Während ich durch den Laden lief, räumte ich meiner Mutter in Gedanken ein Ultimatum ein. Sollte sie tatsächlich bei der Bank oder der Polizei anrufen, wäre für mich das Fass voll. Sogar jemand wie meine Mom hatte es dann überzogen.

Heute wundere ich mich darüber, dass ich daran zweifeln

konnte. Als ich meine Lebensmittel an der Kasse bezahlen wollte, informierte mich der Kassierer, dass die Karte als gestohlen gemeldet sei. Er kannte mich, da ich öfter in diesem Laden einkaufte.

»Ich muss eigentlich die Polizei anrufen«, meinte er verlegen, während sein Blick zwischen mir und meiner Tochter hin und her schoss. »Ist schon okay, ich tu's nicht. Aber ich kann diese Sachen nicht über den Scanner ziehen.«

»Ist gut, danke.« Mir war, als hätte man mich gegen den Hals geboxt. Wieder einmal war ein angeblich dreckiger Ungläubiger freundlicher zu mir als die eigenen Angehörigen.

Als ich wieder im Wagen saß, konnte ich nur noch denken, dass sie wahrscheinlich auch die Polizei wegen des »gestohlenen« Wagens angerufen hatte. Womöglich würde man meine Tochter und mich verhaften! Ich musste so schnell wie möglich nach Hause.

Das war der Tag, an dem ich begriff, dass meine Mutter zu buchstäblich allem imstande war. Ich hatte noch eine geöffnete Büchse Kondensmilch zu Hause, die ich aus der Moscheeküche hatte mitgehen lassen.

Das ist nicht wirklich Diebstahl, sagte ich mir. Schließlich ist sie da, damit die Leute sie verwenden. Ist doch egal, ob ich mich daheim oder in der Moschee daran bediene?

Ich vermischte die Milch mit Wasser und gab sie meiner Kleinen. Das war ihr Abendessen. Mittlerweile war sie zwei Jahre alt und eine Flasche Milch keine ausreichende Mahlzeit für sie. Ich wünschte, ich hätte nicht mit dem Stillen aufgehört – zumindest war Muttermilch gratis –, doch ich hatte sie abstillen müssen, als ich erfuhr, dass ich erneut schwanger war. Ich drehte mich auf die andere Seite und weinte mich in den Schlaf.

# DER ELEFANT

Sobald ich zu studieren begann, wurde alles noch schwieriger. Ich brauchte Geld für Bücher und Lebensmittel, für öffentliche Verkehrsmittel und Kinderbetreuung – ich schaffte es nicht mehr. Ich sah mich gezwungen, zu meiner Mutter und meinem Bruder zurückzukehren. Zu viert bezogen wir in einer benachbarten Stadt ein Reihenhaus. Ich brauchte vier verschiedene Busse, um die Universität zu erreichen, und vier verschiedene Busse, um wieder nach Hause zu kommen.

Wenn ich vier Stunden Schlaf bekam, war das eine gute Nacht für mich. Ich belegte fünf Veranstaltungen pro Semester, um so schnell wie möglich meinen Bachelor zu machen, damit ich anschließend auf meinen Master in Pädagogik hinarbeiten konnte. Dann – endlich! – würde ich als Lehrerin arbeiten können und anfangen, Geld zu verdienen. Ich nahm Studienkredite auf, sodass der überwiegende Teil meines Verdiensts wohl letztlich für deren Tilgung draufgehen würde. Doch an so etwas konnte ich jetzt noch nicht denken. Ich musste zusehen, wie ich Tag für Tag über die Runden kam.

Alles in meinem Leben war kompliziert, aber erträglich – mit Ausnahme des ständigen Genörgels und Drucks vonseiten meiner Mutter. Sie machte mich wahnsinnig. Ich versuchte, unsere Auseinandersetzungen herunterzuspielen, doch manchmal musste ich einfach reagieren.

»Ich hab dir ein neues Shirt gekauft!«, rief meine Mutter.

Meine Tochter rannte zu ihr hin, um zu gucken, was sie

in der Tasche hatte. Als meine Mom ein dunkelgrünes T-Shirt herauszog und es ihr anziehen wollte, krümmte und wand sich meine Tochter.

»Was ist denn los mit dir?«

»Ich lasse sie ihre Sachen selbst aussuchen«, mischte ich mich ein. »Sie mag kein Grün. Sie steht auf Pink und Lila.«

»Bist du dumm?«, sagte meine Mom zu meiner Tochter. »Grün ist eine wunderschöne Farbe.«

»Sie ist nicht dumm!«, schrie ich. »Geschmäcker sind eben verschieden. Deswegen ist man noch lange nicht dumm. Sie will es nicht. Hör auf, ihr aufzuzwingen, was dir gefällt!«

Das Ganze endete in einem Riesenstreit, in dem ich mal wieder die undankbare Tochter war, die ein Geschenk nicht wohlwollend annehmen konnte. Dass sie meinem Kind körperlich etwas aufzwang, was es nicht wollte, spielte selbstverständlich keine Rolle. Womöglich hatte ich ja ein wenig überreagiert, doch ich wusste, wie es war, Kleider, die man nicht wollte, aufgedrängt zu bekommen, und ich würde nicht zulassen, dass meine Tochter dieselbe Erfahrung machte.

Außerdem machte es mich wahnsinnig wütend, wenn meine Tochter dafür, dass sie nicht das Gleiche mochte wie meine Mutter, dumm genannt wurde. So war es mir mein ganzes Leben lang ergangen. Ich hatte mich so sehr beherrscht, dass ich gar nicht mehr wusste, ob ich noch eine eigene Meinung hatte! Und ich würde nicht zulassen, dass meine Tochter dasselbe erlebte. Sie würde sich ihre Kleider selbst aussuchen, und sie würde ihre eigene Meinung haben. Und wenn sie nur Pink oder Lila tragen wollte, dann trug sie eben nur Pink oder Lila.

Da ich mittlerweile die Universität besuchte, war auch mein Selbstvertrauen gewachsen, was es mir erleichterte, meiner Mutter die Stirn zu bieten. Ich war einige Jahre älter als die meisten meiner Kommilitonen und hatte erheblich mehr Lebenserfahrung, was sich besonders in einem Seminar über Kinderpsychologie als hilfreich erwies. Da der Professor und ich die Einzigen im Seminarraum waren, die Kinder hatten, war ich häufig die einzige Studentin im Raum, die gut nachvollziehen konnte, worüber er redete. Diskussionen sahen in der Regel so aus, dass der Professor und ich uns bemühten, den jüngeren Studenten die Dinge zu erklären. Hier zählte meine Stimme, meine Meinung und meine Erfahrung waren gefragt. Ich war nicht die blöde, nutzlose Dumpfbacke, für die man mich zu Hause hielt.

Ja, allmählich konnte ich sogar Fehler in den Urteilen meiner Mutter erkennen. Doch durfte ich mich tatsächlich erdreisten und glauben, dass ich womöglich schlauer war als sie? Es schien mir zwar völlig unmöglich, doch ich beschloss, meinen Verdacht zu überprüfen.

Meine Mutter wollte damals einen Volvo kaufen und zeigte sich, warum auch immer, wild entschlossen. Als Erstes wandte sie sich an muslimische Gebrauchtwarenhändler, weil man, selbstverständlich, nur Muslimen trauen konnte. Eine Vorstellung, die ich absolut lächerlich fand.

»Zu welchem Gott du betest, sagt doch nichts darüber aus, ob du ein guter Mechaniker bist.«

»Wenn er Muslim ist, dann ist er auch ehrlich.«

»Das muss nicht so sein.«

»Natürlich ist das so! Ein echter Muslim würde nie einen anderen Muslim übers Ohr hauen. Vielleicht betrügt er ja die *Kuffar*, aber einen anderen Muslim wird er nie übervorteilen.«

»Wenn einer unehrlich ist, ist er unehrlich. Ich glaube, du machst einen Fehler.«

»Ist mir egal, was du glaubst!«

Ich war einfach genervt, dass meine Mom ihr Geld für diese Schrottkarre von einem zwielichtigen Händler rausschmiss, wenn es in einem namhaften Geschäft einen absolut anständigen Volvo zu kaufen gab. Zwar kostete er an die fünfhundert Dollar mehr, aber er hatte wenigstens eine Garantie!

Wenn meine Mutter und ich über etwas stritten, beugte ich mich in der Regel ihrem weisen Urteil, weil ich meinem eigenen einfach nicht traute. Aber diesmal war ich mir sicher, dass ich recht hatte. Das war noch *nie* so gewesen. Es war ein eigenartiges Gefühl.

Auf dem College entwickelte ich meine Fähigkeit zu kritischem Denken – ich benutzte meinen Verstand auf eine Weise, wie ich es noch nie zuvor getan hatte. Das war neu und aufregend, und ich wurde süchtig danach. Ich liebte es, Hypothesen aufzustellen, verschiedene Blickwinkel und Perspektiven einzunehmen, um am Ende zu einer Schlussfolgerung zu gelangen. Es war so belebend!

Nach dem, was ich gewohnt war, nämlich das Was und Wie meines Tuns stets vorgekaut zu bekommen, empfand ich diese neue Fähigkeit, selbst herauszufinden, was ich tun sollte, als geradezu berauschend. Ich beschloss, mal ganz vorsichtig zu erwägen, dass ich recht haben und meine Mutter womöglich falschliegen könnte.

Es war ihr Geld, und es stand ihr frei, damit zu kaufen, was immer sie wollte. Ich hörte auf, ihr meinen Rat aufzudrängen. Ja, ich ermunterte sie sogar, bei dem halbseidenen Muslim zu kaufen.

Ich würde mich zurückhalten und gucken, ob sie nun recht hatte oder aber ich. Falls sie recht hatte, würde ich mich weiterhin ihrem Urteil beugen. Behielt ich recht, so würde ich wissen, dass ich meinem eignen Urteil wirklich trauen konnte und dass es sogar besser sein konnte als ihres!

Nun, zwei Tage später blieb die Karre mit Motorschaden liegen, und der Händler weigerte sich, ihr das Geld zurückzugeben. Er bot ihr lediglich an, den Wagen »in Ordnung zu bringen«, woraufhin ein paar Tage später erneut der Motor krepierte. Der Wagen entpuppte sich als derartige Gefahr – immer wieder blieb er mitten im Verkehr liegen –, dass sie schließlich aufgab.

Für mich war das ein entscheidender Augenblick. Ich hatte meine Hypothese überprüft, und es stellte sich heraus, dass ich recht hatte. Das eröffnete mir eine völlig neue geistige Welt, denn es bewies zweifelsfrei, dass ich meinem Urteil, meinem Bauchgefühl, meiner Fähigkeit, vernünftige Entscheidungen zu treffen, trauen konnte.

***

Am Ende meines zweiten Semesters an der Uni schrieb ich gerade eine Psychologie-Prüfung, als ich plötzlich merkte, dass ich keinen vollständigen Satz mehr bilden konnte. Die Antworten schwammen in meinem Kopf herum, aber es war unmöglich, sie herauszufiltern und aufs Papier zu bannen. Nie hatte ich eine derartige Entkopplung zwischen meinem Gehirn und meinem Körper erlebt.

Offensichtlich hatte ich zu lange Raubbau getrieben. Inzwischen kriegte ich nicht einmal mehr vier Stunden Schlaf pro Nacht und litt unter erheblichem Schlafmangel. Außerdem war damals wohl eine Erkältung bei mir im Anzug, und mein Körper versuchte, die Viren abzuwehren. Doch ich war eine alleinerziehende und in Vollzeit studierende Mutter, die überdies an den Abenden noch Nachhilfe gab, und konnte es mir einfach nicht leisten, krank zu werden. Also schluckte ich zur Bekämpfung meiner Symptome bedenkliche Mengen an Antihistaminika und Schmerzmitteln. Aber die Schmerzen kamen zurück, sodass ich den Pillen NeoCitran folgen ließ, einen Hustenstiller und Schleimlöser. Nie hatte ich genug Zeit (oder auch Geld), um auf dem Campus zu essen, zudem war ich meist viel zu sehr in Eile oder auch zu müde, um mir etwas einzupacken, bevor ich das Haus verließ. Um es kurz zu machen: Kein Essen + Pillen + NeoCitran + erdrückender Stress, das war einfach nicht gut.

Ich war so frustriert und verängstigt, dass ich etwas tat, was ich schon lange nicht mehr getan hatte – nicht mehr, seit damals bei Mr Fabbro alles nach hinten losgegangen war: Ich bat um Hilfe.

Meine Prüfungsbögen mit verschwitzten Händen umklammernd ging ich vorsichtig nach vorne zur Kursleiterin. Angestrengt aufs Formulieren der Worte fokussiert, mit denen ich ihr meine Situation erklären wollte, rechnete ich mit einer Antwort wie: *Nun stell dich nicht so an! Setz dich hin und schreib die Prüfung, oder gib sie einfach so ab.* Ich erwartete, dass sie mich für meine »Einbildung«, mir so ihr Mitleid oder gar eine Vorzugsbehandlung erschleichen zu können, zurechtweisen würde.

»NeoCitran«, sagte ich.

Ich muss wohl ziemlich schlimm ausgesehen haben, denn ihre erste Reaktion war ein sehr belegtes »Oh«, gefolgt von weit aufgerissenen Augen und ausgestreckten Armen. Ich erinnere mich, dass sie »NeoCitran« auf dem oberen Rand meiner Prüfung notierte. In ihren Augen las ich, dass ich mir keine Sorgen mehr machen musste. Sie würde mich gehen lassen! Sie reichte mir ihre Karte und meinte, ich solle mich wegen der Wiederholung der Prüfung mit ihr in Verbindung setzen.

Nie zuvor hatte ich eine derartige Erleichterung empfunden. In nicht mal einer Minute wechselte meine Stimmung von Verzweiflung zu Erlösung, und ich brach in Tränen aus. Keine Schluchzer, nur Tränen liefen mir übers Gesicht. Irgendwie dankte ich ihr, obwohl mein Hals entsetzlich brannte. Ich schlüpfte zur Tür hinaus und stieg in den nächsten Bus nach Hause.

Als ich sie später in ihrem Büro aufsuchte, war ich beeindruckt von ihrer Freundlichkeit. Die *Kuffar* hassten mich ja angeblich. Sie seien meine Feinde, hatte man mir beigebracht, ihnen sei nicht zu trauen. Doch sie zeigte ein derartiges Mitgefühl, dass es mir noch nach all den Jahren Tränen in die Augen treibt.

Sie meinte, dass ich überlastet, womöglich deprimiert, auf alle Fälle aber sehr gestresst wirke. Ich erzählte ihr, dass ich gerade viel durchmachte und ziemlich zu kämpfen hatte. Dabei erwähnte ich, dass ich manchmal nachts so heftig die Zähne zusammenbiss, dass ich mit Schmerzen aufwachte, die häufig den ganzen Tag anhielten.

Sie empfahl mir eine Therapie, um den Druck zu lindern. Da sie Psychologie unterrichtete, bat ich sie, mich zu behandeln. Dies sei nicht ihre Aufgabe, erklärte sie mir und versuchte, Alternativen vorzuschlagen, doch ich geriet in Panik. Nun hatte ich einmal einen Menschen gefunden, der nett zu mir war und mir helfen wollte – wie groß war wohl die Chance, dass ich einen weiteren fand? Ich erklärte, ich wolle nur mit ihr sprechen, da ich ihr vertraue und einfach keinem anderen vertrauen könne.

Ich kann mir nicht so recht vorstellen, *wie* verzweifelt ich gewirkt haben muss. Rückblickend litt ich ganz sicher an einer Depression, einer Angststörung und vielen anderen Dingen. Und sie wusste wohl auch, dass ich mich, falls sie sich nicht dazu bereit erklärte, nirgendwo anders nach Hilfe umschauen würde. Und damit hätte sie recht gehabt, ich hätte es nicht getan.

Ich war so dankbar für ihre Zusage, dass ich darauf bestand, ihr den üblichen Stundensatz, etwa hundert Dollar, zu zahlen. Sie akzeptierte es schließlich, meinte jedoch, dass sie nur wenige Sitzungen einrichten könne. Nach unserem dritten Treffen überreichte ich ihr den Scheck, da ich wusste, dass ich mir ein weiteres Mal nicht leisten konnte. Es war einfach zu stressig sicherzustellen, dass das Konto auch ausreichend gedeckt war!

Einige Wochen später allerdings merkte ich, dass sie gar nicht die Absicht hatte, den Scheck einzulösen. Ich war meinem dritten *Kafir*-Engel begegnet. Der erste war meine Anwältin, der zweite der Kassierer im Supermarkt und der dritte meine Psychologie-Dozentin.

Gern hätte ich sie noch einmal aufgesucht, um weiter mit ihr zu sprechen, brachte es aber nicht über mich, ihre Freundlichkeit auszunutzen. Ich wusste, dass sie sich nach wie vor weigern würde, meine Schecks einzulösen, sodass es einfach nicht ging. Stattdessen beschloss ich, ihre Großzügigkeit zu würdigen, indem ich die von ihr empfangenen Lebenslektionen beherzigte. Bis zum heutigen Tage ahnt sie nicht, wie sehr sie mein Leben verändert hat.

Ich hatte ihr von meinem Wunsch erzählt, mich der eisernen Faust meiner Mutter zu entziehen. Nachdem ich ihr alle Gründe genannt hatte, weshalb ich es wollte, und sämtliche Gründe, warum ich es auch sollte, schloss ich endlich mit einem: »Aber ich kann nicht.«

»Warum denn nicht?«, fragte sie.

»Weil ich es nicht kann. Frauen können nicht einfach alleine losziehen. Entweder lebt man bei seiner Familie oder aber bei seinem Ehemann. Frauen leben nie allein. Diese Schande kann ich meiner Mom einfach nicht antun. Das kann ich nicht.«

»Stellen Sie sich vor, dieses ›Kann ich nicht‹ gibt es nicht, Sie können es schlicht nicht sagen.«

Wer hätte damals geahnt, welch tiefgreifende Auswirkung diese Worte auf mein Leben haben sollten? Vielleicht ahnte sie es ja – *ich* wusste es nicht. Welch ein Wendepunkt! So müssen sich die Menschen gefühlt haben, die entdeckten, dass die Erde keine Scheibe ist.

Die Möglichkeit, dass es überhaupt eine Möglichkeit gab, jenseits des »Kann ich nicht« könne es noch etwas anderes geben, war mir nie in den Sinn gekommen. Und da stand ich nun und starrte auf einen Horizont, der im Grunde nicht endete.

In demselben Psychologieseminar hatte man uns von Babyelefanten erzählt, die man ab dem Tag ihrer Geburt an massive Betonquader kettet. Diese kleinen Babys kämpfen aus Leibeskräften, um sich zu befreien, doch sie schaffen es nicht. Ihre Beine bluten, während sie trompeten und sich winden, doch der Betonblock bewegt sich nicht von der Stelle. Schließlich erkennt der kleine Elefant, dass er sich nicht befreien kann, und akzeptiert sein Schicksal. Und weil ein Elefant niemals vergisst, sieht man erwachsene Elefanten – die mit ihrem Rüssel ohne weiteres einen Lkw zur Seite schieben könnten –, wie sie mit einem Seil ums Bein an einer winzigen Ringschraube an den Boden gefesselt sind. Sie haben ihr Schicksal akzeptiert. Sie versuchen es gar nicht mehr, weil sie glauben, sie könnten es nicht. Wenn diese Elefanten nur wüssten, dass sie sich mit einem winzigen Ruck befreien könnten!

Ich war einer dieser Elefanten.

Damals begriff ich zum ersten Mal, dass ich die Einzige war, die mir im Weg stand. Ich musste nur die Angst überwinden, die sich mir eingebrannt hatte. Alle wollten mich glauben machen, dass ich es allein nicht schaffen konnte, und ich hatte ihnen geglaubt. Doch oh, das jähe köstliche Wissen, dass ich es doch konnte … und sie nicht wussten, dass ich wusste, sie immer noch meinten, ich glaube es!

Sie gingen weg, ließen mich am Bolzen festgebunden stehen in der Überzeugung, dass ich ihn niemals herausreißen würde. Sie legten sich beruhigt schlafen in dem festen Glauben, mich von meiner Schwäche überzeugt zu haben. Doch nun hatte ich Oberwasser. Ich wusste, dass ich stark war!

Ich ließ dieses Wissen sacken, mich davon durchdringen, ließ es in mir wachsen, während ich mein Leben wie gewohnt weiterführte. Ich hatte eine Heidenangst, doch ich stapfte weiter. Bestimmt würde Allah mich nicht ewig in der Hölle schmoren lassen, nur weil ich versuchte, meiner Kleinen ein Leben wie meines zu ersparen? Er musste verstehen, dass ich sie aus dieser toxischen Umgebung wegholen musste, fort von meinem Bruder und meiner Mutter. Ich würde ihm alles erklären, und Allah würde verstehen.

Irgendwann würde sich eine Gelegenheit bieten, das wusste ich, doch ich musste das richtige Zeitfenster abpassen, durfte nicht durch abrupte Aktionen Verdacht erregen.

Nicht lange nach meiner Offenbarung begann meine Mutter damit, Reisepläne zu schmieden; sie wollte meine Schwester in Florida besuchen. Das war meine Chance!

Eine meiner Freundinnen hatte einen Nachbarn, der seinen

Keller damals illegal zu einer Wohnung ausbaute. Die konnte er nur stillschweigend, also unter der Hand vermieten. Und das war perfekt! Ich hätte keinen Kredit oder Empfehlungen bekommen, sodass ich auf legalem Weg sowieso nicht an eine Wohnung gekommen wäre. Außerdem würde ich in der Nähe meiner Freundin wohnen. Also plante ich alles. Sobald meine Mom in Florida wäre, würde ich meine Tochter und unsere Taschen packen, und dann nichts wie raus aus Dodge City!

Und genau so kam es – und zwar ohne die kleinste Panne. Sie flog, ich packte, und wir zogen aus.

# FREIHEIT

Es war nur eine Kellerwohnung, doch für mich war sie ein magischer Ort der Freiheit. Einer Freiheit, die mich viel kostete, aber jeden einzelnen Cent davon wert war. Ja, meine Wohnung machte nicht viel her – wenn man am Eingang stand, konnte man fünfundneunzig Prozent davon überblicken –, doch für mich war sie unbezahlbar. Einmal, das weiß ich noch, bemerkte ich gegenüber einer Freundin, dass ich gerne sogar noch mehr Miete gezahlt hätte, als mein Vermieter verlangte! Für die Freiheit war mir kein Preis zu hoch.

Wenn man vom Eingang aus ein paar Schritte machte und das Wohn-Schlaf-Zimmer und dann die Küche betrat, lag zur Rechten das Bad und geradeaus das Zimmer meiner Tochter. Ich hatte ihr ein Bett hineingestellt, eine Kommode und eine Spielzeugkiste. Ich selbst hatte in ihrem Alter nie ein eigenes Zimmer besessen, sodass ich ganz verzückt war, ihr ein Zimmer für sich ganz allein bieten zu können. Ich besorgte Aufkleber für die Wände und eine bunte Zudecke. Ich war ganz vernarrt in dieses Zimmer, da es quasi den ersten Schritt zu meiner Heilung darstellte. Meiner Tochter Dinge geben zu können, die ich selbst nie gehabt hatte, war so erfüllend. Ich trauerte nicht mehr um verpasste Gelegenheiten, litt nicht mehr darunter. Ihr all diese Chancen zu bieten, heilte mich oder vielmehr das kleine Mädchen in mir, das verraten, vergessen, ignoriert worden war. Und da es bei diesem nicht mehr wiedergutzumachen war, konzentrierte ich mich stattdessen auf mein neues kleines

Mädchen. Das Leben meiner Tochter sollte all das werden, was meines nie gewesen war.

Ungefähr ein Jahr lang lebten wir in dieser Eineinhalbzimmerwohnung – Monate, die eine Entdeckungsreise zu mir selbst waren. Meine Tochter besuchte die Kindertagesstätte, die man zu Fuß erreichen konnte. Auf meine Mutter war ich nicht mehr angewiesen, weder in Sachen Kinderbetreuung noch im Hinblick auf finanzielle Unterstützung. Nun galt nur noch: ich und mein Baby gegen den Rest der Welt. Nichts konnte uns jetzt noch aufhalten.

Am meisten beschäftigte mich damals die Frage, wie ich eine gute Mutter sein konnte. Die beste Strategie, überlegte ich, war wohl, stets das genaue Gegenteil dessen zu tun, was meine Mutter getan hatte.

Sie hatte uns dazu erzogen, vor allem Tod und Jenseits zu schätzen und den Versprechen dieser Welt keinen Glauben zu schenken. Also machte ich es genau umgekehrt. Ich lehrte meine Tochter, jeden Augenblick zu genießen, das Glück in jedem Atemzug zu finden. Jeden Abend, bevor sie zu Bett ging, nannte sie mir drei Dinge, für die sie an diesem Tag dankbar war, angefangen damit, dass es ein sonniger Tag gewesen war, bis zu ihrer Dankbarkeit für einen leckeren Cupcake in ihrer Lunchbox. Als sie dann älter wurde, begann sie ein Dankbarkeitstagebuch zu führen. Inzwischen ist sie erwachsen und führt immer noch eins.

Herauszubekommen, wie man einen kleinen Menschen großzieht, fiel mir damals nicht leicht, doch wenn ich sie mir heute anschaue, sehe ich, dass ich wohl etwas richtig gemacht haben muss.

Es waren keine einfachen Jahre. Oft zogen wir um, stets auf der Suche nach einer billigeren Miete. Damals ging es mir darum, mein Leben möglichst rasch auf die Reihe zu kriegen, damit meine Tochter sich an die Zeiten, in denen wir nicht genug Geld für Essen hatten, in einem Einzimmerapartment hausten und uns einen Futon teilten, gar nicht mehr erinnern würde. Ich wollte diese Version von mir aus ihrem Gedächtnis tilgen und ihr ein Vorbild sein, auf das sie stolz sein konnte.

Nach meiner Kalkulation hatte ich dafür etwa Zeit, bis sie sechs Jahre alt wurde. Etwa in diesem Alter setzten meine klaren Erinnerungen ein. Da sie bereits drei war, blieb mir nicht mehr allzu viel Zeit. Doch ich war auf dem richtigen Kurs. Ich arbeitete derart hart, schnell und viel, dass ich kaum zum Schlafen kam, und hielt das jahrelang durch. Ich wusste, dass ich meinen Termin einhalten würde, schließlich hatte ich keine andere Wahl. Ich studierte Vollzeit, arbeitete und war sogar in der Lage, liebevolle und positive neue Freundschaften zu schließen.

Wie Dickens so schön sagt: »Es war die beste Zeit, es war die schlechteste Zeit.« Ich hatte meine Freiheit, und etwas Besseres gab es nicht. Doch ich musste mich auch mit einer Sache auseinandersetzen, von der ich rein gar nichts verstand: dem Leben. Bis dahin hatte man mir immer gesagt, was ich zu tun hatte. Kritisches Denken, Entscheidungen zu treffen, Vorausplanung – das alles waren Fremdworte für mich. Man hatte mich gelehrt, zuzuhören und zu gehorchen, aber nicht, zu denken. Plötzlich musste ich mir alles selbst überlegen. Wie würde ich jeden Tag zur Uni kommen? Wie konnte ich mir die Kinderbetreuung leisten? Die Entscheidungen nahmen kein Ende, und oft vermasselte ich alles.

Ich weiß noch, dass ich Blut und Wasser schwitzte, als ich ägyptische Münzen in den Fahrkartenautomaten warf (entscheidend war das Gewicht der Münzen), um zur Uni fahren zu können. Das Geld war knapp. Von zu Hause bis zum Campus brauchte ich drei Busse, sprich, geografisch betrachtet hatte ich vielleicht nicht die beste Wohnlage erwischt, finanziell gesehen allerdings schon.

Ich verbrauchte alle ägyptischen Münzen, bis keine mehr übrig waren. Dann gab es Tage, an denen ich meine Tochter zur Kita brachte, nur um danach wieder nach Hause zu gehen und zu heulen. Mir fehlte das Geld für den Bus. Das geschah schon, wenn ich mal Freunde zu Besuch hatte und ein bisschen mehr zu essen kaufte.

Ich ärgerte mich dann wahnsinnig, weil die Uni doch meine einzige Chance war. Wenn ich keinen guten Abschluss machte, würde ich mein Ziel nie erreichen. Wegen dieser Wut und Traurigkeit, wegen dieses verzehrenden Gefühls von Versagen und Angst sorgte ich dafür, dass solche Tage, an denen ich meine Vorlesungen versäumte, die Ausnahme blieben.

Doch als meine Tochter eine viel zu teure Schachtel Eiswaffeln haben wollte und ich Nein sagte, weil einfach kein Geld dafür da war, fühlte ich mich noch schlechter. Ich enttäuschte den einen Menschen, den ich glücklich machen wollte. Das war mein erster Tiefpunkt.

Ich kämpfte mich wieder hoch, verfluchte die teuren Eiswaffeln und schaffte es, wieder in meinen Ausgangszustand zurückzukehren, wo ich – bang, erneut zu versinken und nie wieder hochzukommen – wie ein Kieselstein über die Wasseroberfläche schnellte. Ich war voller Adrenalin und wusste, dass ich nicht aufhören konnte. Wenn ich nur ein bisschen langsamer wurde, würde ich ins Wasser stürzen und ertrinken. Ich musste in Bewegung bleiben, doch es war sehr schwer. Und der schwerste Tag war der, an dem ich das Armband meiner Großmutter verkaufen musste.

Nachdem mein Großvater bei einem Bootsunfall ums Leben gekommen war, zog meine Großmutter von Saudi-Arabien nach Montreal. Als »Nicht-Saudis«, die in Saudi-Arabien lebten, mussten all ihre Immobilien und Unternehmen von einem echten Saudi mitunterzeichnet werden, weil Ausländer in Saudi-Arabien nichts besitzen dürfen. Sobald mein Großvater gestorben war, riss sich der mitunterzeichnende Saudi alles unter den Nagel und ließ meine Großmutter mittellos zurück. Ihr blieb nichts anderes übrig, als zu ihrem Sohn, meinem Vater, zu ziehen. Etwa zwei Jahre nach dem Tod meines Großvaters fuhr ich nach Montreal, um sie zu besuchen.

Sie war schon sehr gebrechlich und ihre Augen vom grünen Star getrübt. Obwohl sie noch relativ jung war, war deutlich zu erkennen, dass sie nicht mehr lange zu leben hatte. Das Leben mit Dad und seiner grässlichen Frau hatte seinen Tribut gefordert. Er hatte sie mal gegen eine Wand geschubst und ihr dabei den Arm gebrochen, sich anschließend aber geweigert, sie zum Arzt zu bringen. Obendrein hatte er sie noch beschuldigt, sie jammere bloß herum und dass ihr der Arm wehtue, sei eine Lüge.

Sie hatte ihr Leben satt. Sie und mein Großvater waren seit ihrem zwölften beziehungsweise fünfzehnten Lebensjahr zusammen gewesen. Er war ein großer und kräftiger Mann mit einem herzhaften Lachen und einer starken Persönlichkeit gewesen. Ab und zu hatte sie es ertragen müssen, dass er ihr auf den Po klatschte oder ihr übertrieben laute Küsse gab, doch meist hatte sie nur still neben ihm gesessen. Ohne ihn an ihrer Seite war sie verloren.

Wir saßen auf dem Sofa meines Dads, und sie weinte, als sie den letzten goldenen Armreif von ihrem Handgelenk zog.

Stets hatte etwa ein halbes Dutzend davon an ihrem Arm geklimpert, doch nun war ihr nur noch ein einziger geblieben.

»Es tut mir leid, dass er nicht neu ist. Ich hasse es, dir etwas Altes und Verkratztes zu schenken, aber ich habe nichts anderes. Du sollst ihn immer tragen«, sagte sie und reichte ihn mir. »Damit du an mich denkst, wenn ich nicht mehr bin.«

»Nein, bitte. Behalt ihn. Sprich nicht so. Ich brauche nichts, um mich an dich zu erinnern. Wo willst du denn hin? Sag nicht solche Sachen.«

Doch sie bestand darauf, und ich nahm ihn nur, damit sie endlich aufhörte zu weinen. Ich versprach ihr, ihn nie abzulegen. Und ich hielt mein Versprechen so lange, wie ich konnte. Der Armreif war mein letzter Wertgegenstand. Ich verkaufte ihn, um Miete, Studiengebühren und Lebensmittel zu bezahlen. Das war wohl mein tatsächlicher Tiefpunkt. Ein tieferer fällt mir nicht ein.

***

Im selben Jahr erhielt ich von meiner Uni ein Darlehen über dreitausend Dollar. Keine Probleme mit dem Busgeld mehr; endlich würde ich mir ein Auto leisten können. Ein Gefühl der Erleichterung durchströmte mich.

Doch ich war zu ängstlich, das ganze Geld für einen Gebrauchtwagen auszugeben, und ich hatte keine Ahnung, was ich bei technischen Problemen machen sollte. Also entschied ich mich zu leasen.

In dem Autohaus, das von unserer Wohnung aus zu Fuß zu erreichen war, versuchte ich den Verkäufer zu überzeugen, mir einen Leasingvertrag auszustellen.

»Sie müssen das verstehen«, sagte er. »Sie sind nicht kreditwürdig, außerdem Vollzeitstudentin. Sie verfügen über kein regelmäßiges Einkommen, stellen also ein erhebliches Sicherheitsrisiko dar. Das wird die Bank niemals bewilligen.«

»Ich verspreche Ihnen, jede Rate rechtzeitig zu bezahlen. Und ich werde so gut auf den Wagen aufpassen. Das müssen Sie mir glauben.« Meine Eingeweide rumorten, als säße ich in einer Achterbahn.

»Die werden aber nur zustimmen, wenn Sie eine Kaution von dreitausend Dollar hinterlegen und einen Mitunterzeichner finden. Haben Sie jemanden, der für Sie bürgen könnte?«

»Nein, ich habe niemanden.« Und mein Magen rumorte noch heftiger.

»Weder Mutter noch Vater, Tanten oder Onkel? Irgendeine Person in Ihrem Leben, die kreditwürdig ist?«

»Ich könnte wohl meinen Dad fragen. Aber ich hab seit Jahren nicht mehr mit ihm gesprochen.«

»Versuchen Sie es«, meinte er. »Hier, Sie können mein Telefon benutzen.«

»Aber das wird ein Ferngespräch; er ist in Montreal.«

»Schon okay, machen Sie nur.«

Er deutete auf das Telefon und ging hinaus, damit ich ungestört telefonieren konnte. Ich holte tief Luft und wählte. Als mein Dad abnahm, erzählte ich ihm die ganze Geschichte. Er war nicht gerade begeistert, dass ich mich plötzlich in sein Leben drängte und ihn mit meinen Problemen behelligte.

»Hör mal, du kannst doch nicht einfach aus heiterem Himmel anrufen und Geld verlangen.«

»Ich brauche kein Geld – ich brauche nur deine Unterschrift.« Sein kurzer genervter Seufzer war bis nach Vancouver zu hören.

»Im Grunde ist es das Gleiche, nicht wahr? Wenn du deine

Zahlung nicht leistest, häng ich da drin, und ich hab drei Kinder zu ernähren, hab eine Frau, eine Hypothek zu tilgen. Ich bin nicht deine Bank.«

»*Meine Bank?* Wofür hast du denn je bezahlt? Hast du überhaupt Unterhalt gezahlt? Ich glaube nicht, dass das fair von dir ist!« Ich konnte kaum glauben, dass ich das wirklich gesagt hatte. »Ich hab dich nie um etwas gebeten, und das hier lässt sich kaum als Bitte um etwas bezeichnen, und trotzdem kannst du das nicht? Du kannst nicht einmal ein Stück Papier für mich unterschreiben?« Ich war verzweifelt. »Du hast nicht drei Kinder, du hast sechs Kinder. Erinnerst du dich noch? Was hast du denn in all den Jahren je für mich getan? Ich hatte nie einen Vater, wie deine neuen Kinder einen haben!«

Er war meine letzte Chance. Wenn er nicht einwilligte, würde ich den Wagen nicht bekommen.

Mir wurde ganz schlecht, wenn ich daran dachte, wieder mit meiner Tochter im Regen an der Bushaltestelle zu stehen und Tausende von Pendlern vorbeirasen zu sehen.

»Mommy, schau mal! So viele Autos!«, rief sie dann immer. »Und guck mal!« Sie deutete auf einen vollen Parkplatz. »So viele überall! Warum können wir nicht wenigstens eins haben?«

»Ich werde uns eins kaufen, Liebes, versprochen.«

Und nun würde ich mein Versprechen nicht halten können.

Der Verkäufer kam herein und sah mich am Telefon schluchzen. Ich dachte schon, er wolle sich selbst als Bürge anbieten, denn er sah so elend aus, wie ich mich fühlte.

»Daddy, bitte. Ich werd keine einzige Rate versäumen, das verspreche ich dir. Du musst mir glauben. Ich weiß nicht, was ich dir sonst noch sagen kann. Ich brauche diesen Wagen. Ich habe dich nie um etwas gebeten und werde es auch nie wieder tun.«

»Meiner Frau wird das gar nicht gefallen. Wir haben ohnehin schon so viele Rechnungen.«

*Deine Frau geht mir doch so was von am A… vorbei.*

»Wenn ich keine Zahlung versäume, und das werd ich nicht, wird sie es nie erfahren. Versprochen. Bitte.«

Nach vielen Bitten meinerseits und einer Fülle von Ratschlägen von seiner Seite erklärte er sich schließlich widerwillig zur Unterschrift bereit. Ich bekam meinen Wagen und behandelte ihn pfleglicher, als je ein Wagen behandelt worden war. In den drei Jahren, die ich ihn hatte, versäumte ich keine einzige Rate. Nach Ablauf des Leasingvertrags zahlte ich 200 Dollar, um das Auto komplett durchchecken zu lassen, und der Händler meinte, noch nie habe er ein Fahrzeug in einem so fantastischen Zustand zurückbekommen. Ich war diesem Autohaus sehr dankbar, dass sie das Risiko mit mir eingegangen waren, und deswegen auch entschlossen, ihnen ihre Freundlichkeit zu vergelten.

# ZWEIFEL

Während ich langsam in mein neues Leben hineinfand, entschied ich mich eher zufällig für ein Wahlfach, weil es gut in meinen Stundenplan passte: Religionsgeschichte. Das Fach konzentrierte sich auf die drei abrahamitischen Religionen, und da man mir Islamkunde seit jeher eingetrichtert hatte, wusste ich, dass wenigstens ein Drittel des Lehrplans ein Klacks für mich sein würde. Wie stark dieser Kurs mein Leben verändern sollte, ahnte ich damals noch nicht.

Während der zwölf Kurswochen entwirrte sich nach und nach alles, was ich jemals zu wissen geglaubt hatte. Nie zuvor hatte ich den Islam aus objektiver Perspektive betrachtet. Nun sah ich die Absurditäten darin ebenso deutlich, wie ich sie auch bei anderen Religionen wahrnehmen konnte. Es war nicht schwer, das Irrationale an der Dreieinigkeit oder der Verehrung von Kühen zu sehen, doch wenn die Irrationalität die eigene ist, ist sie viel schwerer zu erkennen.

Zum ersten Mal durfte ich den Islam mit kritischem Blick betrachten und entdeckte sehr rasch, dass sich die Lehre des Koran in nichts von anderen alten Philosophien, von anderen von Männern verfassten Büchern unterschied. Es war so eindeutig. Angefangen bei der Erde, die flach wie ein Teppich sei, bis zur Empfehlung, Kamelurin zu trinken, um irgendwelche Beschwerden zu kurieren, strotzte er vor Absurditäten. Es war offensichtlich, dass er von Männern geschrieben worden war, die es nicht besser wussten. Ich wiederum erlebte nun meine eigene Offenbarung, nämlich die, dass der Koran keinesfalls das göttliche Wort einer allmächtigen Gottheit war. Denn ein allmächtiger Gott, der Himmel und Erde erschaffen hatte, hätte gewusst, dass er sie nicht als flache Scheibe erschaffen hatte!

Darüber hinaus erwies sich die Vorstellung, der Koran sei einzigartig und göttlich, als falsch, weil der größte Teil davon aus (schlechten) Plagiaten bestand. Es gab sogar zahlreiche Beispiele, wo fremdsprachige Elemente aus dem Hebräischen oder Syrischen im arabischen Text gelandet waren. Natürlich hatte man uns erzählt, dass diese Worte geheimnisvolle Bedeutungen besäßen, die nur Allah entschlüsseln könne. Doch, nein, es handelte sich bloß um vermurkste Plagiate, denn der Koran war aus Lehren und Geschichten zusammengesetzt, die sich einst jüdische und christliche Stammesführer erzählt hatten.

Letztlich gelangte ich zu der Auffassung, dass nicht nur der Islam eine Erfindung war, sondern im Grunde alle Religionen. Ich war so froh, endlich das lähmende Schuldgefühl loszusein, das ich jahrelang mit mir herumgeschleppt hatte! Ich brauchte keine Minderwertigkeitsgefühle mehr zu haben, weil ich nicht an diese unsinnigen und seltsam brutalen Märchen glaubte – ja, eigentlich war ich schon immer die Vernünftige gewesen!

Welch eine Erleichterung, endlich guten Gewissens frische, unbelastete Luft zu atmen! Ich wollte mich betrinken, tanzen und all das tun, was alleinstehende freie Frauen so machen!

Das allerdings war gar nicht so leicht. Ebenso wie ich Nikab und Hidschab nicht auf der Stelle hatte ablegen können, konnte ich nicht von einem Moment auf den anderen all das abschütteln, was mir seit meinem fünften Lebensjahr eingebläut worden war. Plötzlich zu erkennen, dass alles, was man je für wahr gehalten hat, eine Lüge ist, war extrem traumatisierend. Ich fühlte mich wie Jim Carrey in *Die Truman Show*. Der Ansturm aller möglichen Gefühle – Wut darüber, dass man mich hinters Licht geführt hatte, Traurigkeit darüber, dass ich all die Jahre verloren hatte, Angst davor, dass ich mich vielleicht täuschte, Verlegenheit, weil ich so blöd gewesen war – nahm kein Ende. Doch im Laufe dieses Prozesses gab es auch Phasen, in denen ich beschloss, nicht allzu viel nachzudenken und einfach meine Freiheit zu genießen.

Zum Glück hatte ich eine großartige Freundin namens Tosha, die mir in dieser Welt neu entdeckter Freiheiten zum Sherpa wurde. Sie wusste alles, was es über Haare und Make-up zu wissen gab, und ich wurde ihre gelehrige Schülerin. Die ganze Woche verbrachten wir in Seminaren und arbeiteten wie verrückt, doch am Wochenende stylte sie mich, und wir zogen durch die Clubs. Es war herrlich! Endlich brach ich aus, schüttelte auch die letzten Reste meines Zementkerkers ab und lebte auf eine Weise, wie ich es nie für möglich gehalten hätte.

Tosha war nicht nur meine Mentorin in Sachen Haare und Make-up, sie half mir überhaupt, erwachsen zu werden. Ihre Eltern ließen sich damals scheiden, und sie hatte nicht lange zuvor etwas Schmerzliches entdeckt, das sie mit mir teilte und das ich seither mit vielen anderen geteilt habe.

»Deine Mom ist auch nur eine Frau, weißt du«, meinte sie. »Sie ist nur eine Frau wie du und ich – und alle anderen Frauen. Wir stellen unsere Mütter auf diesen lächerlichen Sockel. Wir tun, als würden sie sich vom Rest der Menschheit unterscheiden. Aber sie sind nicht anders, sondern einfach nur Frauen.«

Wir saßen in ihrem Wagen, und ihre Worte trafen mich wie die Spitze eines Meißels, der den letzten, mich noch bedeckenden Zementbrocken wegsprengte. Ich starrte bloß durch die Windschutzscheibe, versuchte zu verarbeiten, was sie da sagte.

Als wir bei mir angekommen waren, sprang ich ohne eine Antwort aus dem Wagen. Doch inzwischen habe ich sie wissen lassen, wie dankbar ich ihr bin, weil ihre Feststellung meine Einstellung so einschneidend verändert hat. Meine Mutter und meine Angst vor ihr waren das letzte Hindernis, das es noch zu überwinden galt. Und Tosha half mir dabei.

Der Islam schreibt unseren Müttern nahezu göttlichen Status zu, denn es ist ihre Entscheidung, ob wir für alle Ewigkeit in der Hölle brennen. Das ist eine ganz schöne Macht. Aber zu begreifen, dass meine Mutter keine übernatürlichen Kräfte besaß, sondern ein ebenso unbedeutender, sündiger Mensch war wie wir alle – das war schon eine einigermaßen erschütternde Erkenntnis.

Zwar lebte ich nicht mehr mit meiner Mom zusammen, hatte aber immer noch eine Heidenangst, sie könne herausfinden, dass ich den Hidschab zeitweise ablegte. Ich führte ein Doppelleben. Abends legte ich das Tuch ab, an der Uni aber behielt ich es auf, weil ich keine Fragen beantworten wollte. Inzwischen lebten wir in der Post-9/11-Ära, und im Hinblick auf Hidschabträgerinnen waren alle aufs Höchste sensibilisiert.

Meine Mutter trauerte, erwartungsgemäß, einzig und allein um die Muslime, die in den Twin Towers zu Tode gekommen waren.

»Du weißt aber schon, dass es da drinnen eine Kita gegeben hat«, sagte ich.

»Na ja, jeder Krieg fordert seine Opfer.«

»Das ist aber kein Krieg. Das ist ein Angriff auf unschuldige Zivilisten.«

»Sei doch nicht dumm. Muslime und *Kuffar* stehen immer im Krieg miteinander. Das hast du nie kapiert, das ist das Problem bei dir. Und deswegen wirst du wohl mit ihnen umkommen. Da du unter ihnen lebst, wird man dich nicht von ihnen unterscheiden können, und folglich hast du's auch verdient.«

»Du lebst doch auch unter ihnen.«

»Aber nicht wie du! Ich habe keine *Kafir*-Freunde! Ich hasse sie und ihr Land, und sobald ich kann, werde ich nach Hause zurückkehren! Dir aber gefällt es hier! Du liebst sie und glaubst, du gehörst zu ihnen! Aber auch du wirst dich dem Kalifat anschließen müssen, wenn es uns endlich gelingt, sie zu überwältigen, oder du wirst mit ihnen getötet wie eine Hündin.«

Das Weltbild meiner Mutter unterschied sich in nichts von dem der Flugzeugentführer des 11. September oder dem des Islamischen Staates. Sie alle waren überzeugt, Pflicht eines Muslims sei es zu kämpfen, bis alle Menschen Muslime waren und der gesamte Planet islamisch regiert wurde. Deswegen reisten, als sich das Kalifat im Irak und in Syrien (IS) erhob, Muslime aus aller Welt dorthin, um sich an dem Kampf zu beteiligen. Einerseits machte es keinen rechten Sinn, dass junge Männer und Frauen aus westlichen Ländern beschlossen, in ein Kriegsgebiet einzureisen, und die Menschen konnten es nicht nachvollziehen. Andererseits machte es *absolut* Sinn. Denn genau wie mir hatte man diesen jungen Leuten von Kindesbeinen an eingebläut, es sei ihre Pflicht, einen islamischen Staat zu unterstützen. Sobald der IS also an Macht gewann, waren die Rekruten schon indoktriniert und bereit, sich ihm anzuschließen. Sie selbst sahen sich natürlich nicht als Terroristen, sondern als Menschen, die einen göttlichen Plan erfüllten.

Nach Nine Eleven erlebte ich auf muslimischer Seite vor allem Selbstzufriedenheit und Feierstimmung, während auf der *Kafir*-Seite das genaue Gegenteil geschah.

So bat mich der Dekan meiner Fakultät in sein Büro, um zu fragen, ob ich denn irgendeinen Backlash, irgendwelche Gegenreaktionen zu spüren bekommen hätte. Eben erst hatten Muslime Tausende von Amerikanern umgebracht, und seine erste Sorge war, dass mir ja keiner ein schlechtes Gefühl gab.

Oh Kanada! Hättest du nur geahnt, womit du es da zu tun hattest und wie abwegig deine Sorge mir erschien! Nein, keiner hatte mir ein schlechtes Gefühl gegeben. Tatsächlich überschlug man sich geradezu, um sicherzustellen, dass es mir ja an nichts fehlte. Am liebsten hätte ich den Dekan gefragt: »Ernsthaft? Soll das ein Scherz sein? Wir verlangen euren Tod, und Sie machen sich Sorgen, dass jemand unsere Gefühle verletzen könnte?«

Ehrlich gesagt fand ich es grässlich und gönnerhaft. Ich war kein zartes, zerbrechliches Geschöpf, das nun besondere Aufmerksamkeit brauchte, nur weil Leute, die die gleiche Religion hatten wie ich, Mörder waren. Das Ganze war lächerlich. Unser unmittelbares Anliegen hätte der Umgang mit diesem Trauma sein sollen: dass unser aller Leben nun so anders geworden war und es kein Zurück mehr gab. Wir konnten uns nicht mehr sicher fühlen. Man hatte eben das Herz unserer Welt angegriffen, und alle versuchten, es zu begreifen. Alle waren in einer Art Schockzustand.

Ich war wütend, irgendwie mit diesen Monstern in einen Topf geworfen zu werden. Ich hasste es, dass dieser verdammte Fetzen auf meinem Kopf mich aussehen ließ, als hätte ich was mit diesem Scheiß zu tun. Dabei hatte ich genauso viel Angst vor diesen Terroristen wie alle anderen, war genauso erschüttert wie alle anderen. All die Opfer – es brach mir das Herz, so wie jedem anderen auch. Und irgendwelche anderen Aspekte gab es nicht.

Mehr als alles andere aber wünschte ich mir, diesen Fetzen loszuwerden und jede Verbindung zwischen ihnen und mir abzubrechen. Doch den Hidschab abzulegen, nachdem ich sowieso schon unter Beobachtung stand, war keine Option. Vor Nine Eleven wäre es den Leuten vermutlich gar nicht aufgefallen, doch in die Welt vor dem 11. September gab es nun kein Zurück mehr. Würde ich eines Tages ohne Tuch auftauchen (bildete ich mir ein), würde ich weit mehr Aufmerksamkeit erregen, als mir lieb war – wo ich doch jetzt schon mehr bekam, als ich wollte. Man würde mich fragen (dachte ich), ob ich noch immer Muslimin sei, und was sollte ich darauf antworten? Ich schlug mich ja selbst nach wie vor mit der Frage herum.

Vielleicht aber hätten sie meinen hidschablosen Zustand auch so interpretiert, dass sie nun vor mir über die dreckigen Kameltreiber lästern konnten, da ich ja offenbar meinem Glauben abgeschworen hatte und folglich alle Muslime hassen musste. Und selbstverständlich wollte ich nicht, dass sie meine persönliche Abwendung von der Religion als Einladung missverstanden, jene zu verunglimpfen, die immer noch gläubig waren. Ich wollte mich nicht in die missliche Lage bringen, meine Position und Denkweise verteidigen zu müssen, weil ich meine Position und Denkweise ja noch gar nicht endgültig bestimmt hatte. Wegen des Durcheinanders rund um die Entscheidung, mich so oder so zu bekennen, war ich Hidschabträgerin bei Tage und Freigeist in der Nacht.

Für die Welt sah ich aus wie eine Muslimin, in meinem tiefsten Innern aber war ich nur eine Frau. Allmählich ging mir meine muslimische Identität zwar verloren, aber ich hatte noch nichts gefunden, was sie ersetzen konnte. Ich nahm die Dinge, wie sie kamen, nahm einen Tag nach dem anderen und versuchte, im Spagat zwischen meinen beiden Identitäten zu leben.

Und in einer solchen Verfassung bekam ich einen Anruf von meiner Mom, ich solle doch mal den Fernseher einschalten. Ein BBC-Korrespondent stand inmitten der Trümmer eines Al-Kaida-Unterschlupfes in Kabul, während Papierfetzen um ihn herumflogen. Der Reporter griff nach unten, schnappte sich irgendeinen Schnipsel und las vor.

»Auf dem hier steht: 4U Enterprises. Richmond, BC, Kanada. Nun, wir wissen nicht, was für eine Firma das ist oder ob sie irgendeine Bedeutung hat, aber …«

Von all den Papierfetzen, die er hätte aufheben können, war es ausgerechnet *dieser*? Was für ein Zufall!!

Es dauerte nicht lange, bis sie mich gefunden hatten. Mein Anrufbeantworter war voll.

»Hallo, ich bin von der *National Post*. Ich würde mich gerne mit Ihnen über die Firma Ihres Exmannes, 4U Enterprises, unterhalten. Könnten Sie mich bitte zurückrufen?«

Die Anrufer waren unerbittlich. Schließlich begannen sie sogar vor dem Gebäude, in dem mein Apartment lag, zu kampieren und zu warten, bis ich das Haus verließ. Ich fühlte mich verängstigt und in meinen Rechten verletzt. Warum drang jene alte Welt in meine neue ein? Das hatte doch gar nichts mit mir zu tun. Einer der Reporter kämpfte sich vor bis zu meiner Tür.

»Haben Sie einen Augenblick Zeit, um über Ihren Exmann zu reden?«

»Nein! Lassen Sie mich in Ruhe! Ich will mit niemandem reden! Ich weiß nichts über ihn! Bitte, lassen Sie mich in Ruhe!«

»Wir lassen Sie nicht in Ruhe, bis Sie mit uns reden. Wenn

Sie wenigstens mit *einem* von uns sprechen, zieht der Rest von uns ab. Wir brauchen nur ein Statement.«

»Ich hab aber kein Statement.«

»Schauen Sie ... nehmen Sie meine Karte, und rufen Sie mich zurück, wenn Sie bereit dazu sind. Ihr Telefon wird nicht aufhören zu klingeln, und wir werden nicht von hier abziehen, ehe Sie sich geäußert haben.«

Seine Drohung ließ mir keine andere Wahl, als mich wütend ihrem Willen zu beugen. Ich wollte nur noch, dass sie verschwanden. Es war so bizarr, wie sie mich da in Dinge hineinzogen, bei denen ich nie eine Rolle gespielt hatte. Nichts davon hatte irgendetwas mit mir zu tun. Nach unserem Telefonat erschien meine Geschichte auf der Titelseite unserer größten Zeitung, doch anschließend ließen sie mich, wie versprochen, in Ruhe.

Als ich am nächsten Tag an die Uni kam, zog mein Professor mich zur Seite und redete mit mir, als sei ich so eine Art Promi.

»Sind *Sie* das?«, sprudelte es aus ihm heraus. »Das ist ja unfassbar, und Sie sind in meinem Seminar! Es hieß, Sie seien Studentin an der UBC, sodass ich mir dachte: *Na, wie groß mag die Chance sein?* Und tatsächlich – Sie sind es!«

»Ja, aber ich will eigentlich gar nicht darüber sprechen.« Ich wich zurück.

»Also, diese Sache ist ja absolut faszinierend!«

Ich ging weiter.

Der Artikel enthielt alle möglichen Informationen, die mir neu waren. Es wurde darin berichtet, dass ein Al-Kaida-Funktionär, den man wegen terroristischer Straftaten verhaftet hatte, genau jener war, der Essams Kaution hinterlegt hatte, als man meinen Exmann bei der Einreise mit einem falschen saudischen Pass festgenommen hatte. Sehr ausführlich wurde auch beschrieben, wie dieser Funktionär beauftragt worden war, Geld von einem Konto in Kalifornien abzuheben und es an einen weiteren Al-Kaida-Agenten in British Columbia zu übergeben.

Die Männer, die sich alle als Dschihadisten bezeichneten, erklärten, dass die dschihadistische Mission, Essam zu befreien, auf einer direkten Anweisung Osama bin Ladens beruht habe. In dem Artikel wurde auch erwähnt, dass Essam seit dem Krieg der Sowjets in Afghanistan mit Bin Laden zusammengearbeitet habe. Er sei, so glaubte man, auch derjenige, der die Bombenleger trainiert habe, die für die 1998er Anschläge auf die US-Botschaften in Kenia und Tansania verantwortlich waren, bei denen mehr als zweihundert Menschen ums Leben kamen.

Nachdem ich ihm gesagt hatte, ich werde mich scheiden lassen, und er Kanada verlassen hatte, kämpfte er zunächst gegen die Serben im Kosovo. Etwa ein Jahr später jedoch wurde er in Aserbaidschan aufgegriffen und in ein ägyptisches Gefängnis gebracht. Von dort stammte das Foto, das der CSIS mir vor Jahren gezeigt hatte.

Ich hoffte, damit sei dieses Kapitel beendet. Ich wollte weiter und hatte wirklich keine Lust, dass mir diese Geschichte noch ewig nachhing.

Ein bisschen nervös wurde ich nur, als Mursi, der nach Mubarak für kurze Zeit ägyptischer Präsident war, eine Gruppe von Muslimbrüdern aus dem Gefängnis entließ. Tatsache war, dass Essam die Muslimbrüder hasste; er hielt sie für einen Haufen Weicheier. Er selbst war mit einer viel militanteren ägyptischen Gruppe namens Al-Dschihad verbündet, dem ägyptischen Flügel von Al-Kaida. Islamisten und Dschihadisten verfolgen zwar dasselbe Ziel – nämlich den Islam zu verbreiten –, doch sie bedienen sich dazu verschiedener Methoden. Islamisten versuchen es mithilfe passiver Mittel wie Politik, Einwanderung und Geburten. Dschihadisten dagegen bevorzugen die Methode der ersten Muslime: das Schwert. Es gibt einen Hadith, in dem Mohammed erklärt, die besten Muslime seien die seiner Generation, danach würden sie im Laufe der Zeit immer schwächer werden, sodass natürlich die jeweils jüngste Generation von Muslimen immer die schlechteste ist. Die Muslime sollten daher niemals zulassen, dass der Islam fortschreite, sondern stets versuchen, das nachzuahmen, was Mohammed und seine Gefährten vor tausendvierhundert Jahren getan haben. Aus diesem Grund betrachten Dschihadisten die Islamisten als weniger fromm und weniger rein, sondern als quasi »amerikanisierte« Verräter, die ihre Bärte stutzen und Anzüge tragen. Wahre Muslime aber kleiden sich wie der Prophet und handeln nach seinem Beispiel. Und da Mursi ein Islamist war, war es ihm lieber, Dschihadisten wie Essam hinter Gittern zu sehen. Sie haben vielleicht die gleichen Ziele, aber sie sind keine natürlichen Verbündeten.

Ich stelle mir gerne vor, dass Essam inzwischen tot ist, ebenso wie all seine Freunde oder Verbündeten, die womöglich bereit wären, für ihn Rache an uns zu nehmen. Mittlerweile dürfte er an die sechzig Jahre alt sein. Er wurde damals zu fünfzehn Jahren Zwangsarbeit verurteilt, sodass er inzwischen wieder draußen sein könnte. Doch nach einem längeren Aufenthalt in einem ägyptischen Gefängnis wäre er wohl nicht mehr sehr kräftig, und ich kann zumindest insofern ruhig schlafen, als er wohl keine körperliche Bedrohung mehr für uns darstellt.

Auch kann ich mir nicht vorstellen, dass die kanadische Regierung ihn je wieder einreisen lässt. Aus einem Online-Artikel der *New York Times* habe ich erfahren, dass er Kontaktmann für Bin Ladens Terrorzelle in Kanada war, sodass er bei einer neuerlichen Einreise höchstwahrscheinlich Ärger bekäme. Immer wieder checke ich seinen Wikipedia-Artikel nach einem Update; eines Tages werde ich darin wohl bestätigt finden, dass er tatsächlich tot ist.

# WIEDERAUFBAU

So schwierig es finanziell manchmal war, ich hatte auch gute Zeiten in diesen Jahren, in denen ich mein muslimisches Selbst demontierte und mich anschließend Schritt für Schritt wieder aufbaute. Ich lud meine Kindheitsfreundinnen zu mir ein, und wir machten uns die Haare, schminkten uns, hörten Musik und tanzten – taten also all das, was zu Hause verboten gewesen war –, waren einfach nur freie Frauen in ihren Zwanzigern. Meine Wohnung erfreute sich damals regen Zulaufs.

All diese Mädchen saßen noch immer bei ihren Familien fest (eine von ihnen auch in einer lieblosen arrangierten Ehe), und meine Wohnung war der Ort, an dem sie frei sein konnten. Die Freundin, die mir die Kellerwohnung vermittelt hatte, hatte einen Bruder, der wiederum einen Freund namens Wayne hatte. Als ich eines Tages mit meinen Freundinnen zusammensaß, kam Wayne unangemeldet vorbei. Damals trug ich noch einen Hidschab, sodass er mein Haar noch nie gesehen hatte, und er hatte wohl nicht gedacht, dass ich ohne so anders aussehen würde. Ich sah, dass er völlig perplex war, musste kichern, weil die plötzliche Aufmerksamkeit mich verlegen machte … und rannte davon.

Später zogen meine Freundinnen mich immer wieder damit auf.

»Wie … wie er dich angeguckt hat!«

»Ja, na ja, er dachte wohl, ich hab eine Glatze.«

»Aber keine von uns hatte einen Hidschab auf, und an uns

hat er keinen Blick verschwendet. Es war, als wären wir gar nicht da gewesen! Er hat nur dich gesehen!«

Was sie da sagten, war nicht völlig aus der Luft gegriffen, und es schmeichelte mir. Allerdings übertreiben Freundinnen solche Dinge auch immer, sodass ich wirklich überrascht war, als er später am Abend wiederkam und mir unverblümt erklärte, dass er mehr als nur Freundschaft wolle. Mir schwirrte der Kopf. Und sosehr mir die Vorstellung auch gefiel, sie machte mir auch Angst.

Ich hatte es gewagt, von zu Hause auszuziehen, aber einen Freund zu haben war noch mal etwas völlig anderes. Eine Beziehung zu einem Mitglied des anderen Geschlechts – vor allem jedoch zu einem Nichtmuslim – war strengstens verboten. Nicht nur, dass man das im Jenseits mit dem Höllenfeuer bezahlte, auch auf Erden konnte es gefährlich werden, denn Schande und Schuld können sehr belastend sein.

Als wir miteinander zu schlafen begannen, drehte ich derart durch, dass ich dabei jedes Mal fast eine Panikattacke erlitt. Zur Beruhigung meiner Nerven stellte ich mir dann vor, wir seien verheiratet. Ich stellte mir vor, er sei der hasserfüllte, gewalttätige, fürchterliche Typ, mit dem ich verheiratet gewesen war – und das beruhigte mich dann! Ich hatte solche Angst vor Sex mit einem Mann, mit dem ich nicht verheiratet war, dass ich mir, um es zu überstehen, tatsächlich ausmalte, mit jemandem zusammen zu sein, den ich nicht ausstehen konnte. Die Gehirnwäsche hielt mich auf wahrlich heimtückische Weise in ihrer Gewalt: Wayne war *haram*; Essam war *halal*. Obwohl ich mit Wayne zusammen sein wollte und Essam hasste, konnte ich mich nur dann entsprechend beruhigen und mit Wayne schlafen, wenn ich über Essam fantasierte – falls man es überhaupt so nennen durfte. Ganz schön verkorkst.

Die Vorstellung, einen Nichtmuslim in meinem Leben zu haben, machte mir ganz schön zu schaffen. Männer dürfen nichtmuslimische Partnerinnen haben, Frauen aber ist es verboten. Ich verstieß gegen so viele der wichtigsten Regeln.

Doch es war wunderbar, jemanden zu haben, auf den man sich verlassen konnte, eine tröstende Hand und eine warme Umarmung am Ende eines anstrengenden Tages. Wayne war absolut harmlos, und er liebte mich. Und es war so tröstlich zu wissen, dass er mich mehr liebte als ich ihn. Es verlieh mir Macht. Nie musste ich befürchten, dass er mich verletzen könnte.

»Um ein Lächeln auf diesem schönen Gesicht zu sehen, würde ich einfach alles tun.«

Wie konnte es sein, dass jemand diese Worte zu mir sagte? Es war alles so surreal. Für jemanden, der so krank war, jemanden, der keine Ahnung hatte, wie Gesundheit sich überhaupt anfühlte, wirkten seine Worte wie ein heilendes Elixier.

Ich kämpfte an gegen meine Gefühle von Schuld und Angst und ließ die Beziehung einfach laufen. Offiziell erklärten wir zwar nie, dass wir nun ein Paar seien, aber er war einfach immer da.

Und während die Jahre vergingen, entwickelte sich aus einer Freundschaft eine sexuelle Beziehung und dann eine Ehe. Wir hatten keine richtige Hochzeit, nur eine kurze standesamtliche Trauung im Gerichtsgebäude. Ich habe wohl vor allem deswegen geheiratet, um diese Schuldgefühle zu lindern, die ich hatte, weil ich mit ihm schlief. Eine Heirat, dachte ich, würde mich von allen vergangenen Sünden freisprechen.

Meiner Mom begegnete er nur ein einziges Mal, allerdings erst, nachdem er seine *Schahada* gesprochen und Muslim geworden war.

»Und wenn sie mir nun irgendwelche Fragen stellen?«

»Tun sie nicht. Wiederhole nur jeden Satz des Imams.«

Er brauchte nur zehn Sekunden, um Muslim zu werden. Er war bereit, ins kalte Wasser zu springen, alles über den Islam zu lernen und alles zu tun, was ich wollte.

»Ich werde kein Schweinefleisch essen!«

»Iss so viel Schweinefleisch, wie du willst, Schatz, bitte!«, sagte ich. »Ich weiß es zu schätzen, dass du das für mich tust. Mehr werde ich nie von dir verlangen.«

Ich wünschte mir nichts weiter von ihm, als dass er vor einem Imam den Satz »Es gibt keinen Gott außer Allah, und Mohammed ist sein Gesandter« wiederholte, damit meine Mom sich uns gegenüber erträglich benahm.

Ich verriet ihm nicht, dass die Strafe für den Glaubensabfall der Tod war. Ich verschwieg ihm eine Menge Dinge. Es war nicht nötig, dass er das wusste, da ich glaubensmäßig sowieso schon mehr oder weniger aus dem letzten Loch pfiff. Ich wusste, dass das alles nur Theater war.

Aber ich unterrichtete an einer islamischen Schule, sodass ich tagsüber nach wie vor den Hidschab tragen musste, doch auch das war nur zum Schein. Ich führte noch immer ein Doppelleben. Statt tagsüber an der Uni wie früher trug ich ihn nun tagsüber bei der Arbeit.

Doch wenigstens zu Hause konnte ich ich selbst sein. Oft riss ich mir schon im Auto auf der Heimfahrt den Hidschab vom Kopf, und meine Tochter auf dem Rücksitz tat das Gleiche. Seit sie im Kindergarten war, musste auch sie einen tragen.

Ich kenne viele Ex-Muslimas, die dieses Doppelleben führen und bei ihren Eltern leben! Ich kann mir nicht vorstellen, wie ich das aushalten sollte. Es zu ertragen, solange man unter dem Einfluss der Gehirnwäsche steht, ist eins, aber so leben zu müssen, wenn dein Geist bereits frei geworden ist? Das ist schwer nachzuvollziehen. Es muss eine Qual sein.

Doch jeder leidet auf seine Art. Keine und keiner von uns wird diesen Wechsel mühelos vollziehen. Es ist ein Kampf, den alle Ex-Muslime führen müssen.

Sobald ich die islamische Schule verließ und an einem College zu unterrichten begann, hatte ich keinen Grund mehr, die Farce noch aufrechtzuerhalten. Alle in meinem Leben – außer meiner Mutter – wussten, dass ich den Hidschab nicht mehr trug. Ich hatte nicht wirklich darüber nachgedacht, wie ich es ihr beibringen würde. Unsere Beziehung hing sowieso nur noch an einem seidenen Faden, und ich nahm an, dies würde das Fass zum Überlaufen bringen, worüber ich, ehrlich gesagt, froh gewesen wäre. Ich wollte nur noch frei sein, wollte keinem mehr etwas vormachen müssen. Ich hatte es satt, dieses Doppelleben zu führen, und wenn es bedeutete, dass sie mich verstieß, dann war das halt so. Schließlich hatte ich auch vorher nie eine richtige Mutter gehabt.

Mittlerweile sah ich sie kaum noch, da jede von uns ihr eigenes Leben führte und mehrere Städte zwischen uns lagen, doch eines Tages rief sie mich an und bat mich, sie zu einem Arzttermin zu fahren. Mit dem Mut und dem Selbstvertrauen, das ich aus meinem Religionsgeschichte-Seminar zog, aus Toshas bewusstseinsverändernder Einsicht und der Erkenntnis, dass meine Mom keine Macht mehr über mich besaß, beschloss ich, das Haus zu verlassen wie an jedem anderen Tag.

»Bist du dir sicher …?« Wayne war begeistert, aber auch besorgt. »Soll ich mitkommen?«

»Nein. Das macht es womöglich noch schlimmer. Irgendwann muss es passieren, ob heute oder an einem anderen Tag.«

Ich nahm einen Hidschab mit und legte ihn auf die Rückbank, für den Fall, dass ich in letzter Minute die Nerven verlor. Und fast wäre es so gekommen. Doch ich zwang mich weiterzufahren, ohne anzuhalten, ohne mir die Möglichkeit zu geben, ihn anzulegen. Als ich schließlich hielt, um sie einsteigen zu lassen, öffnete sie nur die Wagentür, warf einen einzigen Blick auf mich und begann zu kreischen.

»Weshalb bist du nackt? Was ist los mit dir? Ich steig nicht zu einer nackten Nutte ins Auto! Schämst du dich nicht, so rumzulaufen? *Audhubillah! Astaghfirullah!* Du ekelst mich an, so nackt wie ein Tier! Wie kannst du es wagen?«

Völlig ruhig und ganz leise erwiderte ich: »Soll ich dich nun zum Arzt bringen oder nicht?«

»Ich steig nicht in diesen Wagen, du dreckige Hure!«

»Okay, dann schließ bitte die Tür, damit ich nach Hause fahren kann.« Zu meiner Überraschung stieg sie dann aber doch ein, wenn auch der stetige Strom der Beleidigungen nicht abriss.

»Ich verfluche dich, verfluche dich zur Hölle! Brennen wirst du! Niemals werde ich dir erlauben, den Duft des Paradieses zu riechen! Du hast es verdient, bis in alle Ewigkeit zu leiden. Man müsste dich umbringen! Wenn wir in Ägypten wären, würde ich dich töten lassen! Mit meinen bloßen Händen würde ich dich erwürgen! Bist du also jetzt eine *Ungläubige*? Hast du deinen Glauben komplett verloren? Bist du jetzt eine dreckige *Ungläubige*?«

»Nein. Ich will nur den Hidschab nicht mehr tragen.«

»Natürlich nicht! Weil du eine Schlampe bist! Nur dreckige Flittchen wollen nackt rumlaufen und sich vor jedem geilen Kerl entblößen! Du widerst mich an! Ich sollte dich umbringen und im Garten vergraben! Oh, die Schande, diese Schande! Komm lieber nicht zu meiner Beerdigung! Ich bin nicht mehr deine Mutter. Du bist ein Nichts, bist für mich gestorben. Ich wünschte, du wärst tot. Wie konntest du mir das nur antun?«

Als das Gekreische versiegt war, wurde sie düster. Ihre Stimme klang nun fest und entschlossen.

»Ich kann nicht riskieren, dich am Leben zu lassen, damit du vom Glauben abfällst. Eh das passiert, bring ich dich um. Du wirst mich nicht mit dir in die Hölle schleifen.«

Sie glaubte, sie müsse mich töten, um ihre Seele zu retten. Ihre Religion ließ ihr keine andere Möglichkeit. Wenn sie eine Tochter aufzog, die vom Glauben abfiel, würde sie für alle Ewigkeit bestraft werden. Es wäre ihre Schuld, und Allah würde sie dafür zur Rechenschaft ziehen. Sie musste mich töten, um sicherzustellen, dass dies nicht geschah.

Ihre Schlussfolgerung überraschte mich nicht, ich hatte damit gerechnet. Doch wie schon bei meiner Heirat mit Essam, als ich gegen jede Vernunft hoffte, dass er sich vielleicht doch noch als anständiger Mensch entpuppen würde, hatte ich auch diesmal gehofft, meine Mutter werde nicht zu diesem zwingenden Schluss gelangen. Obwohl er nur folgerichtig war. Weder meine Wünsche und Bedürfnisse noch mein Glück, ja nicht einmal meine Sicherheit hatten gegen die Religion je eine Chance gehabt – schon seit meinem sechsten Lebensjahr nicht mehr, als man mich, wenn ich nicht betete, geschlagen hatte. Warum also sollte es auf einmal anders sein? Die religiösen Vorschriften hatten stets Vorrang. Die Forderungen Allahs standen immer an erster Stelle.

# WAYNE

Nachdem ich sie an jenem Tag abgesetzt hatte, sah ich sie nie wieder. Das war 2004. Seither habe ich sie einige Male aus sicherer Entfernung und aus ungenannten Orten angerufen. Doch nicht lange nach jenem fürchterlichen Tag musste ich schließlich akzeptieren, dass es keinen Sinn hatte, sich weiter um diese Beziehung zu bemühen. Ihre Zustimmung bedeutete mir nichts mehr; ich war darüber hinausgewachsen. Und allein darauf hatte unsere Beziehung beruht: dass sie mir ihre Liebe vorenthielt, bis ich endlich tat, was sie wollte, und dass ich alles tat, um ihre Zustimmung zu bekommen. Dieser Zyklus aber war nun durchbrochen, denn ich hatte begriffen und akzeptiert, dass ich ihr nie genügen würde, egal wie sehr ich mich auch verrenkte. Es gab keinen Punkt, an dem sie mir die Liebe und Anerkennung gewähren würde, nach der ich so verzweifelt verlangte. Nicht einmal die Heirat mit dem von ihr gewählten Mann oder dass ich wie ein Schatten lebte und mich fast verlor, hatte sie zufriedenstellen können.

Ich beschloss, mich um mein eigenes Glück zu kümmern statt um ihres. Es stimmte mich traurig, dass ihr Glück mich elend machte und mein Glück sie schmerzte, aber ich konnte es nicht ändern. Ich hatte nur dieses eine Leben, nur eine Chance auf dieser Erde. Und ich war nicht bereit, sie zu verschwenden, indem ich andere vielleicht glücklich machte, nicht aber mich selbst.

Auf unseren Alltag hatte es zwar keine Auswirkungen, da

sie sowieso kaum mit uns zu tun gehabt hatte, aber es fühlte sich ein bisschen wie ein Tod an – vermutlich der Tod dessen, was hätte sein können. Ich hatte versucht, es ihr recht zu machen, und war nun nicht mehr bereit, mich für die Verheißung des Himmels für den Rest meiner Tage im Dreck zu suhlen. Der Himmel klang ja nicht mal verlockend, sondern einfach nur blöd. Man hatte ihn erfunden, um ein männliches Hirn zu umgarnen. Für Frauen war er ohnehin öde. Außerdem glaubte ich an keine dieser vorgegaukelten Karotten mehr, mit denen sie einen ködern wollten. Sicher war nur der gegenwärtige Atemzug. *Carpe diem!*

Ich brauchte schon ein paar Jahre, um ganz darüber hinwegzukommen, dass sie nie anrufen würde, mich nie akzeptieren würde, wie ich war, und nie die Mutter sein würde, die ich mir wünschte. Aber mir blieb keine andere Wahl, ich musste akzeptieren, dass ich tatsächlich für sie gestorben war und nun, im Gegenzug, auch sie für mich.

Doch das Leben ging weiter. Wayne, meine Tochter und ich bezogen ein wunderschönes neues Heim. Wir kauften gemeinsam die Möbel ein. Wir hatten zwei Autos. Von außen betrachtet wirkte es, als hätten wir einfach alles.

Wayne war großzügig und kam mir in jeder Hinsicht entgegen. Er war mit allem, was ich mir wünschte, einverstanden.

Ich erinnere mich, dass ich einmal herumsaß und mich schalt, weil ich nicht glücklich war. Was konnte ich mir denn noch wünschen? Ich hatte doch alles, was man nach landläufiger Meinung zu seinem Glück brauchte. Aus irgendeinem unerfindlichen Grund aber reichte es einfach nicht. Ich hatte zu viel durchgemacht, war erschöpft. Doch sich mit dem Mittelmaß abzufinden ließ es irgendwie sinnlos erscheinen.

Als Wayne und ich uns begegneten, befanden wir uns beide

in einer Übergangsphase. Ich entzog mich meiner muslimischen Prägung und der Herrschaft meiner Mutter, um eine unabhängige Frau, Mutter und Studentin zu werden, die alles allein schaffte.

Er wiederum hatte in dem Jahr, bevor wir uns trafen, seine Mutter an den Krebs verloren, sodass wir wohl beide die Stabilität brauchten, die uns die Ehe bot. Beide sehnten wir uns nach dem familiären Umfeld, das uns in unserem Leben abging.

Und das boten wir einander auch, allerdings auch nicht viel mehr. In jeder anderen Hinsicht waren wir eine schlechte Kombi. Die Populärpsychologie hätte gesagt, dass wir beide jeweils das jüngste Geschwisterkind waren und folglich keiner von uns bereit, den Pott zu steuern. Und da ist mit Sicherheit was Wahres dran. Er suchte eine Mutterfigur, ich einen starken Partner, der für mich sorgte und mir half, für mich und meine Tochter eine stabile Familie aufzubauen. Ich wollte nicht noch jemanden, um den ich mich kümmern musste.

Als wir uns gegen Ende unserer sehr kurzen Ehe einmal zu dritt an den Frühstückstisch setzten, begann ich Marmelade auf meinen Toast zu streichen.

»Kann ich die Hälfte abhaben?«, fragte meine Tochter.

»Klar«, erwiderte ich.

»Kann ich die andere Hälfte haben?«, fragte Wayne.

Einen Sekundenbruchteil hielt ich inne, dann reichte ich ihm die zweite Hälfte. Was ich da eben erlebt hatte, war mein Leben, auf den Punkt gebracht. Genau so war es. Solange ich bei ihm blieb, würde das mein Leben sein. Ich würde stets geben und nie etwas zurückbekommen.

Ich lernte viel von Wayne. Ich erfuhr, dass ich liebenswert bin. Lernte, wie es sich anfühlt, in einer liebevollen Beziehung zu leben. Ich fand heraus, dass ich auch weiterhin Schranken durchbrechen und Allah trotzen konnte, ohne dass etwas geschah! Obwohl ich all den Unsinn nicht mehr glaubte, beschlichen mich zuweilen doch wieder Ängste und Zweifel, mich womöglich zu irren. Aber ich hatte Sex vor der Ehe gehabt, die für eine Frau ultimative Sünde, und war immer noch am Leben! Ich merkte, dass ich ihn geheiratet hatte, weil er Sicherheit und Geborgenheit versprach und weil ich verwundbar und verletzt war. Ich begriff, dass er damals toll für mich gewesen war, und ich bin dankbar, dass wir, als wir einander brauchten, füreinander da sein konnten. Zwar kann ich nicht behaupten, je in ihn verliebt gewesen zu sein, aber geliebt habe ich ihn ganz bestimmt. Allerdings reichte das nicht, um eine Ehe zu retten.

Die Scheidung machte mir Angst. Ich hatte doch erst alles verloren, einschließlich meiner Identität, und er hatte eine gewaltige Leere in mir gefüllt. Doch ich wusste auch, ich würde ihn nie so lieben, wie er es sich wünschte. Ich hatte den ersten Jungen geheiratet, der mein Haar gesehen und mich attraktiv gefunden hatte. Vielleicht würde ich ja auch noch andere kennenlernen – und mir dann einen aussuchen, der mir Toast machte, statt mir meinen wegzunehmen.

# DOHA

Im Jahr vor meinem dreißigsten Geburtstag nahm ich einen Lehrauftrag an einem College im Nahen Osten an, und zwar in Doha, Katar – einem Land, von dem ich bis dahin noch nie gehört hatte. Ich hatte Angst, falsche Lebensentscheidungen zu treffen, doch diese fand ich besonders groß und beängstigend. Es war das erste Mal, dass ich mich ausschließlich auf mein eigenes Urteil verließ, auf meine eigene Fähigkeit, fundierte Entscheidungen zu treffen. Und wenn ich es vermasselte, verpfuschte ich auch das Leben meiner Tochter.

Der zweite Irakkrieg befand sich auf seinem Höhepunkt. Ich war wie gelähmt vor Angst, einen Fehler zu machen, und so beschloss ich, meine Mutter anzurufen und ihr von meinem Vorhaben zu erzählen. Sie nutzte die Gelegenheit, mir vor Augen zu führen, was für eine verantwortungslose Mutter ich doch sei, mein Kind in ein Kriegsgebiet zu verschleppen, wo wir von den *Kuffar* getötet werden konnten. Ich bedauerte es, sie überhaupt angerufen zu haben. Danach fühlte ich mich noch schlechter.

Ich musste die Stelle antreten, sie versprach ein tolles Gehalt samt Unterkunft. Für Wasser, Strom, Möbel und Geräte würde mein Arbeitgeber aufkommen, und man gewährte mir einen großzügigen Urlaub sowie einen jährlichen Heimflug. Ich konnte mein Studiendarlehen tilgen, meiner Tochter ein Leben bieten, wie ich es mir immer ausgemalt hatte, und wahrscheinlich sogar mit ausreichend Geld nach Hause kommen, um ein Haus anzuzahlen! Wie sollte ich da widerstehen?

Um mich in Stimmung zu bringen, spielte ich immer wieder Gloria Gaynors »I Will Survive«, Frank Sinatras »My Way« und Eminems »Lose Yourself«. »Faith« von George Michael und »Get the Party Started« von Pink befanden sich ebenfalls auf der CD.

Ich musste ruhig, gelassen und fokussiert bleiben – und jeden Zweifel ignorieren. Ich musste es tun. Ich hatte schon so viel geschafft. Im Vergleich dazu, sagte ich mir, war das doch nur ein Spaziergang.

Das Einzige, was mir wirklich Sorge bereitete, aber war, dass ich in einem muslimischen Land leben würde. Ich hatte Waynes Nachnamen behalten und sah eigentlich nicht sehr arabisch aus. Mein einziges Problem war mein Vorname, doch ich dachte: *Ich kann ja sagen, dass meine Mutter Ägypterin ist – koptische Christin.* Mein Name war arabisch, aber nicht islamisch. Indem ich verschwieg, dass ich Muslimin war, konnte ich mich aus der Affäre ziehen.

Die Sache war bloß, dass ich, obwohl ich nicht mehr so recht an den Islam glaubte, noch immer nicht wusste, was ich denn überhaupt glaubte. Ich durchlebte etliche Phasen. Zunächst war ich nichtpraktizierende Muslimin, dann glaubte ich nicht mehr an organisierte Religion, anschließend war ich spirituell, aber nicht religiös, dann wurde ich Agnostikerin, und schließlich identifizierte ich mich als Atheistin. Irgendwann entdeckte ich den Begriff Ex-Muslimin, doch das war erst mehrere Jahre später. Während dieser gesamten Übergangsphase glaubte ich ganz ernsthaft, dass ich die Einzige sei, die jemals so etwas durchgemacht hatte. Nie hatte ich von einem Muslim gehört oder erfahren, der den Islam verlassen hatte. Es war einfach keine Option. Die Religion ist Teil unserer Identität. Es ist beinahe so, als wolle man sich entscheiden, nicht mehr schwarz zu sein. Nun ja, es geht nicht, man ist es nun mal.

Ich brauchte Jahre, um festzustellen und zu begreifen, dass »muslimisch« keine Identität bezeichnet. Der Islam ist eine Ideologie, der man entweder folgt oder aber nicht. Natürlich steht auf die Entscheidung, ihr nicht zu folgen, die Todesstrafe, doch darum ging es mir nicht, sondern um die Feststellung, dass es nichts Angeborenes war! Man konnte den Islam ablegen! Und das tat ich.

Vorher jedoch musste ich noch viele Lernerfahrungen machen. Es war ein dunkler, gewundener und sehr einsamer Pfad. Heute verfügen Ex-Muslime über soziale Medien, die sie unterstützen und anleiten. Zwar ist der Weg noch immer dunkel und kurvenreich, aber wenigstens ist er nicht mehr so einsam.

Inzwischen finde ich es merkwürdig, wenn ich lese, wie oft Ex-Muslime erklären: »Ich dachte, ich wäre der/die Einzige.« Noch mal, auch ich habe mich für die Einzige gehalten, aber Millionen anderer dachten und denken das Gleiche – dass nämlich auch sie die Einzigen sind.

Der Islam schirmt uns auf diese Weise voneinander ab. Es ist, als ob sich ein Fischschwarm in eine Richtung bewegt; wer sich nicht einfügt, fühlt sich anders und ausgegrenzt. Auf tausenderlei Weise bekommt er mitgeteilt, dass er mangelhaft ist und so voll des Teufels, dass er gebessert oder gerettet werden muss. Es ist beschämend. Er fühlt sich als absoluter Außenseiter. Wie kommt er überhaupt auf die Idee, seine unreinen Gedanken jemandem mitzuteilen?

Das alles ist Teil der genialen und heimtückischen Methode, mit der die gesamte *Umma* unter Kontrolle gehalten wird. Wie kann man Individuen kontrollieren? Indem man sie zu ferngesteuerten Robotern macht, sie schon von Kindesbeinen an manipuliert, damit sie wahrhaftig glauben, es gäbe nur einen Weg. Genau das wird ihnen ab dem Augenblick, in dem sie den Sinn von Wörtern begreifen, ununterbrochen eingetrichtert.

Nicht lange nach meiner Landung in Katar befand ich mich bereits mittendrin in diesem Fischschwarm. Tatsächlich war es schon während meiner ersten Orientierungsveranstaltung. Als ich aus einer Toilettenkabine trat, kam eine Frau im Hidschab aufgeregt auf mich zugelaufen.

»Sie heißen Yasmine! Sind Sie Araberin?«

»Mehr oder weniger, meine Mutter ist Ägypterin.« Ich hätte einfach Nein sagen sollen.

»Uuh, *ahlan wa sahlan*! Ich bin auch Ägypterin!«

Im Nu war ich von einer Schar von Frauen umringt, die »Oh« und »Ah« schrien. Ich versuchte, mich an ihnen vorbeizudrücken, um mir die Hände zu waschen.

»Ahlan biki!«, erwiderte ich … und fühlte mich sofort wie eine Idiotin.

»Uuh, Sie sprechen Arabisch! Haben Sie mal in Ägypten gelebt? Wo haben Sie denn gelebt? Sind Sie aus Kairo? Wie toll, Sie kennenzulernen! Wir treffen uns jeden Freitag zum Bauchtanz, wollen Sie nicht mitkommen? Mögen Sie Amr Diab? Wissen Sie, wer das ist?«

Ich erstickte beinahe, während ich versuchte, mich von den Papierhandtüchern zum Ausgang durchzukämpfen. Diese Frauen wollten nur freundlich sein, aber ich fand sie unglaublich aufdringlich und war furchtbar erschrocken.

Ich wollte nicht, dass man hier Wind davon kriegte, dass ich Muslimin war – oder vielmehr gewesen war. Ich lebte in einem Land, in dem die Regeln der Scharia galten. Die Strafe für den Abfall vom Glauben aber war der Tod, und zwar ohne Wenn und Aber.

Das ist heutzutage das Gefährlichste am Islam: die Scharia.

Es gibt keine anderen theokratischen Staaten auf der Welt außer den Ländern, in denen islamisches Recht gilt, natürlich einschließlich der sechsundfünfzig Staaten, die Mitglieder der Organisation für Islamische Zusammenarbeit sind. Das ist beängstigend. Solange diese Länder islamische Gesetze befolgen, werden sie nie über die barbarische, misogyne und homophobe Gesetzgebung des siebten Jahrhunderts hinauskommen. Menschen können gern an sämtliche himmlischen Väter und Märchen glauben, die ihnen gefallen, aber sie dürfen die Gedanken ihrer imaginären Freunde nicht anderen aufzwingen – wenigstens nicht in einer modernen Demokratie.

In eine säkulare, liberale Demokratie hineingeboren, hatte ich keine Ahnung, worauf ich mich da einließ. Und das war auch gut so. Denn hätte ich das Ausmaß der Gefahr, in die ich mich und meine Tochter brachte, vollständig begriffen, wäre ich nie nach Doha gegangen.

In diesem Land würden mich keine säkularen Gesetze und keine Religionsfreiheit beschützen. Nach dem Gesetz der Scharia kriegst du, wenn du vom Islam abfällst, den Kopf abgeschnitten. Ende der Diskussion.

Während ich versuchte, nicht zu hyperventilieren, und hinauszuschlüpfen, ohne noch eine ihrer Fragen zu beantworten, trat eine Kollegin ein. Sie arbeitete im Personalbereich, hieß Jennifer, und ich hatte sie unmittelbar zuvor bei der Orientierungsveranstaltung sprechen hören. Ich wusste nichts über Jennifer, doch ihr Anblick bewirkte, dass wieder Sauerstoff in meine Lungen gelangte. Instinktiv streckte ich die Hand nach ihr aus, ähnlich wie eine Ertrinkende in einem Pool, die plötzlich einen Schatten über sich wahrnimmt.

»Sind Sie okay?«, fragte sie, als sie meine Hand umfasste.

»Nein, ich fühle mich nicht ganz wohl. Ich glaube, ich brauche Wasser.«

»Oh.« Die Frauen zerstreuten sich und ließen mich durch.

Während meine Kollegin mich zum Trinkbrunnen führte, plauderte sie ruhig über die Wüstenhitze und sagte, dass sie bis zu fünfzig Grad Celsius erreichen könne und ich mich vor Dehydration hüten müsse. Ich unterbrach sie, um ihr zu gestehen, dass es eigentlich die Frauen gewesen seien, deretwegen ich mich so unbehaglich gefühlt hatte.

»Was haben sie denn getan, dass Sie sich so unwohl fühlen?«

»Ich weiß es nicht.«

Was konnte ich schon sagen? Ich wollte nicht, dass die Frauen Ärger bekamen, nur weil sie freundlich sein wollten, aber gleichzeitig brauchte ich einen Neustart. Ich wollte nicht, dass sie erfuhren, dass ich zur Hälfte Ägypterin war, wollte nicht, dass sie mich für eine der Ihren hielten. Ich durfte mich nicht in diesem Schlammassel verstricken. Die Angst, dass unbeabsichtigt die Wahrheit über meine Herkunft durchsickern könnte, war zu groß. Ich musste mich von ihnen fernhalten. Ich plapperte etwas Unzusammenhängendes, sagte mehr oder weniger nichts, und schließlich gab meine Kollegin auf.

»Okay, ich rede mit ihnen.«

»Sie wollten nur nett sein«, versicherte ich. »Ich will nicht, dass sie Ärger kriegen.«

»Nein, schon okay, ich verstehe.«

Doch wie sollte sie es verstehen? Sie muss mich für verrückt gehalten haben.

Danach war ich sehr darauf bedacht, mir niemals anmerken

zu lassen, dass ich Arabisch verstand, nie ein arabisches Wort zu äußern beziehungsweise nie von mir aus zu erwähnen, dass ich Halbägypterin war – es sei denn natürlich gegenüber einer kanadischen Kollegin. Und auch da blieb ich vorsichtig, wie viel an Information ich jeweils preisgab.

Zum Glück findet man diese Identitäts-Besessenheit – im Vergleich zu den arabischen Ländern – im multikulturellen Kanada eigentlich kaum. Die meisten Kanadier wollen nichts über deine Vergangenheit wissen.

»Aus welchem Teil Kanadas kommst du denn?«

»Vancouver.«

»Okay, toll.«

Fertig. Und weiter geht's.

Mit einem Araber wäre das zu einem zwanzigminütigen Gespräch ausgeartet, in dem er versucht hätte, alles über meine ethnische, religiöse und genaue geographische Herkunft in Erfahrung zu bringen, um sicherzustellen, dass er mich auch in der richtigen Schublade mit all den entsprechenden Klischees und Vorurteilen verstauen konnte. Ich war mit diesem Leben, in dem man permanent unter Beobachtung stand, vertraut. Ich kannte es von meiner Zeit in Ägypten. Bei der Vorstellung, noch einmal so zu leben, verspürte ich sofort eine körperliche Aversion. Nicht überall auf der Welt gibt es ein Kastensystem, aber es hätte durchaus eines sein können.

***

Es geschah so viel und so schnell. Ich trat einen neuen Job in einem neuen Land an, lebte in einer neuen Wohnung, und meine Tochter besuchte eine neue Schule. Alles war ein einziges Chaos. Obendrein ließ ich mich auch noch scheiden. Irgendwann einmal, als ich Lebensmittel auspackte, brach ich beim Anblick eines Marmeladenglases zusammen.

Meine Tochter zog Waynes Erdnussbutter-Marmeladen-Sandwiches meinen vor, weil er das Verhältnis der Zutaten auf wundersame Weise perfekt hinbekam.

Nachdem ich mich mit dem Marmeladenglas im Arm bei weit aufgerissener Kühlschranktür auf dem Küchenboden ausgeheult hatte, erhob ich mich, klopfte mir den Staub aus den Kleidern und fuhr fort, meine Einkäufe einzusortieren. Ich hatte keine Zeit, der Vergangenheit nachzuweinen, keine Zeit, mich damit auseinanderzusetzen. Ich musste weitermachen. Zeit meines Leben war man so mit Tragödien verfahren. So hatte man es mir beigebracht, und so verfuhr ich mehr oder weniger auch in meinem Leben, bis ich beschloss, mich hinzusetzen und dieses Buch zu schreiben.

Wenige Monate später fand alles ein spektakuläres Ende, als eine Autobombe unser örtliches Theater in die Luft jagte. Das Theater wurde nur von Expats besucht. Es war voller Briten, Amerikaner, Australier und Kanadier. Ich besaß zwar Karten für die Abendvorstellung, doch weil meiner Tochter übel war, hatte ich mich entschieden, nicht hinzugehen.

Der Ägypter, der den Wagen in das Gebäude steuerte, starb wegen der Wucht des Aufpralls. Allen, die sich im Theater befanden, gelang es zu fliehen, als sie den lauten Knall hörten. Nachdem alle draußen waren, ging der Direktor noch einmal hinein, um sich zu vergewissern, dass auch alle evakuiert waren, und in genau diesem Moment ging die Bombe hoch. Der Direktor überlebte nicht.

Es war ein Tag, der mich genauso tief traf wie der 11. September.

Ich überlegte ernsthaft, meine Koffer zu packen und wieder nach Hause zu fliegen. Doch wohin? Wayne und ich waren nicht mehr zusammen, und bei meiner Mutter konnte ich nicht mehr leben. Hier hatte ich zumindest eine Wohnung und einen Job. Ich musste zusehen, dass es irgendwie hinhaute. Also beschloss ich, es noch mal zu versuchen, und hoffte, dass ich es nicht bereuen würde. Falls noch einmal etwas passierte, würde ich das erste Flugzeug nach Hause nehmen.

Ich entwickelte einen nervösen Tick am rechten Auge, der sechs Monate lang nicht mehr wegging. Abgesehen von dem einen Mal an der Uni, als direkt vor einer Prüfung plötzlich mein Arm gelähmt gewesen war, und einer gelegentlichen Panikattacke, war ich bisher von körperlichen Stress-Symptomen verschont geblieben. Der Tick jagte mir Angst ein, doch ich ignorierte ihn einfach und machte weiter.

Weitere Terroranschläge blieben aus, und so begann ich, mich zu entspannen und mein neues Leben zu genießen. Es war eine merkwürdige Gelegenheit, die sich mir da bot, noch einmal ganz von vorne zu beginnen. Niemand in Katar kannte mich oder wusste etwas von mir. Ich konnte mich ganz nach Belieben, wie immer es mir gefiel, neu erfinden. Damals hatte ich meine komplette muslimische Identität erfolgreich auseinandergenommen und demontiert, sodass es nun Zeit wurde, mich an den Neuaufbau zu wagen. Es war eine Chance, wie man sie nur selten bekommt – eine Chance, die ich voll ausgeschöpft habe.

Ich konnte nun endlich eine richtige Feministin sein, nicht so eine verwirrte, sich ständig rechtfertigende muslimische Feministin. Ich musste keine Ausflüchte mehr machen, warum Allah einem Mädchen nur die Hälfte des Erbes gönnt, das seinem Bruder zusteht, wieso die Aussage einer Frau vor einem Scharia-Gericht nur halb so viel wert ist wie die eines Mannes oder weshalb Mohammed gesagt hat, dass es Frauen an Intelligenz mangele. Ich konnte vergnügt all den Frauenhass anprangern, ohne Angst haben zu müssen, womöglich im Jenseits dafür bestraft zu werden. Stolz konnte ich mir und meiner Tochter sagen: *Du bist es wert, du hast es verdient, und du stehst hinter keinem zurück.*

Leider befand ich mich in einem Land, in dessen Gesellschaft alles meiner neuen kompromisslosen feministischen Haltung widersprach. Ich sah mich um und blickte auf ein Meer von Schwarz – die Frauen hier waren eine ununterscheidbare Masse, alle verschleiert, ausgelöscht. Es war ein Ort, an dem der Feminismus erst noch Fuß fassen musste. Niemand, nicht einmal die Frauen selbst, waren willens, sich vorzustellen, dass sie gleichberechtigte Mitglieder der Gesellschaft sind – weil es der Religion widerspricht, die eine so immense Bedeutung für sie hat. Da ich diese Frauen ja sah und mit den Studentinnen zu tun hatte, ahnte ich, dass man bei ihnen ansetzen konnte. Ich wusste, dass diese unter ihren erstickenden Mänteln verrottenden Frauen sich nach Freiheit verzehrten, nach Autonomie – wenigstens einige von ihnen. Es war schließlich nur menschlich, man konnte sich ja nicht ewig was vormachen. Kognitive Dissonanzen lassen sich nur eine Zeit lang aushalten, dann erreicht man einen Punkt, an dem Wirklichkeit und Vorstellung sich kreuzen. Wenn Frauen im Islam Königinnen sind und wenn Mohammed der erste Feminist war, warum kann ich mich dann von einem Ehemann, der mich misshandelt, nicht scheiden lassen? Die Religion erlaubt es ihm, mich zu schlagen, mich zu vergewaltigen, gestattet es mir aber nicht, mich von ihm scheiden zu lassen. Gefangene Frauen erkannten ihren Entführer wieder. Ich wollte, dass alle ihre Freiheit und ihr Glück fanden, wie ich es getan hatte; vertraute darauf, dass sie sich irgendwann erheben würden. Und ich hoffte, dass ich das noch erleben würde.

Sosehr ich mir damals gewünscht hätte, die Hand auszustrecken und diesen Frauen zu helfen, war ich doch viel zu sehr mit meinem eigenen Umbruch beschäftigt. Es war kein leichtes Leben. In einem theokratischen Staat lebend, fühlte ich mich ständig angespannt, da ich nie wusste, was alles passieren konnte. Mir war sehr bewusst, dass ich nicht zu Hause war. Ich befand mich in ihrem Land, und beim geringsten Fehltritt konnten sie mich hinauswerfen. Das war besonders nervenaufreibend, weil ich ein Kind hatte. Erst nachdem ich erneut zwei Jahre auf kanadischem Boden gelebt hatte, fiel die Spannung, der ich mir vorher gar nicht richtig bewusst gewesen war, wieder ganz von mir ab.

In Katar wurde alles von oben diktiert, angefangen beim Platz in der rassischen Hierarchie: Katarer standen an der Spitze, gefolgt von Weißen (Amerikanern, Kanadiern, Australiern, Briten), anderen Arabern (Libanesen, Ägyptern, Syrern etc.), dann kamen die Filipinos und schließlich, ganz am Schluss, Menschen aus Südasien (Inder, Pakistaner, Bengalen etc.). Auch was man anzuziehen hatte, war festgelegt, vor allem für die Frauen, ebenso wie das, was man aß, trank, wo man hinging und wo man lebte. Jeder hatte seinen Platz in der Gesellschaft. Und wenn Sie in Katar leben wollten, mussten Sie wissen, welches der Ihre war.

Ich hasste es, aber ich liebte es auch. Ich liebte die engen Freundschaften und fand es toll, dass meine Darlehensschulden dahinschmolzen. Es war wunderbar, dass ich reisen konnte. Man drängte mich, Neues auszuprobieren, und man drängte mich, es auch meiner Tochter zu erlauben. Sie hatte eine beste Freundin, die eine exzentrische Mutter hatte, die ständig Grenzen überschritt. Kaum waren die Mädchen sieben geworden, verbündete sie sich mit den Kids gegen mich, um unsere Töchter Achterbahn fahren zu lassen. Ich hatte nicht nur Angst vor Achterbahnen, sondern ganz besonders vor Achterbahnen in Entwicklungsländern mit bescheidenen oder gar keinen Sicherheitsstandards! Am Ende gab ich zwar nach, doch mir war kotzübel. Während der gesamten Fahrt heulte ich hemmungslos, bis ich meine Tochter wieder in den Armen hielt. Im gleichen Sommer gingen dieselben Mädchen in Thailand zum Bungeejumping! Ich wurde wahrlich aus meiner Komfortzone geschubst.

Dieses erste Jahr war wirklich schwierig. Das Beste war, als Tiffany mich besuchen kam.

»Diese Stadt sieht aus, als wäre sie von Dr. Seuss erbaut. Nichts ergibt einen Sinn, und alles ist so merkwürdig«, beschrieb mir Tiffany ihren ersten Eindruck von Doha.

Eines Tages – sie saß vor dem Fernseher – ertappte ich sie dabei, dass sie weinte.

»Was ist los mit dir?«

»Schau mal!«, rief sie aus. »Bäume!« Für jemanden von der Westküste Kanadas war ein Leben in der kargen Wüste Katars so ähnlich, als lebe man auf dem Mond.

»Was zum Teufel ist das denn?«, fragte sie an einem anderen Tag.

»Was? Wo?«

»Sind das Wale?«

Und dann hörte ich es.

»Aaaaaaaallllllllaaaaahhhhhhhhhhhuuuuu …«

Mir wurde klar, dass sie den langgezogenen, nasalen Heulton des Gebetsrufes meinte! Da ich ihn fünfmal am Tag hörte, blendete ich ihn einfach aus, doch für Tiffany war es ein unheimliches und fremdartiges Geräusch.

***

Man sagt: Tu so als ob, bis du es kannst. Nun, ich tat so als ob. Ich war College-Dozentin. Ich war klug. Ich war selbstbewusst. Ich war eine starke Frau. Ich war die einzige Frau, die stark genug war, um in einer derart misogynen Gesellschaft als alleinerziehende Mutter zu leben. Ich wurde zu der Frau, die ich sein wollte. Und ich machte es so gut, dass ich irgendwann merkte, dass ich es gar nicht mehr vortäuschte. Ich war so. Ich hatte genau die Frau herbeigezaubert, die ich sein wollte, und nun war ich so. Zum ersten Mal klar wurde mir das, als der Dekan meiner Fakultät nach einem Unterrichtsbesuch bei mir folgende Bemerkung machte:

»Sie sind so selbstsicher. Und Sie haben allen Grund dazu. Sie sind eine ausgezeichnete Lehrerin.«

»Selbstsicher?«

Das Kompliment zu meinen didaktischen Fähigkeiten überging ich. Es war das erste Mal, dass mich jemand selbstsicher nannte! Täuschte ich also nichts mehr vor? Hatte ich es geschafft?

»Ich fühle mich gar nicht so selbstsicher. Aber vielen Dank.«

Diese Selbstsicherheit zu erlangen dauerte etwa ein Jahr und war nicht einfach, wurde aber definitiv erleichtert durch die Tatsache, dass ich in einem Land voller einsamer Männer eine der ganz wenigen alleinstehenden Frauen war. Die meisten Männer waren widerliche Perverslinge aus Ländern, in denen es vollkommen akzeptabel ist, Frauen lüsterne Blicke zuzuwerfen. Ich hatte geglaubt, ägyptische Männer seien schlimm – aber die Männer vom indischen Subkontinent und aus Südasien waren viel, viel schlimmer. Doch zumindest blieben sie auf Distanz. Keiner von ihnen wagte es jemals, mich anzusprechen, sodass ich einfach den Augenkontakt mied und ebenfalls Abstand hielt.

Bei den Arabern sah es ganz anders aus. Sie glaubten, weil sie reich waren, müssten alle Frauen Interesse an ihnen haben. Und sie kapierten einfach nicht, wenn man sie eines anderen belehrte. Ich hatte sogar Expat-Kolleginnen, die mich deswegen ansprachen.

»Hast du ein Glück! Du verkörperst doch alles, was die sich wünschen! Für die bist du das Superweib! Du hast die richtigen Haare, die passende Hautfarbe, das richtige Gesicht … Du könntest dir doch jeden dieser Scheichs schnappen, den du nur haben willst!«

»Nur schade, dass ich mich nicht für Scheichs interessiere.«

»Was für eine Verschwendung! Wenn ich du wäre, würde ich mir das nicht entgehen lassen.«

Nun, die kleine Miss Ahnungslos wusste halt nicht, worauf sie sich da einließ. Sie sah nur die Dollarzeichen, aber ich wusste um den wahren Preis, den sie zu zahlen hätte.

Ehrlich gesagt wollte ich auch gar keinen Mann finden. Vielmehr arbeitete ich aktiv an meinem Singlestatus. Die Männer aus der westlichen Expat-Community waren alle sehr hilfreich, wenn es darum ging, meinem Ego zu schmeicheln. Nie hatte ich mich so schön und begehrenswert gefühlt wie in dieser Zeit. Es hatte etwas sehr Heilendes, diese Art von Aufmerksamkeit zu bekommen, die all die Negativität der Vergangenheit kompensierte. Die süßesten Typen der Stadt scharten sich um mich und wetteiferten um meine Aufmerksamkeit! Es war zwar irgendwie surreal, aber eine willkommene Abwechslung.

Während meines ersten Jahres dort ging ich eine Beziehung zu einem Kollegen ein. Und als es vorbei war, hatte ich mich in eine andere Frau verwandelt, war nicht mehr die, in die er sich anfänglich verliebt hatte. Weg war die nervöse, verunsicherte Frau, die langsam ihr Leben wieder aufbaute. Ich war nun die Frau, die ich sein wollte: die Frau, die ihrer Tochter ein Vorbild sein würde. Zu Beginn waren mir seine Wutanfälle egal gewesen, doch das war vorbei. Inzwischen wusste ich: Ich hatte etwas Besseres verdient.

# LIEBE

Mein zweites Jahr begann völlig anders. Ich war absolut zuversichtlich und fühlte mich sicher in meiner neuen Identität, war komplett angekommen in meiner Rolle als die Frau, die ich stets hatte sein wollen. Ich war bereit, die Welt bei den Hörnern zu packen. Endlich wollte ich mein Single-Leben in vollen Zügen genießen, wollte sein wie Ally McBeal oder eine der Frauen aus *Sex and the City*!

Nicht lange nachdem das neue Jahr begonnen hatte, traf ich die Liebe meines Lebens.

Aber ich wollte diesen Mann nicht lieben. Ich wollte niemanden lieben. Immer wieder verweigerte ich mich seinen Annäherungsversuchen, weil ich nicht wollte, dass mir ein Kerl meine coole Single-Girl-Ausstrahlung vermasselte. Gleichzeitig aber fürchtete ich, dass ich es für den Rest meines Lebens bereuen würde, wenn ich nicht herausfand, wohin das mit uns beiden führen konnte. Ich glaubte nicht, dass ich je wieder jemanden wie ihn treffen würde. Ich wusste, dass er irgendwie anders war. Es gab eine unerklärliche Verbindung zwischen uns, die nicht zu leugnen war, auch wenn ich es wollte.

Nach jedem meiner Körbe war er nur total nett und meinte, es sei ihm lieber, wenn wir nur Freunde sind, als wenn ich ganz aus seinem Leben verschwände. Er wusste immer genau, was er sagen und tun musste. Ich habe keine Ahnung, wie er das hinkriegte. Immer wieder suchte ich Gründe, warum eine Beziehung zwischen uns nicht funktionieren konnte, und bis ich ihn dann wiedersah, hatte er sie, wie immer sie auch gelautet hatten, beseitigt und widerlegt – auch wenn ich kein Wort gesagt hatte! Er spürte es instinktiv.

Wir hatten diese Verbindung, die so unmittelbar und unbestreitbar war. Egal wie viele Male ich ihn von mir stieß, es war, als könne er mir einfach nicht meinen Willen lassen. Er ignorierte meine Sprunghaftigkeit und verhielt sich einfach weiter nur großartig. Mühelos nahm er alles, wie es kam, sprang durch jeden Reifen. Ich war es gewohnt, logisch und sachlich zu sein und Herz und Gefühle zu ignorieren – denn nur so konnte ich überleben. Er aber brachte mich dazu, dass ich auf mein Herz hören wollte. Ich musste mich in Therapie begeben, um wieder vertrauen zu lernen. Doch irgendwann öffnete ich mich ihm. Ich ließ all meine Furcht und Panik, mein Vertrauensproblem fahren und gestattete mir einfach, mich in ihn zu verlieben.

Zum ersten Mal in meinem Leben befand ich mich in einer liebevollen Beziehung, zum ersten Mal erlebte ich, wie es sich anfühlte, tatsächlich verliebt zu sein und wirklich geliebt zu werden. Es dauerte eine ganze Weile, bis ich das merkwürdige überwältigende Gefühl dabei identifizieren konnte: Glück. Die Anspannung in meiner Brust löste sich, die Hitze in meinen Adern klang ab, ich schwebte auf Wolke sieben und lebte einen Traum, der zauberhafter war, als ich ihn mir je hätte ausmalen können.

Und dann verletzte er mich. Ein normales Paar wäre wohl leichter darüber hinweggekommen, doch ich war kein normales Mädchen. Außer Kummer und Schmerz, Leiden und Mühsal hatte ich nichts kennengelernt, und zum ersten Mal in meinem Leben hatte ich geglaubt, ich hätte die Chance, etwas anderes zu erleben. Ich hatte ihm vertraut, hatte ihm geglaubt und tatsächlich gedacht, ich habe alle diese Liebe und Verehrung verdient. Nun aber erhoben sich meine inneren Dämonen und meldeten Zweifel an.

*Wie dumm von mir, so naiv zu sein! Nie hätte ich mich so verletzlich machen dürfen. Natürlich hatte er mich – wie vorauszusehen gewesen war und wie schon alle anderen in meinem Leben – verletzt.*

Gegensätze ziehen sich an, heißt es, was in unserem Fall mit Sicherheit zutraf. Er, behütet aufgewachsen, stand auf der Sonnenseite des Lebens. Was wirkliches Kämpfen und Sich-Durchbeißen betraf, war er ahnungslos. Das Wort »Stress« war nicht mehr als eine abstrakte Vorstellung für ihn. Er hatte keinen Schimmer, wie Stress sich anfühlte, während ich keine Ahnung hatte, wie es war, einmal nicht gestresst zu sein. Die letzten zehn Jahre vor unserer Begegnung hatte er damit verbracht, sorglos durch Europa zu gondeln – in krassem Kontrast zu dem, wie ich das vorrausgegangene Jahrzehnt verlebt hatte.

Wir kamen aus völlig verschiedenen Welten. Wären wir uns nicht im Nahen Osten begegnet, in Kanada hätten sich unsere Wege wohl nie gekreuzt. Wir kamen von den entgegengesetzten Küsten des Landes, Tausende von Meilen lagen zwischen uns: nicht nur geographisch, sondern in jeder nur denkbaren Hinsicht. Wir waren Yin und Yang.

Doch gegensätzliche Kräfte haben auch etwas an sich, was eine symbiotische Beziehung hervorbringen kann. Sein stressfreies Leben war der genaue Gegenpol zu meinem, das aus nichts als Stress bestand. Seine sorglose Einstellung, einfach den Augenblick zu genießen, war genau das Richtige gegen meine ständigen Zukunftssorgen.

Er brachte mir bei, Unmengen von Geld für gutes Essen auszugeben. *(Aber in einer Stunde landet es doch sowieso in der*

*Toilette! Was für eine Verschwendung!)* Er brachte mir das Reisen bei. *(Aber wenn was passiert und wir so weit von zu Hause weg sind?)* Ich war wie Hühnchen Junior, aber er war sich so verdammt sicher, dass ihm nicht der Himmel auf den Kopf fallen würde. Und ich wollte ihm glauben.

Also kämpfte ich für uns. Ich glaube nicht, dass er je ermessen kann, wie sehr ich gekämpft habe. Er wird nie begreifen, wie es für mich war oder wie viel es mich kostete, ihm wieder zu vertrauen.

Tatsache ist, dass ich ihm noch Jahre lang, auch als wir schon verheiratet waren, ein Baby hatten und nach Kanada zurückgezogen waren, nicht ganz vertraute. Immer blieb da ein Winkel meines Herzens, den ich vor ihm verschloss, ein Stück meines Herzens, das stark blieb, für den Fall, dass ich mich losreißen musste. Ich behielt die Finanzen im Auge und überschlug vorsichtig, was ich brauchen würde, um allein weiterzumachen, falls ich ihn je rausschmeißen musste. Nie wieder würde ich mich ganz gehen lassen. Wer einmal lügt …

Tatsächlich kam ich nicht darüber hinweg, bis ich ihn – unreifer- und gefährlicherweise – meinerseits verletzte. Ich bin so froh, dass er damals genauso engagiert um uns kämpfte, wie ich es getan hatte. Die Rollen waren vertauscht, und er bewies mir, dass er rückhaltlos zu mir, unserer Ehe und unserer Familie stand. Das war seine letzte Prüfung, und er bestand sie mit Bravour!

Zu unserem zehnten Jahrestag kehrten wir zurück nach Vegas, wo wir einst geheiratet hatten, um unser Eheversprechen zu erneuern, doch diesmal wurden wir von Elvis getraut. Und endlich konnte ich mit Gewissheit sagen, dieses kleine Stück meines Herzens loslassen zu können, das ich sicherheitshalber zurückgehalten hatte. Seitdem überschlage ich nicht mehr ständig unsere Finanzen, um sicherzugehen, dass ich jederzeit meine Mädchen schnappen und abhauen kann. Endlich stehe ich nicht mehr mit einem Fuß auf der Schwelle. Endlich fühle ich mich sicher genug, um ins Haus zu gehen und die Tür hinter mir zu schließen. Lange hielt ich das nicht für möglich. Nicht einmal als realistisches Ziel sah ich es an, da ich es für unerreichbar und obendrein für höchst unklug hielt.

Rückblickend war ich von all dem Glück und der Liebe wohl einfach so überwältigt, dass ich völlig vergessen hatte, dass das Leben kein Märchen ist. Ich begab mich von einem Extrem ins andere. Ja, mein Leben war nun keine Horrorgeschichte mehr, allerdings war es auch kein Märchen. Mittlerweile habe ich gelernt, dass es ein angenehmer, sicherer Hafen ist, der genau dazwischen liegt.

Ich liebe meinen Mann wirklich und hätte niemals gedacht, dass ich je eine solche Liebe für einen Menschen, den ich nicht geboren habe, empfinden könnte. Er hat ein riesengroßes Herz und ist, für mein Gefühl, alles, was ich brauche, auch wenn er nicht weiß, warum. Er ist meine Belohnung dafür, dass ich das Trauma meiner Vergangenheit überstanden, dass ich durchgehalten habe. Er ist mein Licht am Ende des Tunnels.

Ich glaube, was mich bei all unseren Hoch und Tiefs an der Beziehung festhalten ließ, war Tiffanys Meinung: Sie mochte ihn, und ich vertraute ihrem Urteil mehr als meinem eigenen.

Etwa ein Jahr nach unserer Heirat ging Tiffany zu einer Routineuntersuchung ins Krankenhaus und kam nie wieder heraus. Sie litt unter einem angeborenen Herzfehler, der darauf zurückzuführen war, dass ein Arzt ihrer Mutter während der Schwangerschaft ein Thalidomid-Derivat verschrieben hatte. Tiffanys Herz ähnelte einer Patchworkdecke, und nur ihr Kardiologe wusste, wie es darum bestellt war. Der aber war verreist, als Tiffany zum Screening ging. Sie bekam einen Farbstoff gespritzt, damit die Ärzte sehen konnten, wie genau sich die Flüssigkeit in den Arterien verteilte. Bei der Computertomographie kam es dann zu einer Komplikation, die schon Dutzende Mal zuvor aufgetreten war, doch diesmal war ihr Arzt nicht dabei.

Zu behaupten, dass ich am Boden zerstört war, wäre eine lächerliche Untertreibung. Damals hatte ich in der Tat das Gefühl, nicht mehr mit diesem Planeten verbunden zu sein. Tiffany war der einzige Mensch, der mir aus meiner Vergangenheit geblieben war, der den Übergang zu der Frau, die ich heute bin, miterlebt und überdauert hatte. Zwar verloren wir während meiner Ehe mit Essam einige Jahre den Kontakt, doch nach meiner Flucht nahm ich ihn so rasch wie möglich wieder auf. Sie war meine einzige Lebenszeugin. Existierte ich denn überhaupt – ohne sie?

Tiffany starb im Monat ihrer Geburt, dem November, sodass ich zwischen Halloween und Weihnachten alljährlich in einer tiefen schwarzen Depression versinke. Leider haben meine beiden Töchter ausgerechnet in dieser Zeit Geburtstag. Ich muss mich zwingen, Partys zu planen und Kostüme zu basteln, Geschenke zu kaufen und das Haus zu dekorieren, während das Einzige, was mich in dieser Situation noch trösten kann, der Gedanke ist, meinem Leben ein Ende zu machen. Es ist der einzige Gedanke, der sich richtig anfühlt, der einen Sinn ergibt. Ich sage mir, dass ich diesen Drang halt bis zum Frühjahr bekämpfen muss. Doch es ist mühsam, und ich fürchte, dass mir in irgendeinem dieser dunklen Winter einfach die Kraft ausgehen wird.

Aber ich boxe mich weiter durchs Leben, wie ich es immer getan habe. Und sind die Zeiten mal nicht so düster, ist alles wunderbar. Für jeden Sonnentag, jeden Atemzug bin ich dankbar, vor allem für meinen Mann und meine Töchter.

Wir haben eine kluge, liebe, lustige, wunderschöne, ja rundum erstaunliche kleine Tochter zusammen, die mich weiter gesunden lässt wie vorher schon und noch immer ihre Schwester. Sie hat das Glück, in einer stabilen und liebevollen Familie aufzuwachsen. Sie hat eine wunderbare große Schwester, die sie vergöttert und völlig vernarrt in sie ist. Und sie ist in allem, was sie anfasst, überragend – sei es Fußball, Klavier, Hip-Hop oder Sprachen. Sie hat alle Möglichkeiten, die sich ein Kind nur wünschen kann, und vertut keine davon. Um dieses narbenlose Leben zu beschützen, würde ich alles tun. Denn sie ist, was wir alle sein könnten, würden uns die Erwachsenen in unserem Leben nicht so viele Steine in den Weg legen.

Weder mein Mann noch meine jüngere Tochter werden meine Mutter je kennenlernen. Seit 2004 habe ich keinen Kontakt mehr zu ihr. Anfänglich war mein Schmerz so tief, dass er sofort von meinem Zorn verdrängt und dann fast ununterscheidbar von ihm wurde, schließlich war er unlösbar mit ihm verbunden. Doch kein Mensch kann ewig so leben. Heute fühle ich mich nur noch taub. Es hat unglaublich lange gedauert, doch letzten Endes ist es mir tatsächlich egal, was aus ihr wird. Den Wunsch, von ihr akzeptiert zu werden, hatte ich mir längst abgeschminkt, doch dann verspürte ich plötzlich dieses zornige Verlangen, dass sie sich für all die mir angetanen Schmerzen bei mir entschuldigen, sie anerkennen, die Verantwortung übernehmen sollte.

Ich bin dankbar, sagen zu können, dass ich mittlerweile auch das überwunden habe. Ich will und brauche nichts mehr von ihr.

Weil meine Mom die Matriarchin der Familie ist, habe ich

auch keinen Kontakt mehr zu meinen Geschwistern oder anderen Familienmitgliedern. Es gab eine kurze Begegnung mit meinem Bruder, als er etwa zehn Jahre nach mir die Entdeckung machte, dass meine Mutter eine hasserfüllte und manipulative Frau ist. Doch nach all den Jahren der Entfremdung, nach dem Trauma, all dem Zorn und Groll blieb unsere Annäherung von kurzer Dauer.

Inzwischen kappe ich toxische Verbindungen frühzeitig. Ich verschwende keine Zeit mehr darauf, zu verzeihen und es wieder und wieder zu probieren, wie früher. Als meine Schwester mich daher bezichtigte, hinsichtlich des Missbrauchs durch ihren Exschwiegervater/Exstiefvater gelogen zu haben, brach ich den Kontakt zu ihr ab. Sie ist sowieso schon so weit unten im islamischen Kaninchenbau, dass unsere Welten nicht einmal mehr in benachbarten Universen liegen. Ihre zwei Töchter (von denen eine etwas älter als meine ist, die andere jünger) sind bereits verheiratet, ihr Sohn besucht eine von Kanadas Spitzenuniversitäten. Dieser vertraute Kreislauf setzt sich also ungehindert fort.

Ich habe einen Onkel, mit dem ich mich regelmäßig unterhalte. Er hat mich aufgezogen, als ich noch ein Kleinkind war – von der Säuglingszeit bis zum Alter von ein, zwei Jahren – und meine Mutter wieder arbeiten ging, sodass es eine besondere Bindung zwischen uns gab. Er nennt mich Jesse. Wie er auf diesen Spitznamen kam, ist mir ein Rätsel, aber ich liebe ihn. Und ich liebe meinen Onkel. Seit 2004 war er alles, was mir von meiner Familie geblieben war, ansonsten bestand keinerlei Kontakt.

Doch dann erwähnte mein Onkel eines Tages, dass ich eine Cousine hätte (ihr Vater ist der Halbbruder meiner Mutter), die sich von der Familie entfremdet habe, weil sie eine Ehe mit einem Juden eingegangen sei. Tja! Also, ich nahm sofort Kontakt zu ihr auf und erzählte ihr, dass auch ich eine Außenseiterin sei und hoffe, dass wir uns mal treffen könnten. Sie antwortete umgehend und kam mich schon bald danach besuchen. Es war einfach toll, eine andere Ex-Muslima aus unserer Familie zu treffen! Ich kann gar nicht beschreiben, wie glücklich ich war, nun eine Verwandte, eine Angehörige zu haben, die mich uneingeschränkt mochte und verstand. Und ich bin dankbar, dass meine Töchter auf diese Weise eine Tante bekommen haben.

Es macht mich zwar traurig, dass ich nicht in eine liebevolle Familie hineingeboren wurde, aber da bin ich gewiss nicht die Einzige. Viele Leute wachsen bei bescheuerten Eltern auf und entwickeln sich dennoch zu äußerst erfolgreichen Menschen. Und ich bin längst nicht so traurig wie andere Ex-Muslime aus meinem Bekanntenkreis, die ihre Eltern geliebt haben und in glücklichen Familien großgeworden sind. Vom Vater verstoßen zu werden, wenn man früher mal Daddys kleines Mädchen war, ist sicher viel schmerzhafter. Mein Vater dagegen kannte mich kaum. Und von einer Mutter verstoßen zu werden, die man bewundert, einer Mom, die für einen da war und jede Verletzung mit einer Umarmung »kuriert« hat, ist bestimmt viel, viel schlimmer. Obwohl es unendlich einsam und beängstigend ist, Verbindungen zu kappen, war es für mich die weniger schmerzliche Option. Für die Chance auf ein besseres Leben für mich und, wichtiger noch, meine Kleinen, war ich bereit, diesen Preis zu zahlen.

Ich bin traurig, dass ich keine Babyfotos von meiner älteren Tochter habe. Ihr Vater verbot es, und nach meiner Flucht dauerte es einige Jahre, bis ich mir eine Kamera leisten konnte. Doch ihr Gesicht hat sich mir unauslöschlich eingeprägt. Wie viele Stunden habe ich damit verbracht, es zu studieren, während ich ihr gleichzeitig ein gutes Leben versprach: dass sie glücklich und frei sein würde.

Ich bin traurig, dass meine Töchter die ägyptische Seite ihrer Familie niemals kennenlernen werden. Nichts von alledem hat Bedeutung für sie. Gespräche über Ägypten könnten sich genauso gut um Griechenland oder China drehen; es sind alles nur ferne Länder.

Keine meiner Töchter spricht oder versteht Arabisch.

Keine von ihnen wird je fürchten müssen, dass sie von einem unsichtbaren Mann im Himmel ins Höllenfeuer geworfen wird, falls sie sich nicht fünfmal am Tag vor ihm verneigt.

Keine von beiden wird jemals erfahren, wie es ist, sich seines Körpers oder seiner Haare zu schämen.

Keine von ihnen wird sich gezwungen sehen, wegen des arroganten und rachsüchtigen Fantasiegebildes eines Ziegenhirten des siebten Jahrhunderts etwas tun zu müssen, mit dem sie sich nicht wohlfühlt.

Keine von ihnen wird je unter Missbrauch leiden müssen, ob psychologischer, physischer oder sexueller Art.

Ich habe meine Mädchen beschützen können, und dafür bin ich dankbar. Ich bin meiner Lebensaufgabe gerecht geworden. Ich habe den Zement, unter dem ich begraben war, gesprengt, habe den Kreislauf unterbrochen. Alle Unterwerfung, Demütigung und Indoktrinierung endet mit mir.

Ich war die Brücke, die erste Generation, war Hodor aus *Game of Thrones*, diejenige, die die Tür geöffnet hat, auf dass meine Töchter frei leben können. Mit dem Leben, das ich gelebt habe, wird sie nichts verbinden. Es ist ihnen ebenso fremd wie einigen von Ihnen. Deshalb bin ich glücklich. Ich bin eine Erfolgsgeschichte. Ich habe durchgehalten, habe mich nicht unterworfen.

# SICH WEHREN

Dieses Buch zu schreiben war ein schwieriges, aber auch lohnendes Unterfangen. Schwierig war es aus naheliegenden Gründen; wohl nur selten in meinem Leben habe ich so viel geweint wie beim Verfassen dieses Buches. Ich musste mich mit düsteren, tief vergrabenen Erinnerungen auseinandersetzen. Ich warf die Decken zurück und ließ all die Monster unter dem Bett hervorkriechen. All diese Erfahrungen, die ich nie geteilt hatte, weder mit meinen Freunden noch mit meinem Mann, die ich mir nicht einmal selbst hatte eingestehen wollen – die hatte ich nun niedergeschrieben, damit die ganze Welt sie lesen konnte.

Wie zu erwarten, war das Loslassen all dieser Dämonen sowohl lohnend als auch kathartisch, denn sobald Licht auf sie fiel, waren sie längst nicht mehr so beängstigend.

Ich hatte einmal einen Dozenten für Kreatives Schreiben, der uns erzählte, dass wir unbewusst fortwährend den Speichel in unseren Mündern hinunterschluckten – würden wir ihn jedoch auf unsere Tische spucken, würden wir ihn niemals wieder auflecken und erneut hinunterschlucken. Eine etwas brutale Art, es auszudrücken, doch die Botschaft war klar: Sobald mal etwas draußen ist, ist es nicht mehr dasselbe. Und, was noch wichtiger ist, es ist nicht mehr in einem drin. Zum Glück!

Lohnend war es auch wegen all der wunderbaren Menschen, denen ich online begegnete! Ich wünschte, ich könnte euch alle in einer großen Umarmung an mich drücken. Posts auf meinem Tumblr-Blog, meiner Facebookseite und auf Twitter haben es mir ermöglicht, mit vielen tollen, wohlwollenden, netten und liebevollen Menschen in Verbindung zu treten. Und ich habe das alles wirklich nur durchgehalten, weil ihr mich ermutigt und unterstützt habt. Jedes Mal, wenn ich eine Nachricht erhielt, ob von einer alten Highschool-Freundin, einer noch nicht geouteten Ex-Muslima aus Saudi-Arabien oder dem Kind einer meiner Arbeitskolleginnen, war es wie eine frische Sauerstoffdosis, die mir die Energie gab, um weiterzumachen.

Es gab viele Augenblicke, in denen ich den Gedanken, mich wieder hinzusetzen und weiterzuschreiben – oder »in die Dunkelheit einzutauchen«, wie ich es bei mir nannte –, kaum ertragen konnte. Doch dann fand ich eine Mitteilung in einem meiner Posteingänge mit einer aufrichtigen Botschaft von einem Menschen, der meine Gedanken nachvollziehen konnte oder seine Dankbarkeit oder Anerkennung zum Ausdruck brachte. Und deshalb habe ich weitergemacht. Ich wollte tapfer sein für euch alle. Ich habe richtig gehört, wie ihr mich aus der ganzen Welt anfeuert! Aus Frankreich, Island, Italien, Polen, Ägypten, dem Iran oder Pakistan, um nur einige Länder zu nennen, sowie aus meinem eigenen Hinterhof in den Vereinigten Staaten und Kanada. Eure Anfeuerungsrufe waren so wichtig für mich, und sie sind es immer noch. Ohne euch, das weiß ich, hätte ich es nicht geschafft.

Das ist meine einzigartige Geschichte, ich weiß, nur dass sie eben nicht einzigartig ist. Seit ich damit an die Öffentlichkeit gegangen bin, haben mich sowohl Frauen als auch Männer, die sich mit ihr identifizieren, mit Nachrichten bombardiert. Ich habe mich bemüht, jedem Einzelnen von ihnen zu helfen. Ich wusste, dass sie niemanden hatten, dem sie vertrauen konnten, doch sie vertrauten mir – das war eine große Ehre und auch Verantwortung, die ich nicht leichtgenommen habe.

Tatsächlich habe ich diese Verantwortung so ernst genommen, dass sie mich fast umbrachte. Es gab keine Pause, und ich war kein Profi. Ich wusste einfach nicht, wie ich mich von all den Geschichten, die ich da hörte, abgrenzen sollte. Es war, als ob all diese Leute meine Kinder wären.

Die eigenen Kinder vernachlässigte ich mittlerweile. Einmal erhielt ich während des Fußballspiels meiner Tochter einen Skype-Anruf aus Somalia und hatte das Gefühl, ihn annehmen zu müssen. Ich wusste, er kam von einem Mädchen, das befürchtete, ihr Vater werde sie als Apostatin an die dortige Terrorgruppe al-Schabab verraten. Ihr blieb nur die Wahl, entweder Reue zu zeigen und binnen drei Tagen zum Islam zurückzukehren oder aber getötet zu werden. Und das war doch mit Sicherheit wichtiger, als zuzugucken, wie meine Tochter ein paar Tore schoss?

Schlussendlich aber krachte alles um mich herum zusammen. Das Gefühl, am Ende zu sein, beschlich mich und traf mich wie eine Tonne Ziegelsteine. Ich merkte, wie ich nicht mehr funktionierte – nicht ohne die ständig lauernden lähmenden Panikattacken. Ich fühlte mich, erzählte ich meinem Mann, wie ein dünnes Papiertaschentuch in einem Wolkenbruch, das versuchte, den Regentropfen zu entgehen. Ich wusste, dass ich eine wichtige Veränderung vornehmen musste.

Ich versuchte, eine Expertin zu finden, an die ich all diese Menschen weiterverweisen konnte. Eine Expertin, die die Notlage all dieser Ex-Muslime verstand, die in mehrheitlich muslimischen Ländern festsaßen, in denen die staatliche Strafe für Apostasie die Hinrichtung ist. Ich war bei vielen Psychologen gewesen, die mir Ratschläge gegeben hatten wie: »Sprechen Sie mit Ihrer Mutter, und vielleicht lässt sich das ja klären« – lächerlich schlichte Ratschläge, die in diesem Kontext gar nichts ausrichten würden. Denn wenn diese Leute mit ihren Müttern redeten, konnte es ihren Tod bedeuten.

Während ich suchte und recherchierte, stieß ich auf Jimmy Bangash, einen Ex-Muslim pakistanischer Herkunft, der in Großbritannien lebte und von seiner Familie verstoßen worden war, weil er sich als schwul geoutet hatte. Er war Coach und absolvierte damals ein Masterstudium in Psychologie. Er eignete sich perfekt für das, was ich vorhatte.

Sofort startete ich *Free Hearts Free Minds* (FHFM) und begann, ihm Klienten zu schicken. Es war die perfekte Lösung. Ich konnte nun für die Menschen, die mich kontaktierten, professionelle Hilfe bekommen. Zwar priorisieren wir Frauen in Saudi-Arabien sowie Mitglieder der LGBT-Community, doch wir helfen so vielen Leuten, wie wir nur können.

Wenn Sie unsere Website besuchen, finden Sie dort Kommentare von einigen der Menschen, denen wir geholfen haben. Es ist so befriedigend, Teil dieser Organisation zu sein. Wir finanzieren uns ausschließlich durch Spenden, und jeder Cent dient der Unterstützung von Menschen und der Rettung von Leben. Bitte besuchen Sie unsere Website, um mehr zu lesen und hoffentlich auch zu spenden – www.FreeHeartsFreeMinds.com.

Neben der wunderbaren Arbeit bei FHFM fühle ich mich jeden Tag aufs Neue von den Frauen bestätigt, die den Hashtag **#FreeFromHijab** benutzen. Eine Frau, mit der ich privat per SMS kommunizierte (weil sie, in Kanada und nicht einem mehrheitlich muslimischen Land lebend, unsere FHFM-Kriterien nicht erfüllte), rang heftig mit Glaubensfragen. Sie beschloss, ihren Hidschab auf **#NoHijabDay** zum ersten Mal vor der Kamera abzulegen. Ihr Video ging viral. Auf Arabisch, Englisch und Französisch gab sie eine Erklärung zur Emanzipation der Frauen ab, um anschließend ihren Hidschab abzulegen. Das Video endet mit ihrem strahlenden Lächeln. Ihr Kurzfilm fand solche Beachtung, dass die Begeisterung ihrer UnterstützerInnen sie ermutigte, noch einen Schritt weiter zu gehen und ihren prügelnden Ehemann zu verlassen! Ihre Befreiung begann mit dem Ablegen des Hidschab, doch das war nur der erste Schritt. Inzwischen hat sie sich vollständig befreit – ihren Körper und ihren Kopf! Das ist die Macht von Social Media. Die Leute meinen, auf »Gefällt mir« oder »Retweet« zu klicken bringe nicht viel, obwohl es tatsächlich Leben verändern kann. Ich erfahre es jeden Tag.

Ich sehe Frauen in Saudi-Arabien, Ägypten, dem Iran oder Algerien, im Jemen, Sudan und anderen mehrheitlich muslimischen Ländern, die, ermutigt von den sie anfeuernden Massen im Netz, ihre Selbstbestimmung einfordern. Ich sehe Frauen, die ihr Gesicht verbergen, dann ihre Haare zeigen, doch immer noch das Gesicht bedeckt halten, um schließlich stolz ihr ganzes wunderschönes Selbst zu zeigen! Es ist eine so unglaubliche Ehre, das miterleben zu dürfen.

Als Kindergärtnerin in Ägypten zog ich Bestätigung aus dem Wissen, dass die Kinder jedes englische Wort, das sie später lesen würden, mir zu verdanken hätten. Bei der Arbeit mit diesen Frauen erlebe ich heute das gleiche Hochgefühl. Daran teilzuhaben, dass Frauen sich selbst befreien, sie zu ermutigen, frei zu leben, ist das Beste, was ich mit meinem Leben anfangen kann.

# HOFFNUNG

*Es könnte der Tag kommen, an dem die ganze Welt die Frau als Gleichberechtigte des Mannes anerkennt.*

***– Susan B. Anthony***

Hundertfünfunddreißig Jahre ist es her, dass Susan B. Anthony diese Worte sprach. Doch leider ist der von ihr vorhergesagte Tag bis heute nicht eingetroffen.

In den Vereinigten Staaten jener Zeit wurden Frauen als Quasi-Eigentum zunächst ihrer Väter und dann ihrer Ehemänner betrachtet. Ihre Kleidung wurde ihnen vorgeschrieben, ebenso wie die Beschäftigungen, denen sie nachgehen durften, oder wen sie einmal heiraten würden. Im Laufe des letzten Jahrhunderts haben Frauen in einer ersten, zweiten, dritten und mittlerweile schon vierten Welle des Feminismus für die Emanzipation gekämpft. So bewundernswert diese Wellen auch sind, außerhalb der westlichen Welt wurden sie kaum wahrgenommen.

Westliche Frauen mögen durchaus als den Männern Ebenbürtige anerkannt sein, doch in vielen Teilen der Welt ringen tapfere Suffragetten, geistige Schwestern von Susan B. Anthony, noch heute heftig um ihre Gleichberechtigung.

Zwischen den Feministinnen des Westens und denen in mehrheitlich muslimischen Ländern besteht eine tiefe Kluft. Als Kanadierin der ersten Generation, aufgewachsen in einer fundamentalistisch-muslimischen Familie, stand ich lange zwischen den Stühlen, bewegte mich zwischen den beiden Welten.

Zu Hause wurde mir beigebracht, dass ich ab meinem neunten Lebensjahr einen Hidschab zu tragen hatte, um mich vor pöbelnden und lüsternen Männern zu schützen. Von der Gesellschaft, in der ich lebte, lernte ich, dass man dieses Muster Täter-Opfer-Umkehr nennt, sprich, dass man dem Opfer die Schuld zuweist.

Daheim bekam ich beigebracht, dass brave, keusche, saubere Mädchen den Hidschab trugen und schmutzige, gemeine und leichte Mädchen es nicht taten. Von meiner Gesellschaft aber lernte ich, dass man so etwas als Slutshaming (Schlampen-Beschämen) bezeichnet.

Vor die Wahl gestellt, mich für eine dieser Welten zu entscheiden, wählte ich letztlich die Freiheit. Eine Entscheidung, die mich fast mein Leben und das meiner Tochter gekostet hätte. Doch das war ein Risiko, das ich gerne auf mich nahm, nicht nur für mich, sondern ganz besonders für meine Tochter.

Als junges Mädchen wuchs ich mit den historischen Heldinnen der Suffragettenbewegung auf. Diesen Freiheitskämpferinnen, einer winzigen Minderheit, drohten Gefängnisstrafen; sie riskierten ihr Leben oder gaben es bereitwillig hin, um auf ihre Misere aufmerksam zu machen. Es waren Frauen, die an den Rand der Gesellschaft gedrängt wurden. Sie störten den Status quo, stellten eine Bedrohung der Ordnung dar. Nicht nur Männer empfanden sie als bedrohlich, da ihr Anliegen ja der direkte Widerstand gegen die männlich dominierte Gesellschaft war, auch Frauen fühlten sich durch sie verunsichert. Diese Frauenkämpferinnen waren meine Heldinnen. Nichts wünschte ich mir sehnlicher, als genauso tapfer zu sein, wie sie es gewesen waren.

Und als mittlerweile erwachsene Frau arbeite ich nun Tag für Tag mit solchen Suffragetten aus aller Welt zusammen. Diese Frauen haben, wie ich, beide Welten kennengelernt und entscheiden sich unter Lebensgefahr für die Chance, als freie Frauen zu leben. Es sind Frauen aus dem Iran, die für ihre Weigerung, ein von einer Scharia-Regierung verordnetes Stück Stoff auf dem Kopf zu tragen, ausgepeitscht und eingesperrt werden. Es sind Frauen aus Saudi-Arabien, die man in Gefängnissen foltert, weil sie das Recht einfordern, selbst Auto zu fahren oder ohne Erlaubnis eines männlichen Vormunds zu reisen. Es sind junge Mädchen in Afghanistan, denen man eine Kugel in den Kopf schießt, weil sie zur Schule gehen wollen. Es sind kleine Mädchen im Sudan, die sich selbst verbrennen, weil sie nicht zwangsverheiratet werden wollen. Es sind junge Frauen in Ägypten, die für die Unversehrtheit ihrer Körper und gegen deren Verstümmelung mit Rasierklingen kämpfen.

Ich muss nicht auf Geschichtsbücher verweisen, um Frauen zu entdecken, die in ihrem Kampf gegen Gesellschaften, die sie als Bürgerinnen zweiter Klasse betrachten, ihr Leben riskieren. Ich habe jeden Tag mit ihnen zu tun. Trotzdem stehen – und das ist tragisch – die meisten bekannten westlichen Feministinnen nicht an meiner Seite beziehungsweise an der dieser tapferen Freiheitskämpferinnen.

Viele Feministinnen in der westlichen Welt haben Angst, dass man ihnen die Unterstützung ihrer Schwestern als Ethnozentrismus oder Rassismus auslegen könnte. Schlimmer noch, manchmal werden diese mutigen Frauen nicht nur ignoriert, sondern westliche Firmen unterstützen obendrein auch noch aktiv genau die Dinge, gegen die diese Frauen kämpfen. So zeigt etwa die 2019er Badeanzug-Ausgabe von *Sports Illustrated* auf ihrem Titelblatt einen Burkini. Und das Ungeheuerlichste: Auf dem Plakat für den *Women's March* ist eine Frau mit Hidschab abgebildet.

Nie würden amerikanische Feministinnen Nike dafür applaudieren, sollte das Unternehmen seinen »Swoosh« auf mormonische Unterwäsche drucken, doch sie bejubeln es, wenn Nike ihn auf der religiös vorgeschriebenen Kleidung einer anderen Religion anbringt. Wie können wir das westliche Patriarchat bekämpfen, wenn wir gleichzeitig das islamische Patriarchat unterstützen?

Ich hoffe, dieses Buch hat mit sämtlichen Mythen und all der Verwirrung aufgeräumt, die zu solch heuchlerischen und gefährlichen Diskrepanzen führen. Die Menschen in mehrheitlich muslimischen Ländern versuchen nichts anderes, als ihre Kultur auf die gleiche Weise weiterzuentwickeln, wie es auch die westliche Kultur getan hat. Sie waren imstande, die Sklaverei abzuschaffen, und imstande, für die Emanzipation der Frauen zu kämpfen. Wir wollen einfach nur das Gleiche. Warum wird der Fortschritt, wenn wir ihn wollen, auf einmal zu etwas Schlechtem?

Man schimpft uns islamophob, wenn wir die Scharia kritisieren und auf Veränderungen drängen. Doch warum sollten wir unsere frauenfeindlichen, homophoben Kulturen beibehalten? Kulturen sind schließlich keine heiligen Kühe, sondern etwas Dynamisches. Sie sind da, um sich im Zuge des menschlichen Fortschritts zu verändern. Und das ist nichts Schlechtes. Es war nichts Schlechtes für die westliche Welt und ist auch nichts Schlechtes für uns.

Ohne den Druck der internationalen Gemeinschaft wäre die Apartheid in Südafrika nicht abgeschafft worden, die Berliner Mauer nicht gefallen, die Sklaverei nicht verschwunden – die größten sozialen Errungenschaften der Menschheit sind nur dann möglich, wenn die Starken innehalten und denen, die Unterstützung brauchen, die Hand reichen. Ich habe die Dunkelheit überlebt und mich ans Licht gekämpft. Nun, da ich angekommen bin, fühle ich mich verpflichtet, die Hand auszustrecken und auch anderen Frauen zu ihrer Freiheit zu verhelfen. Ich will dazu beitragen, dass die zarten Schaumkronen des Feminismus zu großen Wellen werden, die auch den Rest der Welt erreichen.

Die muslimische Welt ist so lange von jeglicher Kritik verschont geblieben. Doch wie soll es je Fortschritte geben, wenn man Kritik als Bigotterie zurückweist? Ironischerweise hatte der Mann, der so laut aufschrie, Kritik am Islam sei schlimm und rassistisch, kein Problem damit, einen Film zu drehen, der das Christentum verhöhnte. Warum war denn das nicht schlimm und rassistisch? Warum ist diese herablassende Haltung allein der Religion der »kleinen braunen Wilden« vorbehalten?« Ist das nicht auch borniert und bigott, dass man denen so gar nichts zutraut? Haben Muslime nicht ebenso ein Recht auf Aufklärung und Reformen wie Christen? Und kam es nicht deswegen dazu, weil Leute die Kirche kritisierten? Führte diese Kritik nicht letztendlich zur Trennung von Kirche und Staat? Wie soll das in der muslimischen Welt je passieren, wenn es Leute mit derart patriarchalischer Einstellung gibt, die die Muslime vor jedem Fortschritt bewahren wollen? Sahen die denn nicht, dass es eigentlich Ben Affleck war, der hier übel und rassistisch argumentierte? Sahen sie nicht, dass er derjenige war, der je nach der Herkunft der Leute unterschiedliche Maßstäbe anlegte?

Ich hoffe, ich habe meine Botschaft rübergebracht; hoffe, dass die Leute endlich beginnen, ihre gegenseitigen Beurteilungen und ihren Umgang miteinander auf Ideen statt auf Identitäten zu gründen – und dass sie sich, wenn sie einem Mädchen begegnen, das von seiner Familie geschlagen wird, nicht vor der Ethnie der Eltern verbeugen. Ich hoffe, sie begreifen, dass alle kleinen Mädchen, egal welcher Ethnie, unter Schlägen leiden. Ich hoffe, sie verstehen, dass es dieses Mädchen zu einem Leben körperlicher und psychischer Qualen verdammt – und zwar bis zu seinem Lebensende und egal, welche Hautfarbe es hat –, wenn man die Prügelstrafen der Eltern durch ihre Herkunft rechtfertigt. Ich hoffe, sie entscheiden sich, das Kind zu beschützen – nicht eine gesichtslose, namenlose Kultur oder Religion, die keinen Schutz verdient. Das Recht auf Religionsausübung darf die Menschenrechte nicht aushebeln. Ich hoffe, dass die Menschen begreifen, dass so etwas nicht nur schlimm und rassistisch ist, sondern unmenschlich.

Und ich hoffe, dass Sie – ob in der Teeküche im Büro oder auf irgendeiner Facebook-Seite – mit Ihrer Meinung nicht hinter dem Berg halten, sich nicht einschüchtern und zum Schweigen bringen lassen. Die Blasphemiegesetze in islamischen Ländern zwingen die dort lebenden Menschen, den Mund zu halten. Wenn nun auch wir aufgrund selbstauferlegter Blasphemiegesetze schweigen wollten, wer wäre denn dann noch da, um zu reden? Es ist unsere Verantwortung, unsere Pflicht und unser Privileg, unsere Meinung zu äußern. Menschen sind gestorben, damit Sie und ich Meinungsfreiheit genießen. Welch eine Schande für ihr Andenken, wenn wir dieses Geschenk verschwendeten!

Und ich hoffe auch, dass Sie sich für Frauen einsetzen – für alle Frauen. Mein Leben lang konnte ich beobachten, wie sich die Lage der Frauen fast täglich verbesserte. Es waren keine drastischen Veränderungen, wie man sie durch BH-Verbrennungen oder andere Proteste zu erzwingen versucht; es war ein stetiger Wandel, bei dem wir alle uns änderten und langsam zu der Erkenntnis gelangten, dass Frauen gleichberechtigte Mitglieder der Gesellschaft sind.

Ganz erhebliche Veränderungen habe ich in den Medien erlebt – als Filme, Werbesendungen und Musikvideos begannen, sexistische Stereotypen zu meiden und Frauen größere und bedeutendere Rollen zuzugestehen. Ich sah, wie Sheryl Sandberg mit ihrem Buch *Lean In* berühmt wurde. Und ich habe von ihr gelernt … von ihr und Oprah Winfrey und Michelle Obama und Beyoncé sowie unzähligen anderen Frauen aus der Popkultur, alles Beispiele in Nordamerika aufgewachsener junger Frauen.

Geena Davis bringt es in dem Dokumentarfilm *Miss Representation* so schön auf den Punkt: »Du kannst nicht sein, was du nicht siehst.« Ich aber konnte sehen. Und ich sah ganz viele Frauen, die ich als meine Heldinnen betrachtete.

Und ich glaube, dass viele junge Frauen der Folgegeneration diese Heldinnen ebenfalls verfolgten. Und genau wie ich wollten sie sich dem Kampf anschließen. Auch sie wollten ein Beispiel und eine Inspiration für andere sein und ihnen weiterhin jenen Weg ebnen, den die mutigen Frauen vor uns angelegt haben. Doch anders als die Frauen vor uns, die Wälder rodeten, tausendjährige Bäume fällten und Pflasterstein für Pflasterstein neue Straßen bauten, wurden diese jungen Frauen in eine Welt hineingeboren, in der bereits Planierraupen bereitstehen, um sie jederzeit in ihrem Vorhaben zu unterstützen. Die Arbeit war also schon im Gange, der Kampf im Wesentlichen gewonnen. Niemanden musste mehr überzeugt werden, dass es Wege zur Gleichheit geben muss – alle waren längst mit an Bord.

Doch diese jungen Frauen wollten auch Straßen bauen! Und da die meisten Fahrbahnen bereits asphaltiert waren, lenkten diese vor Energie strotzenden jungen Frauen ihre Anstrengungen in andere Richtungen. Sie begannen zu diskutieren, ob wir uns vielleicht *womxn* nennen sollten, ob die Einstellungen der Klimaanlage am Arbeitsplatz womöglich sexistisch waren und wie man der gesellschaftlichen Erscheinung des *Manspreading*[1] begegnen sollte. Nachdem es keine ernsthaften Hürden mehr zu überwinden gab, erfanden sie neue Probleme, um sich so ihren Wunsch zu erfüllen, diese zu lösen.

Wenn diese jungen Frauen nur wüssten, dass es tatsächlich eine Möglichkeit gibt, in der Zeit zurückzureisen, um sich mit den Heldinnen zu verbinden, die mit ihrem Freiheitskampf Geschichte geschrieben und ihr Leben riskiert haben. Eine Möglichkeit, seine Energien zu kanalisieren, und zwar in der Unterstützung von Frauen, die sich lediglich wünschen, von den Männern ihrer eigenen Gesellschaften als gleichberechtigte menschliche Wesen betrachtet zu werden. Ja, es gibt eine Möglichkeit, Mädchen zu unterstützen, die einfach nur zur Schule gehen wollen – ohne Angst, eine Kugel in den Kopf gejagt zu bekommen. Eine Möglichkeit, Mädchen zu helfen, die nicht schon als Kinder verheiratet werden wollen. All diese Zustände und noch so viele andere spielen sich direkt vor unseren Augen ab. Und um diese Frauen zu finden, brauchen wir keine Zeitmaschine, in der wir ein paar Jahrhunderte in die Vergangenheit zurückreisen. Es gibt sie auch heute. Frauen, die eingesperrt werden und verschwinden, weil sie es wagen, im Iran ihr Kopftuch abzunehmen. Frauen, die festgenommen werden und verschwinden, weil sie in Saudi-Arabien Auto fahren. Frauen, die verhaftet und getötet werden, weil sie in Pakis-

[1] A.d.Ü.: *manspreading* bezeichnet die typisch breitbeinige Sitzhaltung von Männern an öffentlichen Orten, etwa in Bussen.

tan oder im Irak in den sozialen Medien ihre Gesichter gezeigt haben. Diese mutigen Frauen gibt es überall um uns herum, und sie wünschen sich nichts mehr, als von Feministinnen im Westen unterstützt zu werden.

Stellen Sie sich einmal vor, Susan B. Anthony und all die anderen Suffragetten würden heute leben, doch statt ihnen in ihren Emanzipationsbemühungen beizustehen, würden Sie sie ignorieren, weil Sie Angst hätten, Ihre Unterstützung könnte als Bigotterie oder Rassismus missverstanden werden, wenn nicht noch Schlimmeres. Oder Sie würden gar jene unterstützen, die versuchen, diese tapferen Frauen weiter zu unterdrücken.

Bedauerlicherweise geschieht heute genau das. Genau das nämlich tun sowohl viele große westliche Unternehmen als auch feministische Gruppen. Statt den mutigen Freiheitskämpferinnen zu applaudieren, die nur ihre persönliche Freiheit wollen, feiert der Westen genau das, was diese Frauen bekämpfen.

Barbie, einstmals Inbegriff von Weiblichkeit und Feminismus, wirft sich inzwischen den Hidschab über, damit sie Männer, die sie ja vergewaltigen könnten, nicht mehr verführt. Marks & Spencer, eine der größten Warenhausketten Großbritanniens, verkauft – ebenso wie Banana Republic – Hidschabs für Mädchen. Der freie Westen, den die mutigen Mädchen stets als Leitstern des Lichts und der Hoffnung betrachteten, unterstützt nun ihre Unterdrücker und bekämpft damit letztlich jeden Fortschritt in ihren Ländern.

In Saudi-Arabien verbrennen Frauen ihre Nikabs. Im Iran binden Frauen ihre Hidschabs an Stöcke, schwingen sie schweigend und trotzig in den Straßen, während sie scharenweise verhaftet werden.

Wir akzeptieren – und unterstützen sogar – bereitwillig die Unterdrückung unserer Schwestern im Osten, obwohl wir das für uns oder unsere Schwestern im Westen niemals hinnehmen würden. *Hier* fordern wir, dass Frauen ihre Brustwarzen zeigen dürfen, während wir im Nahen Osten jene unterstützen, die von Frauen verlangen, »ihre Haare zu bedecken.«

Diese Diskrepanz zu sehen ist niederschmetternd. Die jungen Frauen hier suchen den Kampf, und die jungen Frauen dort bräuchten so dringend Kämpferinnen, die sie unterstützen. Eigentlich sollte es eine ideale Verbindung, eine Traum-Kombi sein. Wenn die Frauen bloß bereit wären, sich über Grenzen hinweg zu verbinden, hätte das Patriarchat keine Chance. Ohne die aktive Beteiligung der Frauen kann das Patriarchat nicht überleben.

Männer ziehen eine beschnittene Ehefrau vor, doch es sind die Mütter, die dafür sorgen, dass die Klitoris ihrer Töchter von einer anderen Frau beschnitten wird. Wir halten unsere brüllenden fünfjährigen Töchter fest und erlauben es einer Frau, eine Rasierklinge an ihre Genitalien zu führen, weil sie den Männern so besser gefallen. Wir müssen aufstehen und Nein sagen. Mütter müssen sich für ihre Töchter stark machen. Wir müssen das Patriarchat gemeinsam bekämpfen, statt uns gegenseitig zu bekriegen. Schwestern müssen für ihre Schwestern eintreten. Und Nachbarinnen für ihre Nachbarinnen.

Die meisten Frauen in mehrheitlich muslimischen Ländern haben nur die Wahl zwischen Kampf, Flucht oder Schockstarre. Die am meisten verbreitete Option ist das Erstarren. Obwohl »Option« hier nicht das richtige Wort ist. Frauen nehmen Dinge lieber hin, als sich zu entscheiden – sie unterwerfen sich. In einer Welt, in der man ein einsamer Lachs ist, der sich in einem Tsunami flussaufwärts kämpft, ist Unterwerfung eine durchaus nachvollziehbare Reaktion. Man akzeptiert halt das Leben, das einem vorgezeichnet ist, heiratet den Mann, der für einen ausgesucht wurde, bekommt seine Kinder. Schließlich stirbt man und hofft, diese Hölle nun endlich hinter sich zu haben und in den Himmel zu kommen.

Eine nicht so übliche Wahl ist die Flucht. Es gibt unzählige Geschichten von Frauen, die vor ihren Familien oder Ehemännern davongelaufen sind und dann versuchen, in einem neuen Land allein zurechtzukommen, ohne Familie, ohne Gemeinschaft, ohne Freunde und ohne Geld. Es ist eine sehr schwierige Entscheidung. Und was noch schlimmer ist, einige Frauen – wie etwa Dina Ali Lasloom – schaffen es nicht. 2017 versuchte Dina ihrer Familie und Saudi-Arabien zu entkommen, doch bei ihrem Zwischenstopp auf dem Flughafen von Manila verweigerte man ihr die Weiterreise nach Australien. Sie erzählte Mitreisenden, dass sie um ihr Leben fürchte, dass ihr Vater kommen werde, um sie abzuholen, und dass er sie töten werde. Sie wandte sich an Twitter, bat die Welt, sie zu retten, doch wir taten es nicht. Stattdessen wurde Dinas Mund, ihre Hände und Füße mit Klebeband verklebt, und man zwang sie in eine Maschine zurück nach Saudi-Arabien. Seither hat niemand mehr von ihr gehört.

Und schließlich die gefährlichste Option: der Kampf. Frauen, die in repressiven Gesellschaften leben und sich zur Wehr setzen, werden entweder von ihren Familien oder ihrer Regierung zum Schweigen gebracht. Einer von vielen aufsehenerregenden Fällen ist der von Loujain al-Hathloul. Loujain besuchte dieselbe kanadische Universität wie ich. Nach ihrem Abschluss entwickelte sie sich zu einer engagierten Kämpferin für die Rechte der Frauen in Saudi-Arabien. Sie gewann viele humanitäre Auszeichnungen für ihre unablässigen Bemühungen, saudischen Frauen das Recht, Auto zu fahren, zu erstreiten, ihre Gleichstellung mit männlichen Bürgern zu erreichen sowie jene Vormundschaftsgesetze abzuschaffen, die Frauen als ewig Abhängige in einem riesigen Freiluftgefängnis einsperren. Gemäß dieser Gender-Apartheid darf eine Frau ohne Erlaubnis ihres männlichen Vormunds nicht einmal die einfachsten Dinge tun. Ehe sie ein Bankkonto eröffnet, eine Reise antritt, zuweilen sogar ehe sie sich einer medizinischen Behandlung unterzieht, muss sie seine Erlaubnis einholen! Wegen ihres Aktivismus wurde Loujain gemeinsam mit einem Dutzend weiterer Aktivistinnen vom saudischen Staat ins Gefängnis gesteckt.

Sosehr die Frauen in der muslimischen Welt sich auch wehren, Erfolg werden sie und wir nur haben, wenn wir zusammenarbeiten. Die Frauen im Osten müssen zusammenarbeiten, und auch die Frauen im Westen – bitte streckt eure Hände aus und zieht die Frauen im Osten mit auf den Weg der Gleichberechtigung. Alle, die ihr an Freiheit und Gleichheit glaubt, bitte unterstützt die Freiheitskämpferinnen in den muslimischen Ländern. Sie brauchen euch.

# DANKSAGUNG

Als Erstes will ich meinem Mann dafür danken, dass er mich durch die seelischen Qualen begleitet hat, die das Schreiben dieses Buchs für mich bedeuteten. Danke, dass du mich – völlig apathisch – zum Strand geschleppt hast, um auf die Wellen zu starren, bis ich wieder das Gefühl hatte, in meinen Körper zurückzukehren. Danke, dass du mir geholfen hast, meine Stimmung zurück auf Normallevel zu bringen, indem du jeder meiner Fragen, Bitten, Gelüste (etwa: »Hast du Lust auf Cupcakes? Mir wäre nach Brathähnchen und Cupcakes.«) nachgegeben hast. Ich bin so froh, dass ich dich habe. Ich bin die glücklichste Frau der Welt.

Ich danke meinen Töchtern dafür, dass sie mich ausgehalten haben, mit meinen unvorhersehbaren Weinkrämpfen, dem plötzlichen Drang, mir etwas auf dem Smartphone zu notieren – wenn die Erinnerungen mich einholten. Danke, dass ihr meine Anekdoten (»*Das* findet ihr schlimm, echt? Als Kind hatte ich *nie eine Geburtstagsparty!*«) ertragen habt. Danke, dass ihr so wunderbar liebevolle, so fürsorgliche, bemühte, ja die absolut tollsten Mädchen seid, die eine Mutter sich nur wünschen kann.

Ein ganz besonderer Dank geht an dich, Sam Harris, dafür, dass du mich ermutigt hast, das Buch schließlich doch noch zu veröffentlichen, obwohl ich es schon gar nicht mehr wollte. Die unaufhörliche Flut von Absagen, der nicht enden wollende Hass, der mich buchstäblich überschwemmte, all das gab mir das Gefühl, nur noch das Handtuch werfen und abhauen zu wollen. Sams Freundlichkeit, Geduld und kompromisslose Unterstützung haben mich schließlich umgestimmt. Ohne ihn würden Sie dieses Buch nicht lesen.

Dank an Ayaan Hirsi Ali dafür, dass du uns allen den Weg gezeigt hast, und für die Inspiration, die du uns durch deine Tapferkeit, Kraft und Liebenswürdigkeit schenkst. Ohne dein kühnes Beispiel hätte ich nie den Mut gefunden, meinen eigenen Pfad zu beschreiten. Danke, dass du mir und Millionen anderer den Weg gebahnt hast.

Danke an all die anderen Ex-Muslime da draußen, die ihr mutig seid, Gesicht zeigt und den Mund aufmacht. Danke, dass ihr andere inspiriert, ihr authentisches Leben zu leben, und danke für die Verteilung des Risikos! Je mehr von uns sich outen, desto sicherer sind wir. Ihr seid meine HeldInnen.

Dank an Christopher Hitchens; ich stelle mir gerne vor, dass Sie stolz auf mich gewesen wären. Denn ich folge Ihrem Beispiel, indem ich meine Wahrheit sage, egal welchen »Stamm« und welche Gruppe sie auch beleidigen könnte.

Dank an Richard Dawkins, dass er zu den Tapferen zählt, die mit ihrer Islamkritik nicht hinterm Berg halten, sondern den Islam trotz der unüberwindlichen Gegenreaktionen nicht anders als jede andere Religion oder Ideologie behandeln.

Danke, Dave Rubin, für die Einladung in Ihre Sendung, wo Sie mich auf der Stelle vergessen ließen, dass ich vor Nervosität einer Ohnmacht nahe war!

Dank an Maajid Nawaz, Tarek Fatah, Imam Tawhidi, Asra Nomani, Raheel Raza und all die anderen Muslime, die sich als Unterstützer von Ex-Muslimen und anderen geächteten und von der Scharia unterdrückten Minderheitsgruppen zu Wort melden. Ich fühle mich so geehrt, euch alle zu kennen.

Mein größter Dank aber gilt Ben Affleck. Hätte er bei Bill Maher nicht diese völlig aus dem Ruder laufende Tirade vom Stapel gelassen, wäre ich wohl nie zur Aktivistin geworden. Nachdem ich ihn eine Weile so wirr gegen Sam Harris hatte toben hören, konnte ich nicht umhin, mich so ähnlich zu fühlen wie Elaine in jener *Seinfeld*-Episode, wo alle dem Fingerfood, einschließlich Schokoriegeln, mit Messer und Gabel zu Leibe rückten. Sie stand auf und kreischte: »Seid ihr alle verrückt geworden?«

Es war dieses Gefühl, dass mich in die Aktivistenszene brachte. Wie konnte ich müßig danebensitzen, wenn ich von Leuten umgeben war, die sich derart lächerlich aufführten? Ich musste ihnen sagen, dass hier nicht Sam üblen Rassismus verbreitete, sondern Ben. Er war derjenige, der Menschen aufgrund ihrer ethnischen Herkunft anders behandelte, was man – laut Definition – als Rassismus bezeichnet.

Lesejury